KB206026

도르트총회

기독교 신앙을 정의하다

도르트총회

기독교 신앙을 정의하다

마키다 요시카즈 / 저
이종전 / 역

한국교회가 도르트신조에
담긴 복음과 믿음의
은혜성을 철저하게
이해하고,
신앙의 목적까지
성경의 가르침에
철저하게 순종할 수
있게 된다면,
생명력을 회복할 수 있고,
직면한 위기도
극복할 수 있을 것이다.
이 책이 개혁파신앙을
공유하고 있는 지체들에게
한국교회를
바르게 세우는 일에
일조했으면 하는
바람이다.

'도르트신앙규준연구'(ドルトレヒト信仰規準研究)

아벨서원

머리말

도르트신조(1619)는 개혁파교회의 중요한 신앙고백문서들 가운데 하나이다. 역사적으로, 그리고 현재에도 네덜란드개혁파교회와 그 역사적 흐름을 계승하는 세계의 모든 교회들에 있어서, 하이델베르크요리문답(1563), 벨기에신앙고백(1561)과 함께 교회의 신앙규준문서의 하나로서 중요하게 여겨왔으며, 지금도 그렇다. 도르트신조는 일본에서도 1887년에 설립된 '일본기독일치교회'에서 신앙규준문서의 하나로 채용되었다.

그러나 하이델베르크요리문답, 벨기에신앙고백에 비해서 도르트신조는 그렇게 각광을 받지 못했다. 그 이유는 한 마디로 도르트신조가 예정론을 다루고 있기 때문이다. 종교개혁의 고유한 유산인 예정론에 대한 편견이 남아있는데, 특별히 도르트신조의 예정론은 심각하게 오해를 받아왔기 때문이다.

사정이 크게 변한 것은 20세기가 되어서 인데, 도르트신조가 새롭게 주목을 받게 되었다. 그것은 칼 바르트(Karl Barth)의 영향 때문이다. 바르트의 '교회교의학'에서, 예를 들어 그것이 바르트의 독자적인 것이라고 할지라도 예정론이 중심적인 역할을 했다는 사실이 '예정론'에 대한 광범위한 관심을 불러일으켰고, 예정론을 다루는 도르트신조에 대해서도 그 영향이 미쳤던 것이다. 즉 바르트는 그의 '교회교의학'에서 도르트신조를 상세하게 다루었다. 역사적 개혁파신학의 입장에 선 신학자들을 별도로 하고 20세기 신학자들 가운데 바르트만큼 도르트신조를 정면에서 세부적인데 까지 연구하고 논한 신학자는 없다. 물론 바르트는 전술한 것과 같은 독자적인 예정론 이해에서도 쉽게 예상할 수 있는 것처럼 도르트신조의 예정론에 대해서 비판적인 입장을 취했다. 그럼에도 바르트는 도르트신조에 포함되어 있는 예정론의 적극적인 의의를 가장 예리하게 읽어낸 신학자이기도 하다. 필자는 바르트의 예정론 이해에 동의하는 사람은 아니지만 도르트신조에 대한 관심을 불러일으켰다는 것에 대해서 바르트의 공적을 인정해야 한다고 생각한다.

이와 같은 도르트신조에 대한 여러 관심들 가운데, 이 책에 번역해서 실은 도르트신조의 본문을 선입견을 갖지 말로 자신의 눈으로 직접 읽는다면, 아마 분명히 다른 인상을 받게 될 것이다. 오히려 도르트신조가 갖고 있는 '복음의 궁극적인 위로'를 즉시 이해하게 될 것이 틀림없다. 이 위로는 하이델베르크요리문답 제1문이 말하고 있는 "유일한 위로"와 조화를 이룬다. 도르트신조가 갖고 있는 이 위로를 독자들에게 제공하고 싶은 것이 필자의 바람이다.

이 책이 나오기까지의 배경에는 고베개혁파신학교에서의 강의가 있다. 이 책에 제공되어있는 '도르트신조'와 관련문서는 신학생을 위한 강의 교재용으로 십수 년 전에 번역했던 것이다.

그러나 번역한 이유가 또 하나 있다. 당시 고베개혁파신학교 교수회는 '개혁파신조집' 출판을 계획하고, 개혁파교회의 목사와 일반 신자를 막론하고 번역의 은사가 있는 사람들에게 개혁파신조를 하나씩 나누어 번역을 의뢰했었다. 필자는 도르트신조의 번역을 담당하였기 때문에 그 책임을 감당하기 위해서 번역하는 수고를 했던 것이다.

이와 관련해서 언급했으나 당시에 오사키(大崎節郎)교수(당시 도후쿠가쿠인대학 기독교학과 교수)를 편집주간으로 해서 '개혁파교회신앙고백집'의 출판을 이치바크(一麥)출판사가 기획하고 있었다. 당시 오사키 교수로부터 필자에게 개혁파교회에서 번역자로 참가해 줄 것과 협력 요청이 있었다. 그러나 당시에 이미 고베개혁파신학교의 기획이 구체적으로 진행되고 있었기 때문에 개인적인 관계에서도 매우 의의가 있는 오사키 교수의 요청이었지만 받아들일 수가 없었다. 그러나 그 후의 과정에서 고베개혁파신학교의 출판계획은 기획에 머물고 말았다. 겨우 하루나 스미토(春名純人)교수(당시, 간사이가쿠인대학 사회학부교수, 개혁파교단 나다교회 장로)가 훌륭하게 번역한 하이델베르크요리문답만이 출판되었다. 이에 비해서 이치바크출판사의 '개혁파교회신앙고백집'(전6권 별책 1권)은 금년(2012)에 완성되었다. 당시의 신학교의 책임을 지고 있었던 필자는 이치바크출판사의 역사적 기획에 참여해서 많은 개혁파교회 내의 유능한 인재들이 번역에 참가할 수 있게 하고, 연합적인 공헌을 했어야만 했다는 자신의 잘못된 판단을 깊이 반성하고, 자신의 어리석음을 부끄럽게 생각한다.

하지만 이와 같은 사정은 모두 부정적으로만 끝나지는 않았다. '개혁파교회신앙고백집 IV'에는 기꾸지(菊地信光) 목사의 '도르트신조'와 그와 관련한 문서의 번역이 실려 있다. 도르트신조와 관련한 번역이 지극히 허술한 일본교회의 상황을 생각할 때, 이것은 분명히 환영해야만 할 것이다. 기꾸지 목사의 번역은 이 책의 교정 단계에서 참고할 수 있도록 허락을 받았다. 기꾸지 목사의 번역은 사실상 네덜란드어판 본문을 기초로 한 것이라고 생각되며, 필자의 번역은 라틴어판 본문을 기본으로 한 것이다(양 본문은 모두 도르트총회에서 권위있는 공적인 본문으로 승인되었다). 양 본문 사이에는 미묘한 차이가 있으며 번역하면서 그때마다 양 본문의 차이를 각주에서 지적해 두었다. 두 본문의 번역이 출판된 결과 양 본문의 번역을 비교할 수 있게 되었고, 복수의 번역 성경을 비교하는 것을 통해서 성경 본문의 이해가 깊어지는 것처럼 도르트신조의 본문 이해를 도울 수 있게 될 것이라고 확신한다. 이것은 예정론이라고 하는 미묘한 문제를 다루는 도르트신조의 본문 이해에 있어서 작은 것이 아니다. 결과적으로 부끄러움이 도움이 되었다고 생각한다.

이번에 이러한 형태로 오랫동안 손에 들고 있었던 도르트신조와 그와 관련한 문서, 도르트신조의 역사적 배경과 그 신학적 의의에 대한 두 개의 논문을 포함해서 출판하게 되었으며, 기획단계에서 멈춘 책임, 특히 자신이 담당했던 신조의 번역 책임을 부족하지만 감당할 수 있게 되어서 감사하고 있다. 특히 고베개혁파신학교의 '칼빈과 칼빈주의연구소'로부터 출판할 수 있도록 허락된 것은 오랫동안 갖고 있던 마음의 짐을 생각할 때 필자는 다소 마음이 편안해진다. 동 연구소에서 출판을 허락해준 고베개혁파신학교 교수회, 특히 연구소장인 이치가와(市川康則)교장에게 진심으로 감사드린다.

이 책의 출판과 관련해서 감사드려야 할 많은 분들의 이름이 떠오른다. 해외에서는 독일유학중에 절친이 되어 상담해주고, 모든 조력을 아끼지 않았던, 지금은 별세한 바르멘 게마르게교회 목사 로타르 케넨(Dr. Lothar Coenen), 네덜란드 유학중에 장학금으로 공부할 수 있도록 지원해준 캄펜개혁파신학대학 교수회(정식명칭은 네덜란드개혁파교회신학대학, Theologisch Universiteit van de Gereformeerde Kerken in Nederland), 유학중 가족과 같이 교제하면서 개인적이든, 공적이든 우리 가족을 도와준 당시 동 신학대학의 신약학 교수 야곱 반 부르헨(Dr. Jakob van Bruggen) 박사 부부, 지도교수였던 동 신학대학의 교의학 교수 캄파위스(Drs. J. Kamphuis)에게 진심으로 감사드리고 싶다. 도르트신조에 관한 이 책을 출판함으로써 네덜란드에서 공부한 은혜를 조금이라도 네덜란드개혁파교회에 갚을 수 있었다는 생각에 감사하는 마음이다.

이 책의 프랑스어 표기에 관해서는 모리가와(林川 浦)교수(關西學院大學 명예교수, 改革派板宿敎會 장로)에게, 자료를 구하고, 원고 단계에서 몇 가지의 조언은 현재 네덜란드 아펠도른개혁파신학대학에 유학중에 있는 이시하라(石原知弘) 목사에게, 원고 교정 단계에서의 조력에 대해서는 하카마타 기요코(袴田清子)자매에게, 또한 이 책의 출판을 추진하면서 원고를 독촉하고, 항상 독려해준 하카마타 야스히로(袴田康裕) 목사(園田敎會 목사, 고베개혁파신학교 역사신학교수)에게 각각 진심으로 감사한 말씀을 드린다.

또한 이치바크출판사의 니시무라(西村勝佳)씨에게는 출판에 관련한 모든 것에 대해서 가장 많은 신세를 졌고, 도움을 받았다. 특별히 이름을 기록해서 감사한 마음을 남기고 싶다.

마지막으로 현재 봉사하고 있는 개혁파 야마다교회(山田敎會)와 사랑하는 형제자매들과의 주님 안에서 친밀하고 즐거운 교제는 지금의 나에게 힘의 원천이다. 그 힘이 없었다면 이 책을 완성시키지 못했을 것이다. 또한 함께 공부한 고베개혁파신학교 졸업생들도 이 책의 출판을 위해서 힘이 되었다. 현재 전도자로서 봉사하는 가운데 있는 형제자매들은 이 책의 출판을 기대하고 있음을 말하면서 "기도하고 있습니다!"라고 항상 격려해주었다. 그들의 손에도 이 책을 전하고 싶다.

이 책은 작지만 감사한 마음이 가득 담긴 책이다. 이 책이 출판되도록 인도해주신 하나님의 은혜의 손길을 기억하면서 진심으로 주님을 찬양하며 영광을 주님께 돌리기 원한다.

2012년 7월 20일
새로운 예배당 건축을 앞두고
야마다교회 목사 마키다 요시카즈

한국어판 서문

1618년~1619년에 도르트총회가 열렸고, 도르트신조가 교회적으로 고백, 선언되었다. 금년은 도르트총회 400주년을 기념하는 특별한 해이다. 기념해야만 하는 해에 졸저 <도르트신앙규준연구 – 역사적 배경과 신앙규준, 그 신학적 의의>가 경애하는 이종전 교수에 의해서 한국어로 번역, 출판된 것은 저자로서 매우 영광스럽고, 진심으로 기쁘다.

도르트신조는 개혁파, 장로파교회에 있어서 웨스트민스트신앙고백이나 하이델베르크요리문답과 함께 매우 중요한 문서이다. 이 두 문서에 대해서는 일본에서도 많은 책들이 출판되어있다. 하지만 도르트신조에 관한 연구서는 거의 찾아보기 어렵다. 도르트신조가 나타내는 '칼빈주의 5대강령'은 유명하며, 거기에는 예정론이 문제가 된 것도 많이 알려져 있다. 그러나 도르트신조의 본문을 직접 읽어본 사람은 분명히 많지 않을 것이라고 생각한다. 아마 한국교회의 경우에도 다르지 않은 상황일 것이라고 생각을 조심스럽게 해본다.

그러나 이상과 같은 상황은 개혁파, 장로파의 전통에 서 있는 사람들에게 있어서 매우 아쉬운 일이다. 졸저는 도르트신조의 역사적 배경과 라틴어로부터 직접 번역한 신조 본문과 관련한 문서들, 그리고 해설을 포함하고 있다. 한국어로의 번역도 매우 어려웠을 것이라는 생각이다. 그러한 의미에서 이종전 교수의 노고에 마음으로부터 경의를 표하고 싶다. 이 책의 출판에 있어서 특별히 바라는 것은 먼저 도르트신조 전체를 읽어주십사 하는 것이다. 그리고 "성도의 위로"라고 하는 각도에서 읽어가기를 바란다. 그렇게 할 때 이 신조의 훌륭함을 깊이 이해하게 될 것이라고 확신한다. 또한 예정론의 위로와 축복도 깊게 확신할 수 있게 될 것이다.

이 책이 한국에서도 널리 사용됨으로 하나님의 영광을 나타낼 수 있기를 기도한다.

2018년 8월 9일

마키다 요시카즈

역자 서문

이 책은 마키다 요시카즈(牧田吉和)의 '도르트신앙규준연구'(ドルトレヒト信仰規準研究, 一麦出版社, 2012)를 번역한 것이다. 이 책을 처음 대한 것은 저자이며, 역자의 스승인 마키다 선생이 2014년 내한하여 전해주었을 때이다.

그런데 금년 들어서 '도르트총회 400주년'을 기념하는 학회 차원에서의 행사들이 준비되는 것을 보면서 이 책을 다시 꺼내어 읽게 되는 동기가 되었다. 또한 기독교 역사에서 도르트신조가 갖고 있는 신학적, 역사적 중요성이 개혁파신앙을 계승하고 있는 사람들과 교회에 있어서는 결코 지나칠 수 없다는 것을 생각하는 계기가 되었다.

사실 그동안 한국교회는 도르트신조에 대한 관심을 거의 갖고 있지 않았다. 현재도 학자들을 중심으로 '도르트총회 400주년'을 기념하는 학술행사들이 있을 뿐, 이에 대한 교회적 관심이나 반응은 거의 없는 상태이다. 그럼에도 불구하고 이 신조에 대한 확인이 한국교회에 전적으로 필요한 것임을 확인하는 한 사람으로서 그 책임을 느끼면서 한국교회에 소개하고자 하는 마음이 번역을 시작하게 했다.

지금 한국교회가 직면하고 있는 상황에 대해서 위기라고 하는 말로 표현하는 것에 대해서 대부분 동의하는 것 같다. 그러나 그 동의에는 성장과 교회가 보여준 부정적인 사건들과 관련해서 생각하는 것이 대부분이다. 그러나 더 근본적인 위기의 요소에 대해서는 지도자들조차 심각하게 보지 못하고 있는 것 같다. 그만큼 한국교회의 관심은 위기의 근본과 거리가 먼 것이 아닐까. 속으로 무너지고 있는 한국교회를 볼 수 있다면, 외적인 위기의식을 갖는 정도로 극복할 수 있는 문제가 아니라고 생각한다.

즉 한국교회는 기독교 신앙의 본질에 대한 의식이 부족함으로 안으로 위기를 맞고 있다고 할 수 있다. 이것은 근본적인 문제다. 다시 말하면 한국교회에 형성되어 있는 신앙은 기독교의 본질로부터 많이 멀어져 있다는 것이 한국교회가 직면하고 있는 위기의 내면에 잠재된 문제인 것이다. 이에 대한 관심을 조금만 갖고 있는 사람이라면, 이 위기의 원인에 대한 문제를 심각하게 생각할 수밖에 없을 것이다.

종교개혁이 중세교회가 복음으로부터 멀어진 신앙을 형성한 결과 복음의 회복, 내지는 성경에로의 회귀를 주장해야 했던 것처럼, 현재 한국교회의 현상이 다르지 않다고 할 수 있을 만큼 성경이 말씀하고 있는 기독교회의 모습과 얼마나 일치하는가 하는 질문에 대한 대답을 분명하게 하지 않고 있는 것이 직면한 위기의 본질인 것이다.

400년 전, 네덜란드의 도르드레흐트(Tordtrecht)에서 열렸던 국제적 총회는 종교개혁 이후 복음의 본질을 이해함에 있어서 심각한 대립각을 극복하기 위해서 소집되었다. 그리고 도르트신조를 그 열매로 내놓았고, 그것은 그 후 역사적 기독교회의 정통을 계승하는 신앙을 고백하고 있는 사람들과 교회를 통해서 확인되어 왔다.

한국교회는 복음과 믿음의 은혜성이 소외된 채 복음과 믿음을 강조하는 신앙을 형성하고 있다. 이것은 복음에 대한 심각한 왜곡을 동반할 수 있게 되고, 그것은 복음적이긴 하지만 복음이 없는 신앙을 형성시키게 되는 신복음주의의 영향 아래 있으면서도 그 사실 조차 인식하지 못함으로 하나님의 목적이 아닌 인간의 목적을 위한 종교로 전락하게 되었다는 생각을 하지 않을 수 없다.

그런 의미에서 도르트신조에 대한 이해는 단지 400년 전 기독교의 문제가 아니라, 이것은 이미 2천년 기독교 역사를 통해서 지속적으로 이어지는 문제였고, 앞으로도 다르지 않을 것이라는 생각이다. 따라서 한국교회가 도르트신조에 담긴 복음과 믿음의 은혜성을 철저하게 이해하고, 신앙의 목적까지 성경의 가르침에 철저하게 순종할 수 있게 된다면, 생명력을 회복할 수 있고, 직면한 위기도 극복할 수 있을 것이라는 생각이다. 그럼에도 지금까지 한국교회에서 도르트신조에 대한 관심과 연구, 가르침이 거의 없었다는 것은 너무나 아쉬운 일이다.

마키다 선생의 연구는 도르트신조에 대한 이해를 위해서 크게 도움이 될 것이라고 생각한다. 물론 어떤 저술도 아쉬운 부분이 없지 않지만 이 책은 도르트신조를 이해할 수 있게 하는 배경으로부터 도르트신조가 완성되기까지 단계별로 과정을 정리하고 있다. 또한 도르트신조가 완성되는 과정에서 제출되었던 문서들(항의서-1610, 반항의서-1611, 견해서-1618)의 원문을 번역해서 실었고, 그와 함께 이해할 수 있도록 간단한 해설도 곁들인 것이 이 책의 특별한 점이다. 이러한 문서들을 소개하는 것은 한국교회에 처음인 것으로 알아 연구에 도움에 될 것이라는 생각이다. 도르트신조 원문의 번역도 실었는데, 저자는 라틴어판 원본을 번역하면서 네덜란드어판과 비교해서 각주에서 그 차이를 상세하게 설명하고 있어서 도르트신조의 이해를 위해서는 좋은 안내서가 될 것이다. 역자가 번역함에 있어서는 전적으로 저자의 번역문에 충실하려고 했다는 것을 밝혀둔다.

2019년, 도르트신조 채택 400주년을 맞으면서 번역자로서 이 책을 소개할 수 있음을 기쁘게 생각한다. 이 책이 나오기까지 저자인 마키다 선생의 허락과 격려가 큰 힘이 되었다. 이러한 가르침을 목말라 기다리고 있는 개혁파신앙을 공유하고 있는 지체들의 보이지 않는 응원, 또한 힘이 되었다. 부족한 번역이지만 한국교회를 바르게 세우는 일에 일조하는 책으로 사용된다면 좋겠다는 바람이다.

이 책이 나오기까지 역자의 사역을 위해서 기도해준 어진내교회 지체들과 개혁파신학연구소를 위해서 기도하는 이들과, 특별히 이 책의 출판을 위해 응원해주신 김근식 목사님께 감사를 드린다. 또한 곁에서 늘 격려를 아끼지 않는 혜례, 자신의 일을 묵묵히 감당해주는 요수와 지은이, 요즘 재롱으로 기쁨을 안겨주는 주진이 모두 이 일을 감당하게 하는 힘이 되어주었기에 감사한 마음을 표한다.

2019년 4월 5일

이 종 전

발문 - 귀한 선물과 교제에 감사하면서

여기 참으로 귀한 선물이 우리에게 주어졌습니다. 2012년이 일본에서 발간된 마키다 요시카즈(牧田吉和) 목사님의 『도르트 신앙 규준 연구』가 고베개혁파신학교에서 마키다 목사님에게 배우셨던 이종전 교수님에 의해서 번역되어 우리에게 주어진 것입니다. 2019년에 주어졌으니 이는 도르트 총회 400주년을 기념하는 매우 적절한 일이라고 생각합니다. 이 책을 통해서 우리들은 400년 전 우리 신앙의 선배들이 어떻게 성경에 충실하게 생각하면서 비성경적인 생각과 활동을 배제하였는지를 살펴보면서 400년 전 개혁파 선조들과도 성도의 교제를 하며, 또한 일본에서 개혁파 신앙을 간직하고, 그 토대를 깊이 연구하시는 귀한 목사님의 도르트총회와 그 결정문에 대한 사려 깊은 연구를 통하여 일본 개혁파 성도들과도 교제하는, 그야말로 국제적이고 통시적인 성도의 교제를 하게 됩니다. 그렇기에 이 작업은 더 귀하고 국제적이었던 도르트 총회의 성격에 부합하는 일이라고 생각됩니다. 그때 그 분들은 성경과 개혁신앙이라는 공통의 근거에 더하여 라틴어라는 공통의 언어를 가지고 있어서 서유럽 여러 나라에서 초빙된 국제적 대표단들과 열매 있는 신학적 논의를 하여 갔지만, 마키다 요스카즈 목사님과 우리 사이에는 공통의 언어가 없어서 이종전 교수님의 번역을 통해서 비로소 마키다 요시카즈 목사님의 귀한 논의와 접촉할 수 있게 됩니다. 그러나 성경과 삼위일체 하나님에 대한 뜨거운 사랑과 개혁신학에 대한 헌신이라는 공통점은 여전히 있기에 우리는 기쁜 마음으로 이 선물을 받아 누릴 수 있습니다.

그러므로 이 책은 도르트총회와 그 결정문에 대한 근자의 여러 논의들에 큰 기여를 하는 책의 하나가 될 것입니다. 한국장로교신학회의 학술지인 「장로교회와 신학」 11 (2014년 10월)에 실린 3편의 논문과 하이델베르크 요리문답에 대한 5편의 논문들, 한국개혁신학회의 학술지인 「한국개혁신학」 59 (2018년 8월)에 실린 특집 논문들과 60호 (2018년 11월)에 실린 두 논문, 합동신학대학원대학교의 영문 저널인 Hapshin Theological Review 7 (2018)에 실린 7편의 특집 논문들에 더하여, 이 책도 도르트 총회와 그 결정문에 대한 이해를 밝혀 주는 귀한 역할을 할 것입니다.

마키다 요시카즈 목사님은 독일에서 유학하신 후에 화란에서도 유학하셨고, 우리들도 귀히 여기는 깜뻰(Kampen) 신학대학교의 신약학 교수이시고 고신대학원의 변종길 교수님을 지도하셨던 야곱 판 브루헨(Dr. Jakob van Bruggen) 교수님과 우리나라에도 자주 방문하셨던 역시 깜뻰의 교의학 교수였던 캄파위스(Drs. J. Kamphuis) 교수님을 잘 알고, 그 분들의 도움을 많이 받은 분이기에, 또한 캄파위스 교수님의 지도하에서 공부하신 분이기에 개혁신학의 동역자로서 우리와 좋은 관계성을 가질 수 있고, 그렇게 할 수 있도록 이종전 교수님께서 이 책을 잘 번역해 주셨습니다. 화란에서 공부한 신실한 개혁신학자답게 주로 라틴어 본을 중심으로 하되, 화란어 판본과도 잘 비교하면서 도르트 총회의 결정문과 그 의미를 잘 드러내는 논의들을 제공해 주신 것에 대해서 감사를 표합니다.

이 책을 통해서 우리들은 마키다 요시카즈 목사님이 얼마나 철저한 분이신지를 잘 알 수 있게 됩니다. 도르트 총회의 결과로 선언한 바, 즉 우리들이 도르트 총회의 결정문(the Canons of Dort)이라고 하자고 한 것을 마키다 요시카즈 목사님은 도르트 신앙 규준이라고 번역하여 제시하고 있습니다. 이 결정문이 신앙의 규범이 된다는 의미를 생각해서 그렇게 한 것이라고 여겨집니다. 우리니라에서 도르트 신조 또는 신경이라고 번역하는 그런 의도와 비슷해 보입니다. 일단은 도르트 총회의 결정문(the Canons of Dort)으로 하는 것이 자연스럽고, 이 결정문이 성경에 충실하여 우리 신앙의 규범의 하나가 된다고 할 수 있을 것입니다.

라틴어 판본으로부터의 번역을 하였지만 일본의 <개혁파 교회 신앙고백집> IV에 실린 기꾸지(菊地信光) 목사의 '도르트 신조'와 그와 관련한 문서의 번역과도 면밀히 대조하면서 화란어 판본으로부터 번역한 기꾸지 목사의 번역과 라틴어판에서 번역한 마키다 요시카즈 목사님의 번역을 잘 비교할 수 있도록 하시니, 이것도 좋은 자료라고 할 수 있습니다. 이것이 이 책의 3부의 내용입니다.

더구나 앞부분에 왜 도르트총회가 모이게 되었는지, 그리고 총회가 진행된 그 과정을 역사적으로 잘 설명하고(제 1부), 항론파의 항의서와 개혁파의 반-항의서, 그리고 1518년 항론파의 견해서도 잘 번역하여(제 2부), 3부에 제시된 결정문이 왜 필요했는지를 잘 드러내어 주고 있어서 큰 기여를 한다고 할 수 있습니다. 이와 함께 부록에 제시된 도르트 총회 참석자들의 명단까지가 도르트 총회와 관련된 역사에 대한 마키다 교수님의 귀한 기여라고 할 수 있습니다. 그리고 제 4부에 제시된 "도르트 신조의 신학적 의미"가 마키다 요시카즈 교수님의 신학적 기여라고 할 수 있습니다. 이것이 1997년 4월 15일에 있었던 고베개혁파신학교 개강 강연의 내용을 수정 보완한 것이라는 것을 보면 우리는 이 책을 통해서 30년 이상 숙성된 귀한 신학적 고찰을 얻을 수 있는 것입니다.

이런 귀한 선물을 우리에게 주어서 우리들로 하여금 400년 전 믿음의 선조들과 또한 일본의 개혁파 성도들과 성도의 교제(cummunio sanctorum)를 할 수 있게 해 주신 마키다 요시카즈 교수님과 이 종전 교수님께 감사를 표하게 됩니다. 가장 잘 감사하는 길은 이 책을 찬찬히 읽어서 우리들도 개혁파 선배들과 같이 성경에 철저한 입장을 가지고 생각하고 사는 일일 것입니다. 이 땅의 많은 분들이 이 책을 읽고서 많은 유익을 얻기를 바라면서 이 발문(跋文)을 마칩니다.

2018년 12월 21일
400년 전, 네덜란드 중심부인 도르드레흐트 도심에 있던
Kloveniel sdoelen에서 모여 회의를 하던
개혁파 신앙의 선배들을 생각하면서
이 승 구
(합동신학대학원대학교 조직신학 교수)

도르트총회 의장

보헤르만(Johannes Bogerman)

Johannes Bogermannus

사진제공 : 한국칼빈주의연구원 정성구 박사

목차

제Ⅲ부 도르트신조(1619년) • 099

서론

도르트총회는 개혁파교회의 역사에 있어서 일종의 에큐메니컬한 성격을 갖고 있는 유일한 교회 회의이다. 웨스트민스터 신학자회의는 분명히 훌륭한 교리기준을 탄생시켰다고 할지라도 잉글랜드와 스코틀랜드에 한정되어있으며, 에큐메니컬한 회의라고 할 수 있는 도르트총회는 웨스트민스터 신학자회의보다 훨씬 중요하기까지 하다. ... 도르트총회은 분명히 당당한 교회회의이며, 학문과 경건에 관해서는 사도시대 이래로 열렸던 어떤 회의보다도 존경받을 가치가 있는 회의이다.[1]

이것은 저명한 교회사가 필립 샤프(Philip Schaff)의 말이다. 기독교회사에 있어서, 특별히 개혁파교회사에 있어서 이와 같이 중요한 '도르트총회'임에도 일본 기독교계에 있어서는 그렇게 많이 알려지지 않았다고 생각된다. 도르트총회나 신조에 관한 연구도 거의 초보적인 상황이다. 물론 이 회의의 명칭과 함께 어떤 사람들은 '도르트신조'를 기억하고 있을 것이다. 그 교리 내용은 '튤립'(TULIP)이라고 하는 슬로건으로 기억되고, 또는 '칼빈주의 5대 교리'라고 널리 알려져 있다.[2] 그러나 교리적인 내용까지를 본격적인 연구라고 하는 관점에서 본다면 아직까지 충분하다고 할 수 없으며, 연구의 가장 기본이 되는 이 신조의 번역만 보더라도 아직까지 여전히 제한적이다.[3]

1) Philip Schaff, ed., *The Creeds of Christendom, vol. 1*, (Grand Rapids, 1983), 514; H. Bouwman, "De Betekenis van De Synode van Dordrecht," in *De Dordtsche Synode van 1618-1619*. Ter Gedacchtenisna de Driehonderd Jaren, (Filippus, 1918), 3. 바우만도 여기서 같은 것을 지적하고 있다.

2) 칼빈주의 5대 교리라고 일반적으로 알려진 TULIP은 전적 탁락(Total depravity), 무조건적 선택(Unconditional election), 제한적 속죄(Limited atonement), 불가항력적 은혜(Irresistible grace), 성도의 견인(Perseverance of the Saints)의 머리글자를 조합해서 튤립이라고 불린다. 이것을 도르트신조의 5대 특징이라고 할 수 있으나 '칼빈주의 5대 교리'라고 부르는 것은 반드시 타당하다고 생각하지는 않는다.

이 책의 중심적인 목적은 제Ⅲ부에 있는 것과 같이 교리적인 내용 이해의 기초가 되는 '도르트신조'의 온전한 번역을 먼저 독자들에게 제공하는 것이다. 또한 제Ⅱ부에 있는 것과 같이 도르트신조의 내용을 이해하기 위해서 적어도 필요하다고 생각되는 관련 자료를 제공하는 것이다. 그 관련 자료는 '항의서'(Remonstrance, 1610년, 일반적으로 아르미니우스 5개 조항이라고 불린다), '반항의서'(Counter-Remonstrance, 1611년), 그리고 '항론파 견해서'(Sententia Remonstrantium, 1618년) 등 세 개이다.

또한 전술했듯이 '도르트신조'를 탄생시킨 도르트총회에 대해서도 거의 알려져 있지 않은 사정을 고려해서 먼저 I부에서 직접적으로 논쟁점이 되었던 교리문제에 멈추지 않고, '교회와 국가'의 문제나 그 밖의 여러 가지 문제를 포함해서 도르트총회에 이르기까지의 역사적 배경과 회의, 그리고 그 내용을 약술하도록 할 것이다. 그 가운데 Ⅱ부에서 제공하는 '도르트신조'에 선행하는 관련문서들과 Ⅲ부에서 제공하는 도르트신조의 성립의 역사적 배경도 분명하게 할 것이다. 따라서 I부는 도르트신조가 갖고 있는 교리적, 신학적인 의미에 대해서 분명하게 할 것이고, 부록에서는 도르트총회의 참석자 명단과 각 참가자에 대해서 간단한 설명을 덧붙여 실었다.

3) 지금까지 도르트신조의 일본어 번역에 대해서 본서의 <도르트신앙신조>의 '각주 6'(p. 151)을 참고하라. 적어도 지적할 수 있는 것은 이 번역에 있어서 긍정적인 조항은 번역되어있지만 배척 조항에 대해서는 지금까지 전혀 번역되어있지 않다. 그러한 의미에서 본서에는 '배척 조항'에 관한 일본어 번역으로는 초역이다. (본서의 교정 단계에서 기구치(菊地信光)씨가 번역해서 출판한 <改革派教會信仰告白集 IV. — 麥出版社, 2012, p.105>를 참고함)

제 I 부

도르트총회와 그 역사적 배경[4]

4) 제1부의 내용은 1996년 1월 9일에 있었던 고베개혁파신학교 제2학기 개강강연회에서 했던 신학강연 "도르트총회의 역사적 배경과 그 교회사적 의의"의 내용을 기초로 하고 있다. 그 후 강연원고를 논문으로 정리해서 『改革派神學』(第25號, 神戸改革派神學校 創立50週年記念號, 神戸改革派神學校, 1997年, 82~113)에 기고했다. 제2부의 논술은 그 논문을 수정과 대폭 가필한 것이다.

Ⅰ. 도르트총회 이전의 아르미니우스주의 전조(前兆)

도르트총회의 의미를 파악하기 위해서는 아르미니우스(Jacobus Arminius) 이전에 있었던 "아르미니우스적인 전조"까지 거슬러 올라가서 거기에 무엇이 문제였는가를 보는 것이 중요하다.

아르미니우스 이전의 "아르미니우스적인 전조"로서 다음과 같은 인물들의 이름을 들 수 있다.[5] 코른헤르트(D. Coornhert 1522~1590), 도이프호이스(H. Douifhuis 1531~1581), 콜해이스(C. Coolhaes 1540~1607), 헤르베르츠(H. Herberts 1540~1607), 위헤르츠(C. Wiggerts ?~1624), 베나토르(A. Venator ?~1619), 시브란츠(T. Sybrants ?~1613), 스네카누스(J. Snecanus 1540~1600) 등이다. 코른헤르트 이외는 모두 목회자였다. 코른헤르트는 인문주의자 에라스무스(Desiderius Erasmus)로부터 강한 영향을 받았다. 그는 교역자가 아니고, 유능한 문필가이며 정치가였다. 그는 평생 로마 가톨릭에 몸을 담고 있었지만 그리스천이라고 하기 보다는 스토아주의자였다.

이러한 사람들의 공통적인 신학사상의 특징을 다음과 같이 정리할 수 있을 것이다.[6]

첫 번째 특징은, 이들 모두 교회의 신앙의 기준을 엄격하게 지키고 있는 신조교회(信條教會)의 입장과 충돌하고 있었다는 것이다. 이들은 종교개혁의 근본원리는 '양심의 자유'에 있다고 보고, 신앙의 기준을 엄격하게 지키고 있는 입장과 자신들을 분리하는 문제의 원인은 양심의 자유문제라고 생각했다.

5) L. Praamsma, "The Background of the Arminian Controversy *(1586~1618)"*, in K. Runia, ed., *Crisis in the Reformed Churches,* (Grad Rapids, 1986), 24.

6) L. Praamsma, *"The Background of the Arminian Controversy (1586~1618),* 4~27.

즉 성경에 관한 개인적인 해석에 있어서 자유를 주장한다. 그들의 견해는 교회법적으로 신앙기준의 구속력을 결과적으로 완화시키는 문제를 잉태하고 있었다. 이 문제점은 역사적 사실로서 신앙기준에 대한 서약과 충성을 둘러싼 몇몇 교회적 논쟁이 됨으로써 드러났다.[7] 이러한 문제가 발생한 것은 1571년 제1회 엠덴(Emden)교회 회의에서 결정된 규정 때문이다. 그 규정에는 "네덜란드의 모든 교회 가운데 교리의 일치는 모든 교역자들이 신앙기준에 서명하도록 함으로써 드러나도록 해야만 한다."는 조항이 포함되어있기 때문이다.[8]

두 번째 특징은, 이들은 교회와 국가의 관계에 있어서 에라스무스주의자(Erastian)였다고 하는 것이다. 이 점도 또한 매우 중요한 의미를 갖고 있다. 그들은 교회적 사안에 대해서 최종적인 권위가 국가에 있다고 생각했다. 국가가 교회의 교역자의 임명과 권징을 하며, 또한 교회회의를 소집, 감독하는 권위를 갖는다는 견해였다. 따라서 그들은 교회에서 자신들의 신분을 유지하는데 있어서도 그 지방의, 또는 그 주(州)의 공권력에 강력한 지지를 요구했던 것이다.[9]

7) 예를 들어서 다음과 같은 사실을 들 수 있다. 비개혁파적 견해를 갖고 있었던 도이프호이스트에게 델푸트(Delftse)의 장로회는 "벨직신앙고백서"에 관해서 서약을 하지 않는다면 제명을 하겠다고 경고했고, 도이프호이스트의 후계자인 시브란츠는 벨직신앙고백에 관해서 성실하게 서약할 수 없다는 이유로 사직했다. 콜해이스의 경우는 1581년 미델베르프교회 회의에서, 또한 헤르베르츠의 경우는 1586년 헤이그(Haagse)교회 회의에서 벨직신앙고백에 대한 서명을 요구받았다. 위헤르츠는 그의 교리가 성경과 벨기에신앙고백, 그리고 하이델베르그 요리문답에 포함되는 개혁파교회의 교리와 일치하지 않는다고 했다.(L. Praamsma, *"The Background of the Arminian Controversy (1586~1618),"* 25.)

8) F. L. Rutger ed., *Acta van de Nederlandsche Synoden der Zestiende Euw,* (Dordrecht, 1889), 565~57.

9) "아르미니우스적인 전조"로서 이러한 사람들의 에라스무스주의(Erastianism)는 다음과 같은 역사적 사실로 확인할 수 있다.
1579년의 일이지만 라이덴시 당국은 공적인 결정에 따라서 교회의 장로회 멤버의 임명권을 요구했다. 당시 장로회의 멤버 24명 가운데 22명이 이 새로운 규정을 따르지 않겠다고 거부했는데, 당시 시당국은 즉시 반대한 멤버의 직을 해임시켰다. 그리고 콜해이스에 의해 제안된 별도의 22명이 새롭게 시당국에 의해 임명되었다.
더욱이 베나토르의 경우는 1608년에 알크마르의 장로회에 의해서 정직 처분을 받았으나 정치적 권력에 의해서 지지를 받고 직무를 속해할 수 있게 되었다. 다음해 홀란드주 당국은 알크마르를 파면시키고 새로운 멤버를 임명했다.(L. Praamsma, *"The Background of the Arminian Controversy (1586~1618)"* 26~27.

더욱 주의해야 하는 것은 정치적으로 그들이 지지를 구하고 있는 공권력은 통상적으로 대상인(大商人)들과 같은 도시 귀족들이 차지하고 있으며, 그들 사이에는 어느 정도의 교리적 차이가 존재하고 있는 것이 사실이다.[10)]

세 번째 특징은, 이들은 예정론에 대해서 어떤 형태로든 반론을 갖고 있었다. 그러나 당시에는 이것이 그렇게 큰 문제가 되지는 않았었다.

네 번째 특징은, 이들의 예정론에 대한 잘못된 이해는 동시에 다른 교리에 있어서도 잘못된 이해를 동반하게 되었다. 이것은 헤르베르츠가 그리스도의 의의 전가를 부정하고, 위헤르츠가 모든 사람이 그리스도에 의해서 의롭게 되었다고 가르친 것에 의해서 판명이 된다.

10) 구리하라(栗原福也)는 다음과 같이 지적한다. "... 아르미니우스주의는 에라스무스가 말하는 관용적인 인문주의적 사상의 영향 아래 있는 도시 중산층의 의식 있는 사람들에게 수용되었다. 그렇게 해서 종교 문제는 다른 면에서 상류층과 중.하류의 대립이라고 하는 사회적 문제였으며, 또한 과두적(寡頭的) 귀족제도에 의해 지배하고 있는 아르미니우스파 = 도시 귀족과 중앙집권적 민주적 정치체제를 요구하는 칼빈파 = 총독파와의 대립이라고 하는 정치적인 문제였다."(栗原福也, 『ベネルクス現代史』 (山川出版社, 1988), 50. 이 구리하라의 지적은 도르트총회를 이해할 때 반드시 알아두는 것이 필요한 중요한 포인트이다.

Ⅱ. 도르트총회 개최까지의 역사적 경위

1. 아르미니우스 논쟁

사건의 발단은 직접적으로 아르미니우스(Jacobus Arminius 1560~1609, 화란어 이름 Jacob Hermansz. 이 책에서는 이후 아르미니우스로 표기함)로부터 시작되었다. 여기서 먼저 아르미니우스에 대해서 간단하게 살펴보고자 한다.[11]

아르미니우스는 1560년 10월 10일 아우데와터(Oudewater)에서 태어났다. 라이덴에서 공부했으며, 그곳에서 스넬리우스(Snellius)를 통해 반아리스토텔레스주의자 라무스(Petrus Ramus)의 논리학을 알게 되었으며, 그의 영향을 크게 받았다. 라이덴에서 공부한 다음 암스테르담의 길드에 의해서 제네바에 파견되었다. 거기서 후에 아르미니우스주의의 지도자들 가운데 한 사람이 된 비텐보해르트(J. Wtenbogaert 1557~1644)를 알게 되었다. 제네바에서는 베자(Beza) 아래에서도 공부했으며, 베자의 로마서강해를 들었다. 그러나 아르미니우스는 베자의 아리스토텔레스주의에 대해서 비판적이게 되었으며, 이어서 바젤로 이주했다. 그 후 이탈리아 여행을 하고 1587년에 귀국했다. 1588년 암스테르담교회의 목사로 취임했다.

암스테르담교회의 목사로 시무할 때, 그 교회의 당회는 "하이델베르크 요리문답"과 칼빈의 예정론을 비판하고 있는 인문주의자 코른헤르트(Coornhert

11) 이 항의 서술을 위해 다음의 문서들을 참고 했다. Carl Bangs, *Arminius A Study in the Dutch Reformation,* Grand Rapids, 1985; E. Dekker, *Riker dan Midas, vrijheid, genade en predestinatie in de theologie van jacobus Arminius(1559~1609),* Zoetermeer, 1993, 19~53; H. J. Meijerink, *"Uit de geschidenis van het ontstaan der Dordtse Leerregels",* in De Schat van Christus, Bruid, Goes, 1958, 27~35; L. Praamsma, *"The Background of the Arminian Controversy (1586~1618),* 27~28; W. van't Spijker, *"Voorgesvhidenis,"* in W. van't Spijker ed., *De Synode van Dordrecht in 1618 en 1619,* Houten, 1987, 32~36.

1522~1590)에 대해서 아르미니우스에게 베자의 제자로서 반론해줄 것을 요구했다. 그러나 아르미니우스는 그 문제를 연구하는 가운데 예정론 자체에 의문을 갖게 되었으며, 오히려 예정론을 근본으로부터 다시 살펴보아야한다고 생각하게 되었다. 그리고 1591년에 아르미니우스는 로마서 7장을 다루면서 소시니우스주의(Socinianism), 펠라기우스주의(Pelagianism)와의 관련한 혐의로 동료인 플란키우스(Plancius) 등에 의해서 신앙기준(신조)에 대한 위반을 하고 있다는 이유로 고발되었다. 그러나 시참사회(市參事會)는 고발자들을 자제시키고 관용을 요구했다.

또한 의문을 불러일으킨 것은 홀란드주 법률고문(Raadspensionaris)이며, 사실상 총리로서 권력을 갖고 있던 올덴바르네빌트(Oldenbarnevelt 1547~1619)의 지도 아래 '국가교회규정'(Staaskerkorde)의 제정에 참여하고 있었다. 더욱이 이 점에서 이미 지적한 에라스트주의가 문제가 되었다. 사실 아르미니우스는 전술한 로마서 설교에서 13장을 다룰 때 교회적, 종교적 사안들의 최종적인 권위가 국가에게 있다고 했다.[12)]

한편 라이덴대학에서는 1602년 신학교수 유니우스(F. Junius 1545~1602)가 페스트로 인해 별세한 후 후계자 문제가 생겼다. 유니우스의 별세 후 단 한 사람만이 교수직에 남았는데, 엄격한 타락전 예정론자로 알려진 호마루스(F. Gomarus 1563~1641)이었다. 이사회는 호마루스와의 균형을 생각하여 유니우스의 후계자로 '온건한 입장'의 아르미니우스를 교수직에 초빙했던 것이다. 호마루스는 별세의 길로 가면서 침대에 누워있었던 유니우스로부터 이미 아르미니우스에 대해서 경계하도록 충고를 받았으며, 그 자신의 신학적 입장으로부터도 아르미니우스를 초빙하는 것에 반대하는 입장이었다.[13)] 그러나 아르미니우스가 "벨기에신앙고백"과 "하이델베르크요리문답"을 견지하는 것을 약속함으로써 아르미니우스와의 사이에 당초는 일시적이지만 평화적인 관계가 있었다.

12) L. Praamsma, "The Background of the Arminian Controversy (1586~1618)", 27.
13) W. van't Spijker, "Voorgesvhidenis," 33.

아르미니우스는 1603년 라이덴에서 교수활동을 시작했다. 문제는 아르미니우스가 강의실이나 자기 집에서, 말하자면 '사적 강의'를 하면서 거기서 자신의 견해를 가르치면서, 학생들에게는 그의 강의록을 출판하지 못하도록 금했다. 그러나 사태는 결국 문제화되었으며, 호마루스와의 사이에서 뜨거운 논쟁이 일어나게 되었다. 그 논쟁은 네덜란드 전국으로 확산되어갔다.

이와 같이 논쟁이 격화되는 가운데 아르미니우스는 홀란드주와 서프리스란드주(West-Friesland)의 의회에 출석해서 그들 앞에서 자신의 혐의를 벗을 수 있기를 원했다. 1608년 5월 30일 헤이그(Haagse)의 '주최고참사회'(De Hoge Rad) 앞에서 아르미니우스와 호마루스는 각각의 견해를 분명하게 했다. 아르미니우스는 자기 자신이 '벨기에신앙고백'과 '하이델베르크요리문답'에 반하는 것을 가르치고 있지 않고, 또한 신앙기준에 대해 몇 개의 비판할 점을 갖고 있지만, 그것은 교회 회의장에서 신앙기준이 개정될 때 문제 삼을 것을 분명히 했다. 그것에 대해서 호마루스는 이미 대학에서 공개토론을 통해 제시된 아르미니우스 칭의론, 즉 그리스도의 의의 전가에 의한 것이 아니라 우리의 신앙과 행위가 하나님에 의해서 의로 받아들여진다고 하는 의인론(義認論)을 비판했다. 그러나 참사회의 판단은 양자의 견해 차이는 그렇게 크지 않고, 구원의 근본에 관련한 것이 아니라는 결론과 양자에게 관용을 요구했다. 그렇지만 호마루스 자신은 이 결론에 전적으로 납득할 수 없었다.

논쟁은 계속되었다. 그렇게 됨으로 1609년 8월 12일 올덴바르네빌트의 주도 아래 다시 이전과 같은 형식으로 양자가 토론할 수 있는 기회가 만들어졌다. 그러나 아르미니우스의 건강이 좋지 않았기 때문에 토론이 중단되었고, 아르미니우스는 1609년 10월 19일 50세의 나이로 별세하고 말았다.

2. 항론파와 반항론파의 논쟁

1) 항의서(이른 바 아르미니우스 5개 조항)의 성립 배경

아르미니우스가 별세함으로 논쟁이 수그러든 것은 아니었다. 논쟁은 아르미니우스주의자들에 의해서 계승되었고, 오히려 격화되었다. 아르미니우스주의자들 가운데서 지도적인 역할을 한 첫 번째 인물은 헤이그(Haagse)의 궁정설교자 비텐보해르트(Wtenbogaert)였다. 그 외에는 법학자로 유명한 흐로티우스(H. Grotius)나 올덴바르네빌트 등이 있다.

역사적으로 중요한 의미를 갖는 것은 1610년 1월 14일 헤이그에서 비텐보해르트의 가르침을 받은 40여명의 아르미니우스주의자들이 은밀하게 하우다(Gouda)에 모여서 회담한 사실이다.[14] 이 회담이 낳은 것은 아르미니우스주의적 견해를 따르는 목사후보생들이 교회의 시험을 치를 때 논쟁점에 관해서 점점 엄격한 확인을 거치게 되었으며, 반면에 호마루스주의자들이 신앙기준의 구속력을 더욱 강조하는 계약조항을 기초로 하는 태도를 가지게 되었기 때문이다. 이 회담에 있어서 아르미니우스주의자들은 그들에게 주어진 혐의에 대한 부당성에 항의하기 위해서 비텐보해르트가 초안한 5개 조항을 항의서(Remonstrantie)라고 하는 제목을 붙인 문서를 잠정적인 것이기는 하지만, 그들의 견해에 대해서 일반적으로 표명하는 것으로 합의했고 서명한 문서를 채택했다.[15] 이것이 이 책의 제 Ⅱ부의 Ⅰ에 다루고 있는 "항의서"(일반적으로 아르미니우스 5개 조항, 또는 항론파 5개 조항이라고 불림)이다.

이 5개 조항이 그 후 논쟁의 축이 되었으며 "도르트신조"의 내용 구성을

14) 출석자 수에 대해서는 여러 가지 견해가 있으며 확정적으로 말하는 것은 어렵다.(W. van't Spijker, *"Voorgesvhidenis,"* 33; G. P. van Itterzon, *"Remonstoranten" in Christelijke Encyclopdedie, vol.5.* Kampen, 1960, 614) 등에 신뢰할 수 있는 역사가들에 의하면 40명 정도라는 것을 확인할 수 있다.

15) 비텐보해르트가 작성한 "Remonstrantie"는 실제로는 1608년 아르미니우스 자신의 손으로 쓴 문서를 그대로 채용해서 작성되었다는 사실이 역사가에 의해서 지적되고 있다.(Otto J. De Jong: *Nederlandse Kerk Geshiedenis,* Nijkerk, 1986, 184)

결정하는 것이 되었다. 그러한 의미에서 말하자면 "칼빈주의 5대 교리"의 역사적 기점은 이 '항의서'(항론파 5개 조항)로부터 나온 것이다.

아르미니우스주의자가 이와 같은 항의서를 제출한 것은 그들의 입장이 신앙기준과 본질적으로 다르지 않다는 것을 호소하기 위한 것이었다. 그러므로 이 항의서는 논쟁의 상대에게 비판을 받지 않도록 하기 위해 신중하게 단어를 선택해서 작성된 것이었다.[16)]

그러나 이 5개 조항의 내용은 그 후 교리논쟁의 축이 되었으며, 중요한 것이기 때문에 간단하게 내용을 요약해두고자 한다. 요점은 다음과 같다.

제1조 하나님은 성령의 은혜에 의해서 예수 그리스도를 믿고, 그 신앙과 신앙의 복종을 마지막까지 견인하고자 하는 자들을 "선택"하고, 또한 믿지 않는 자들을 하나님의 진노하심으로 "유기"하는 것을 예정하셨다. 이것은 '예지 예정에 기초한 선택'을 의미한다.

제2조 그리스도는 모든 사람들을 위하여 죄를 사하시고 깨끗하게 하심을 획득하셨다. 그러나 신자 이외의 누구도 죄의 용서와 깨끗하게 하심에 동참할 수 없다. 이것은 '보편적 속죄'를 의미한다.

제3조 구원을 위한 신앙을 자신의 자유의지로 가질 수 없다. 하나님에 의해서, 그리스도 안에서 성령을 통하여 거듭나게 되며, 새롭게 될 필요가 있다. 이것 자체는 정통적인 가르침으로 보이지만 다음 4조과 관련시켜서 보면 문제가 드러난다.

제4조 하나님의 은혜가 모든 선의 발단이며, 계속이며, 완성이다. 그러나

16) H. J. Meijerink, *"Uit de geschidenis van het ontstaan der Dordtse Leerregels"*, 36~37.

이 은혜의 역사하심에 관해서는 "불가항력적이지 않다." 3조 4조을 같이 보면 "전적 타락"과 "은혜의 불가항력성"을 부정하는 것을 의미한다.

제5조 성도가 싸움을 위해서 준비를 하고, 태만하지 않는다면 하나님은 그들을 강하게 붙들어주신다. 이것은 '성도의 견인'에 대한 부정을 함축하는 의미를 갖고 있다.

5개 조의 내용은 이상과 같지만, 중요한 것은 이 '항의서'가 어디로 보내졌는가 하는 것이다. 장로주의 정치원리에 의하면, 이러한 항의서는 본래 교회 회의로 보내져야 하는 것이라고 생각하는 것이 당연하다. 그러나 실제로는 '청원서'(verzoekschrift) 형식으로 그들의 입장을 보호받기를 바라는 마음으로 정치적 권력을 갖고 있는 주법률고문(州法律顧問)인 올덴바르네빌트를 수신자로 홀란드주 당국에 제출되었다.[17] 그 경우 주의해야 하는 것은 네덜란드 공화국을 형성하는 7개 주의 연방의회에서 올덴바르네빌트의 권력과 네덜란드 공화국의 재정의 과반을 담당하고 있는 홀란드주의 발언권이 강력하게 작용하고 있었다는 사실이다.[18] 올덴바르네빌트와 홀란드주의 다수파도 아르미니우스주의자의 편을 들어주는 입장이었다. 한편 교회측의 다수파는 반아르미니우스주의의 입장에 서 있었다. 그러한 의미에서 '항의서'가 올덴바르네빌트를 수신자로 홀란드주 당국에 제출되었다는 것은 아쉽다고 할 수 있는 일이다.[19] 이 사실은 그들의 에라스트주의적인 교회정치이해를 한다면 당연하다고 할 수 있지만, 전술한 바와 같이 역사적인 사정에서는 그 외에 그들에게 있어서 항의가 인정될 수 있는 방법이 없었다고도 할 수 있다.

전술한 항의서 사건 이래로 아르미니우스파 사람들은 항의자(Remo-

17) H. Kaajan, *De Groote Synode van Dordrecht in 1618~1619,* (Amsterdam, 1918), 10.
18) 栗原福也,『ベネルクス現代史』, 48.
19) H. J. Meijerink, *"Uit de geschidenis van het ontstaan der Dordtse Leerregels"*, 39.

nstrant)라고 불리게 되었다. 이에 대해서 호마루스파 사람들은 반항의자라고 불리게 되었다. 이 책에서는 독자들의 이해를 돕기 위해서 이후 논술하면서는 '항의자'를 '아르미니우스주의자'로 표기하고, '반항의자'는 '칼빈주의자'라고 표기할 것이다. 말할 것도 없이 당시의 역사적 상황에서는 양진영 모두 당연하게 자신들이 화란의 개혁파교회에 속한 정통적인 칼빈주의자라고 생각했다. 아르미니우스 자신이 공적으로 철저하게 신앙기준을 준수한다고 말해온 것을 기억한다면, 이것을 분명하게 이해할 수 있을 것이다.

2) 반항의서의 성립 배경

그런데 항의서를 받은 올덴바르네빌트가 수개월 동안 그것을 공표하지 않고 자신이 갖고 있었다. 그 사이에 비텐보해르트는『교회적 사항에 있어서 보다 상회의 기독교적 공권력과 권세에 대한 소고』(1610)를 출판했다.[20] 이것은 '항의서'와 동일선상에 있는 여섯 번째 조항이라고 하는 의미에서 '아르미니우스 제6조항'이라고 까지 불린다.[21]

이 소책자에서 비텐보해르트는 교회에 두 종류의 통치권은 존재하지 않고, 교회적인 사항에 대한 상급 권위는 각 주의 공권력에 귀속되어야 한다고 주장했다. 이 주장에 의하면 각 주의 공권력이 목사, 장로, 집사를 임명하고, 교리나 설교자의 설교에 대해서 감독하고, 교회 규정을 작성하고, 교회의 모든 회의를 소집하고 통괄하며, 더욱이 가난한 자에게 집사직을 배려하는 것 등의 권위를 갖는다. 여기서 '제6조항'이라고 불리며 아르미니우스 논쟁에 있어서는 '항의서'로 표현되어 있는 교리내용에 그치지 않고, 교회정치를 둘러싼 문제가 확산되어갔다는 사실을 분명하게 확인할 수 있을 것이다.[22]

20) 이 소책자의 원제목은 *"Tractaet van't ampt ende authoriteyt eener hoogher christelicker overheydt in kerkelicke saecken 1616"*이다.

21) H. J. Meijerink, *"Uit de geschidenis van het ontstaan der Dordtse Leerregels"*, 39.

22) H. J. Meijerink, *"Uit de geschidenis van het ontstaan der Dordtse Leerregels"*, 39.

홀란드주 당국은 교회의 총회를 개최하지 못하게 했고, '항의서'가 신앙기준에 위반된다고 보아서는 안 되며, 더욱이 이 견해를 유지하고 있는 목사 후보생을 책망해서는 안 된다고 하는 것이 합당한지 검토할 것을 첨가한 다음 '항의서'의 복사물을 각 노회에 보냈다. 더욱이 목사들에게는 이 문제 관해서 논의하지 말고, 각자의 견해를 관용할 수 있어야 한다고 요구했다.[23)]

이에 대해서 1610년 12월 10일에 암스테르담교회의 목사 프란키우스(P. Plancius)의 주도 아래 6명의 교회 대표들이 홀란드주 당국에 제소하면서 합법적으로 정한 교회 회의에서 '항의서'가 성경과 신앙기준에 위반하는 것을 분명하게 할 용의가 언제든지 있다는 것을 표명했다. 주 당국은 교회 회의를 개최하는 것을 원하지 않았으며, 비텐보해르트를 지도자로 하는 아르미니우스주의 진영에서 6명의 대표와 프란키우스를 지도자로 하는 칼빈주의 진영의 6명의 대표로 하는 '우호적 협의회'(vriendelijke conferentie)를 개최할 것을 제안했다. 칼빈주의 진영에서는 이에 대해서 비판적이었으나 결과적으로 수용했다. 이 협의회는 1611년 3월 10일부터 5월 20일까지 헤이그에서 개최되었기 때문에 통상 '헤이그협의회'(De Haagse Conferentie)라고 불린다.

이 협의회에서는 양진영에서 단 두 개의 문서를 제출하는 것이 허락되었을 뿐이다. 즉 칼빈주의 진영에서는 '항의서'(1610)에 대한 반론문서를 이미 제출했고, 또 하나는 이 협의회에 아르미니우스주의 측에서 칼빈주의 입장에 대한 또 다른 반론문서를 제출한 상태에 있었는데, 그 문서에 대한 아르미니우스주의 입장의 변명문서이며 칼빈주의 측의 견해에 대한 반론문서이다.[24)]

칼빈주의 진영이 최초로 제출한 문서는 '반항의서'(Contra-remonstrantie)

23) H. J. Meijerink, *"Uit de geschidenis van het ontstaan der Dordtse Leerregels"*, 40; L. Praamsma, *"The Background of the Arminian Controversy (1586~1618)*, 31.

24) A. D. Polman, *"De leer der verwerping van eeuwigheid op de Haagse Conferentie van 1611,"* in Ex Auditu Verbi, Theologische Opstellen aangeboden aan prof. Dr. G. C. Berkouwer, (Kampen, 1965), 176~193. 또한 반항론파 측의 대표자는 R. Acronius, L. Fraxinus, P. Plancius, J. Bogardus, J. Becius, F. Hommius 등 6명, 항론파 측의 대표자는 Witenbogaert, Van der sorne, Poppius, n.

라고 불리는 것이다. 이 문서는 주로 호미우스(F. Hommius)에 의해서 초안이 만들어졌다.[25]

이 문서에서는 아르미니우스주의자들이 "자신들은 중상을 당했다"고 하는 것에 대한 대답이 있고, 이 문제를 조사하기 위해서는 합법적으로 정한 '교회 회의'에 그와 같은 사실을 제기해야 한다고 주장했다. 더욱이 아르미니우스주의자가 교리적인 사항을 당회나 노회 등에 제시하지 않고, 정치적인 권력에 맡긴 사실을 공적으로 비난했던 것이다.

이러한 점을 분명히 한 다음 교리상 논쟁점이 7개 조항으로 논술되어있다. 이 7개 조항이 본서에서는 제Ⅱ부 Ⅱ에 제시되어있는 '반항의서'이다. 그 내용의 요점은 다음과 같다.

제1조 모든 사람은 전적으로 타락했으며, 그리스도를 믿는 능력을 전혀 갖고 있지 않다. 하나님은 자신의 영원한 계획에 따라서 오직 은혜로만 정해진 수의 사람들을 그리스도로 말미암아 구원하기 위해서 택하셨고, 그 밖의 사람들은 간과하여 죄 가운데 유기 되었다.

제2조 언약의 자녀들은 하나님의 택하신 자녀로 보아야 한다. 신자의 부모는 그들의 자녀가 유아기에 별세했다면, 그들의 자녀의 구원을 의심해야 할 이유가 없다.

제3조 하나님은 선택에 있어서 신앙이나 회심, 또는 은사의 바른 사용 등을 선택의 원인으로 삼지 않았다. 반대로 하나님은 자신의 영원한 계획에 따라

Grevinckhoven, Corvinus; Episcopius 등 6명이었다. 올덴바르네빌트(Oldenbarnevelt)는 병 때문에 출석하지 못했다. 도르트의 법률고문인 Berck가 개회를 선언했다.(H. Bouman, *"De Betekenis van De Synode van Dordrecht,"* 20.을 참고하라)

25) A. D. Polman, *"De leer der verwerping van eeuwigheid op de Haagse Conferentie van 1611,"* 176~193; Praamsma, *"The Background of the Arminian Controversy(1586~1618)"*, 33ff.

서 구원에로 선택된 자들에게 신앙과 경건에 이르도록 견인하시며, 구원을 의도하고 선택하셨다.

제4조 그리스도의 속죄는 모든 사람의 죄를 갚고도 남을 것이지만, 하나님의 계획에 따라서 선택된 참 신자들에게만 속죄와 용서를 위해서 유효하다.

제5조 성령님은 외적으로는 복음의 설교를 통해서, 내적으로는 특별한 은혜에 의해서 하나님으로부터 택함을 받은 자들의 마음에 유효하게 일하심으로 몸과 마음으로 그 의지를 변혁시키고 새롭게 하신다. 회심과 믿을 수 있는 능력이 주어지는 것만이 아니라 실제로 스스로 변화하여 회개하고 믿는다.

제6조 하나님이 구원에 이르도록 미리 정한 자들은 그들 자신의 어떠한 협력도 없이 그들을 회심으로 이끈 성령님의 능력에 의해 계속 유지되고 보존된다. 성령님은 그들에게 부여된 참 신앙을 더욱이 그들이 하나님의 자녀로서 단회적으로 받은 양자의 영을 상실하는 것과 같은 일은 허용하지 않는다.

제7조 참 신자는 이와 같은 가르침 가운데 육적인 욕심을 경솔하게 추구하기 위한 어떠한 이유도 보이지 않는다. 참된 신앙으로 그리스도에게 접목된 자들이 감사의 열매를 맺지 않는다는 것은 있을 수 없다. 그들은 차츰 두려움과 떨림으로 자신의 구원을 이루기 위해 노력한다.

이 헤이그협의회가 '문서협의회'(Schriftelijke Conferetie)라고 불리는 것처럼 양자의 견해차이가 문서로 분명하게 드러났고, 후에 도르트총회에서도 중요한 자료가 되었다. 특별히 아르미니우스주의자의 견해를 정확하게 확인하고 정리한 이 문서는 도르트총회에 커다란 공헌을 했다.[26] 실제로 이 문서의 반영을 '도르트신조'의 내용으로 볼 수 있다.

이와 같은 점에서 의미를 인정할 수 있지만 그 사태 자체는 아무것도 변하지 않았다. 오히려 양자의 상이함이 점점 더 분명해졌고, 그 차이가 더 깊어졌다고 하는 것이 정확한 인식일 것이다.

1613년 2월 26일에는 델프트(Delftse)에서 같은 협의회가 호미우스를 중심으로 하는 3명의 칼빈주의 진영의 대표와 비텐보해르트를 중심으로 하는 3명의 아르미니우스주의 진영의 대표에 의해서 열렸다. 이것은 '델프트협의회'(De Delftse Conferentie)라고 불리는 것인데, 결과는 앞선 헤이그협의회와 마찬가지로 어떤 성과도 얻지 못했다.[27]

3) 탄식하는 교회

전술한 바와 같이 '델프트협의회'에서는 어떤 성과도 얻지 못함으로 홀란드주 당국은 정치적으로 간섭할 것을 결단했다. 즉 1614년 봄 흐로티우스에 의해서 초안이 만들어진 '교회 평화를 위한 결의문'(Resolutie tot den vrede der kereken)이 홀란드주 당국에 의해서 공포되었다. 이 포고문의 내용은 대학에서는 쟁점에 대해서 논쟁하는 것을 허용하지만, 교회의 설교단상에서는 그것에 대해서 침묵해야 한다고 하는 명령을 포함하고 있다. 이 포고문은 관용을 구하고, 그로 인해서 사태의 진정을 꾀하고자 했다.[28]

그러나 이 포고문으로 인해서 양측의 싸움이 수습된 것이 아니다. 그것으로 인해서 점점 긴장과 혼란이 더해졌다. 서로가 강단에서부터, 또는 문서로 치열하게 공격하게 되었다. 특별히 아르미니우스주의의 세력이 강했던 홀란드주와 유트레흐트(Utrecht)주에서 긴장과 혼란이 두드러졌다. 이러한 상황에서 칼빈주의 진영은 1615년 가을에 금지되어있던 지방대회(地方大會)를 대신하는 것으로 모든 주로부터 파송된 교회대표가 모여서 어려운 사태에 대해서 협의

26) H. J. Meijerink, *"Uit de geschidenis van het ontstaan der Dordtse Leerregels"*, 41.

27) H. J. Meijerink, *"Uit de geschidenis van het ontstaan der Dordtse Leerregels"*, 41~45.

28) W. van't Spijker, "Voorgesvhidenis," in W. van't Spijker ed., *De Synode van Dordrecht in 1618 en 1619*, 49~50; H. J. Meijerink, *"Uit de geschidenis van het ontstaan der Dordtse Leerregels"*, 49.

하기 위한 전국총회를 암스테르담에서 개최할 것을 요구하고, 억압에 대해서는 서로가 협력하기로 뜻을 같이 했다. 이러한 집회를 할 수 있었던 것은 암스테르담시 당국이 올덴바르네빌트와 정치적으로 긴장관계에 있었으며, 칼빈주의 진영을 지지하는 입장에 있었기 때문에 그러한 집회를 묵인했던 것이다.[29)]

이러한 가운데 이미 '교회평화를 위한 결의문' 자체가 기본적으로 아르미니우스 진영의 편을 드는 의미를 갖고 있음에도 홀란드주 당국은 결정적으로 아르미니우스 진영의 입장에 서서 행동하기로 했다. 즉 공권력의 정책에 저항하는 칼빈주의 목사들에 대해서 벌금을 부과하고 직을 해임하여 추방하고, 장로들의 공민권을 빼앗는 사태가 발생했다.[30)] 이미 1612년 2월에 홀란드주는 올덴바르네빌트의 주도아래 그때까지 실시되지 않고 먼지만 뒤집어쓴 채 매장되어있던 1591년의 에라스트주의적인 교회규정을 유효하다고 선언하고, 교회에 대한 간섭을 강화해 왔으나 이 시점에 이르러 그 교회규정을 문자적으로 적용하여 실시했다.[31)]

예를 들어 헤이그에서는 로새우스(Rosaeus)가, 로테르담(Rotterdam)에서는 헤슬리우스(Geslius)가 각각 파면되었고, 설교를 금지당하는 일이 일어났다. 그러나 칼빈주의 진영의 신자들은 이에 굴하지 않고 그들 자신의 요청으로 별도의 집회를 만들기에 이르렀다. 이렇게 분리되어 세워진 교회는 아우데와터(Oudewater), 호른(Hoorn), 알크마르(Alkmaar) 등 여기저기에 생겼으며, 또한 코트레흐트에서 그와 같은 집회가 공권력에 의해서 폭력적으로 해산되는 사태까지 일어났다. 칼빈주의자들은 이러한 집회를 '탄식하는 교회'(De

29) W. van't Spijker, "Voorgesvhidenis," in W. van't Spijker ed., *De Synode van Dordrecht in 1618 en 1619,* 51; H. Bouman, "De Betekenis van De Synode van Dordrecht," 25. 암스테르담시 당국과 홀란드주 법률고문인 올덴바르네빌트는 경제활동에 있어서 강력한 힘을 갖고 있고, 서인도회사의 설립에 있어서는 방해하는 역할을 담당했다. 또한 암스테르담시 당국은 1611년 이래로 칼빈주의 진영에 서 있다. 특별히 당시 그 교회의 목사였으며, 또한 그 후에는 도르트총회의 대의원이 되며, 교회사가로서 저명한 트리흐란드(J. Trigland, 1583~1654)가 시 당국에 큰 영향을 미쳤다.

30) H. Bouman, *"De Betekenis van De Synode van Dordrecht,"* 24.

31) 1519년의 '교회규정'(kerkorde)에는 공권력이 교회적 사항을 통치하는 권한을 갖고 있다는 것이 규정으로 있다.(H. Bouman, *"De Betekenis van De Synode van Dordrecht,"* 25)

doleerende kerken)라고 부르게 되었다. 헤이그의 경우는 1200명의 신자들이 '탄식하는 교회'를 형성했다.[32)]

3. 빌렘 마우리츠(Willem Maurits)의 결정적인 역할

올덴바르네빌트에 대항할 수 있는 유일한 인물은 공화국 독립의 공로자인 빌렘 반 오란예(Willem van Oranje)의 아들 마우리츠였다. 당시 네덜란드공화국에서 마우리츠가 갖고 있는 위치에 대해서 구리하라(栗原福也)는 다음과 같이 정확하게 말하고 있다.

> 네덜란드 독립의 지도자 오란예 공 빌렘 I세의 손자는 연방의회에 의해서 대대로 총독직에 임명되었다. 총독은 제도상 단지 육해군의 최고 사령관이었다고 할 수 있지만, 모든 주의 분쟁의 조정자로서 오란예 가문과 관련해서 상기되는 공화국 독립의 공로자로서, 또한 오란예 가문과 맺은 유럽 각국과의 혼인관계에 의해서 헤이그의 총독과 관저(官邸)는 군주적인 영광에 둘러싸여 있었다.[33)]

아르미니우스주의자에 대한 마우리츠 자신의 입장에는 그때까지의 경과가 매우 불안정한 움직임이 있었다. 사실 자기 자신은 자기 아래에 둔 궁정부 목사로서 아르미니우스주의 진영의 지도자 비텐보헤르트의 문제에 대해서 신경을 쓰지 않았다. 그러므로 이 교리논쟁에도 적극적인 영향력을 행사하지 않았

32) W. van't Spijker, "Voorgesvhidenis," in W. van't Spijker ed., *De Synode van Dordrecht in 1618 en 1619,* 49~50; H. J. Meijerink, *"Uit de geschidenis van het ontstaan der Dordtse Leerregels"*, 49. 다만 '탄식하는 교회'는 아르미니우스주의적인 교회와의 교제를 단절한 것으로 아르미니우스주의적이지 않은 교회와의 교회적 관계까지 단절한 것은 아니라는 것에 주의할 필요가 있다. 아르미니우스주의자가 소수파를 형성하는 노회에서는 '탄신하는 교회'야 말로 참되고 합법적인 교회라고 여겼다. 또한 노회적으로도 분리한 쪽의 노회가 합법적인 노회라고 여겨지는 일도 일어났다.(H. Bouman, *"De Betekenis van De Synode van Dordrecht,"* 24~25.

33) 栗原福也, 『ベネルクス現代史』, 49.

다. 마우리츠의 조카인 프리스란드(Friesland)의 백부 빌렘 로데비크 반 나사우(Willem Lodewijk van Nassau 1560~1620)가 마우리츠에게 새로운 눈을 뜨게 해주었다. 즉 아버지 빌렘 I세가 옹호한 개혁파신앙이 위기에 처하게 되는 것만이 아니라, 올덴바르네빌트가 아르미니우스주의자들을 이용해서 주정부의 통치권을 강화하고, 그것으로 통일 공화국 자체가 해체 위기에 직면하는 것을 간파하기에 이르렀다.

1617년 6월 마우리츠는 칼빈주의 진영의 편을 드는 입장을 취하면서 궁정목사인 비텐보헤르트와 신앙생활을 하지 않고, 당시 이미 헤이그의 크로스터교회에서 예배를 드리고 있던 분리파 칼빈주의자들의 '탄식하는 교회'에 출석하게 되었다.[34)]

이러한 사실은 올덴바르네빌트에 의한 사실상 선전포고를 의미하는 것이었다. 1617년 8월 4일에는 올덴바르네빌트에게 지도를 받는 홀란드주의회는 새로운 군대를 조직하고, 그 군대의 사령관은 살고 있는 도시 당국의 명령에 복종해야 한다는 결정을 내렸다. 그것은 마우리츠 자신의 총독직의 권한을 침해하는 것을 의미하는 것이기도 했다. 마우리츠는 문제의 결착을 위해서 전국교회의 총회가 소집되는 것을 지지했다. 이에 대해서 올덴바르네빌트는 그 계획을 좌절시키고자 하는 획책을 했다. 그러나 1617년 11월 11일에 열린 연방의회는 전국교회총회의 개최를 4대 3으로 가결하고, 개최일을 1618년 11월 1일로 정했다. 연방의회의 심의가 전국교회총회의 소집장(召集狀)을 확정하게 되었을 때 반대투표를 한 홀란드주와 코트레흐트주와 오버에이셀(Overeijssel)주의 대표는 회의장을 떠났다. 이 3개 주의 반대 입장은 강경했는데, 특히 홀란드주의회는 더욱 강경했는데, 연방의회에서 중요한 사항은 만장일치의 결의가 요구되었기 때문에 그 결의는 '무효다'라고 주장했다.[35)]

34) W. van't Spijker, "Voorgesvhidenis," in W. van't Spijker ed., *De Synode van Dordrecht in 1618 en 1619,* 53~54; H. J. Meijerink, *"Uit de geschidenis van het ontstaan der Dordtse Leerregels",* 50~54.

이와 같은 상황에서 마우리츠는 홀란드주 당국에 군사적 압력을 가하기 시작했다. 이에 대해서 올덴바르네빌트는 군대를 이끌고 마우리츠와 싸우겠다고 위협을 했다. 이렇게 내전 발발 위기가 닥쳤을 때 마우리츠는 결정적인 일을 하게 되었다.

당시 공화국 연방의회에서는 올덴바르네빌트와 홀란드주의 독주에 대해서 비판적이었던 다른 여러 주의 대표가 다수파를 형성하고 있었다. 마우리츠는 그 연방의회의 지지를 받아 1618년 8월 29일 쿠데타를 일으키고 올덴바르네빌트와 흐로티우스 등을 체포했다. 이와 같이 극적인 전환이 일어나므로 이미 전년도에 연방의회가 의결한 전국교회총회가 실시될 수 있는 길이 열렸던 것이다. 이렇게 해서 열린 것이 도르트총회이다.

35) W. van't Spijker, *"Voorgesvhidenis,"* in W. van't Spijker ed., *De Synode van Dordrecht in 1618 en 1619*, 53~54; H. J. Meijerink, *"Uit de geschidenis van het ontstaan der Dordtse Leerregels"*, 50~54.

Ⅲ. 도르트총회

1. 도르트총회의 개요

이와 같이 길고 복잡한 과정을 통해서 '도르트총회'는 연방의회에 의해 소집되었고, 개최지는 헬더란드(Geldeland)주의 제안으로 도르드레흐트(Dordrecht, 본문에서는 영어식 표기인 도르트 표기함-역자)로 정해졌다. 1618년 11월 13일 도르트총회가 드디어 개회되어 180회에 걸친 회의를 거듭한 후 1619년 5월 29일에 그 막을 내렸다.[36)]

회의에 출석한 사람들은 다음과 같다. 목사 37명, 장로 19명, 신학자는 5명이었으나 이 신학자들은 라이덴(Leiden), 프라네커(Franeker), 흐로닝헨(Groningen), 하르더위크(Harderwijk), 미델브르흐(Middelburg) 등의 각 대학으로부터 각자가 속한 주에 의해서 파송되어 출석했고, 의회에서 조언자(adviseurs)로서 역할을 감당했다. 이 신학자들은 분명히 조언자로서 역할을 감당했지만, 그 역할에 머물지 않고 위원회 활동도 했다. 결의권에 대해서는 이 '신학교수단'에 대해서 한 표의 권리가 주어졌으며 기명투표를 했다.[37)]

또한 개혁파신앙의 일치가 확정되도록 하기 위해서 외국대표도 초청되었

36) 의회 장소로서 도르트, 헤이그, 유트레흐트가 후보지로 거론되었지만 유트레흐트에서 개최되는 것에 대해서는 영국의 제임스 I세가 반대했다. 유트레흐트는 아르미니우스주의 세력이 강한 곳이었기 때문이다. 결국 헬더란드 주의 제안으로 도르트가 선정되었다. 도르트는 당시 네덜란드 도시들 가운데 첫 번째 도시이며 라인강과 마스강의 두 유역에 끼어있으며, 영국이나 프랑스와의 교통도 매우 편리하고, 여러 다른 국가들과도 국제교역의 중심지로 여겨졌다. 종교적으로 이 도시는 칼빈주의 목사가 있었고, 동시에 시민들도 칼빈주의 입장에 서 있었다.(H. Kaajan, *De Groote Synode van Dordrecht in 1618~1619*, 12) 또한 1574년, 1578년에도 교회회의를 했고, 그러한 의미에서도 도르트는 '교회회의의 도시'라고 알려져 있었다. 회의기간 중에 심의 일정에 대해서는 W. van't Spijker, "Voorgesvhidenis," in W. van't Spijker ed., *De Synode van Dordrecht in 1618 en 1619*, 96.을 참고하라.

37) H. Kaajan, *De Pro-Acta der Dordsche Synode in 1618*, (Rotterdam, 1914), 19~20, 50~51.(이후 Pro Acta로 표기함)

다. 그 수는 26명이었다. 그 내역은 영국(Groot Brittania) 5명, 팔츠(Palts) 3명, 헤센(Hessen) 4명, 스위스(Zwitserand) 5명, 제네바(Geneva) 2명, 브레멘(Bremen) 3명, 엠덴(Emden) 2명, 나사우 베테라비(Nassau Wetteravi) 2명이었다. 프랑스로부터는 4명이 파송될 예정이었지만 출국허가가 나오지 않아 출석할 수 없었다. 이러한 외국 대표들의 참여로 역사상 보기 드문 에큐메니컬한 교회회의가 되었다.

그 가운데 주목해야 할 것은 영국대표가 갖고 있는 위치다. 영국의 제임스 I세는 네덜란드에서 일어나고 있는 이 문제에 대해서 큰 관심을 갖고 대표자를 파송했는데, 그 가운데는 랜다프(Landaff)의 감독인 조지 칼톤(George Carleton)이 포함되었다. 칼톤은 신학자로서만이 아니라 영국 왕가를 염두에 둔 존재로 보이며 융숭한 대접을 받았다. 그것은 회의장의 좌석의 위치[38]나 수당으로 지급된 금액의 상식적이지 않는 반영 등에서 알 수 있다.[39] 때때로 의장과도 상담하는 기회도 가졌고, 외국대표 전체의 지도자로 보이기도 했다. 외국대표는 단지 구경꾼이 아니었다. 그들도 '신학교수단'과 같은 방식으로 결의권을 가지고(단 그들의 결의권은 교리적 사항의 문제에 한정되었다)[40] 회의에서도 중요한 역할을 했으며, 위원회 활동에도 참석하고 '도르트신조'의 작성에도 공헌을 했다.

그리고 각 주에서 파송된 공화국연방의회측의 위원도 출석했다. 그 수는 18명이었으며, 그들은 정부측 위원단을 구성하여 그들 가운데 의장은 돌아가

38) H. Kaajan, *De Pro-Acta*, 17~19. 회의장의 좌석 배열은 그 자체로서 의미를 갖고 있었다. 영국대표의 좌석은 외국대표 좌석의 가장 앞 열에 위치해 있었다. 영국대표가 갖고 있는 특별한 위치가 좌석의 위치에도 반영되었던 것이다. 좌석 배열도에 대해서는 W. van't, Spijker, *"De Synode en De Remonstraten,"* 96을 참고하라.

39) H. Florijn, "*Dordtse Varia*," 173~74. 예를 들어 스위스의 대표에게는 하루에 8길더를 지불했는데, 영국대표에는 하루에 20길더를 지불했고, 게다가 칼톤에게는 식비 등의 명목으로 18길더를 더 지불했다. 관련해서 1623년 목사의 사례비 평균은 연간 500길더였다는 것을 생각하면 얼마나 고액을 지불했는지는 상상할 수 있을 것이다.

40) H. Kaajan, *Pro-Acta*, 19~20. 외국 대표단에게는 의장 선거를 위한 투표권은 없었다. 그들에게 의장선거를 위한 투표권이 없었던 것은 신학 교수단에게도 없었다는 것을 고려한 것이라고 생각된다.

면서 담당했고, 상임 서기는 헤인시우스(Daniel Heinsius)였다. 이 정부측 위원의 역할은 외적으로 질서유지에 있었고, 또한 의회가 정치적인 일들에 관련되지 않는지 확인하기 위한 것이었다. 이 정부측 위원단이 회의에 미친 영향이 적다고 볼 수는 없을 것이다.[41]

2. 의회의 경과

1) 준비회의

회의 전날, 즉 1618년 11월 12일에 교회측 대표와 정부측 대표가 모여서 회의를 위한 '준비회의'(Conventus Praeparatorius)가 있었다. 라이덴대학의 신학교수인 폴리안더(Polyander)가 서기가 되어 회의 방법과 회의장의 좌석배치, 결의권 등의 문제에 대해서 이야기를 나누었다. 전술했듯이 특히 좌석배치 문제는 준비회의에 있어서도 중요한 협의사항이었다.[42]

2) 개회

11월 13일의 정식 개회에 앞서 아침 8시부터 흐로테교회(De Groote kerk)에서 도르트의 목사 리디우스(B. Lydius)에 의해서 네덜란드어로, 또한 아우구스틴교회(De Augustijner Kerk)에서는 미델베르프의 목사 푸르(J. de Pours)에 의해 프랑스어로 각각 설교가 있었고, 기도를 드렸다. 이 집회를 10시경에 끝내고 장소를 회의장으로 정해진 크로베니르스돌렌(Kloveniersdoelen)으로 자리를 옮겼다. 정식 회의는 앞에서 기술한 도르트의 목사 리디우스의 개회인사와 회의를 위한 뜨거운 기도로 시작되었으며, 그 후 정부측의 헬더란드 대표 흐레고리우스(M. Gregorius)의 개회선언으로 시작되었다.[43]

41) H. Florijn, "Dordtse Varia," 98.

42) H. Florijn, "Dordtse Varia," 17~20; H. Kaajan, Grote Synode, 67~69.

43) H. Florijn, "Dordtse Varia," 21~27; H. Kaajan, *Grote Synode*, 69~71. 회의장인 크로베니르스돌렌은

3) 조직

다음 날인 14일에 회의가 재개되어 먼저 의장선거가 있었다. 투표위원은 정부측의 위원 2명과 장로 4명으로 구성되었다. 의장에는 프리스란드(Friesland) 주의 레우왈덴의 목사 보헤르만(Johannes Bogerman)이 선출되었다. 의장은 이때 논쟁에 과도하게 휘말려있지 않은 주의 사람으로 선출되었다. 그러나 마우리츠와 로데비크는 보헤르만이 의장직에 취임하는 것을 미리부터 간절하게 원했던 것으로 알려졌으며, 이것이 의장선거에도 영향을 주었다고 추측할 수 있다. 의장 보헤르만의 회의에 대한 영향력은 매우 컸고, 그렇기 때문에 아르미니우스주의 진영으로부터 '회의이전'(會議以前, 회의를 하나마나라는 비아냥거림-역자)이라고 하는 비난을 받을 정도였다. 의장의 조언자로서 의장보좌(assessor)에는 로랑두스(Rolandus)와 파우케리우스(Faukelius), 서기에는 호미우스(Hommius)와 다만(Damman)이 선출되었다. 특별히 호미우스는 이미 그때까지 열렸던 '협의회' 등에서 서기로서 경험이 있었으며, 매우 유능한 서기로서 의회를 크게 도왔다. 또한 의장의 특별 서기관으로서 영국의 저명한 신학자 아메시우스(Amesius)가 승인되었다. 이상과 같이 의장과 서기단이 조직되었다.[44)]

4) 아르미니우스주의자들의 소환

11월 15일 제4차 회의부터 중요한 사항인 교리논쟁의 문제를 심의하기 시작했다. 회의는 아르미니우스주의자들을 회의에 '소환'하고, 그들의 견해를 청취할 것을 결의했다. 이 점에 대해서는 누구도 이견이 없었다. 그러나 소환하는 수를 결정하는 것은 간단한 문제가 아니었다. 의논을 한 다음에 나온 결론은 이미 회의에 출석한 유트레흐트(Utrecht)의 3인의 대표(두 명은 목사, 한 명은 장로) 이외에 헬더란드(Gelderland), 남북 홀란드(Zuid.Noord Holland), 오버에

당시 도르트에서 유일한 세계적인 건축물이었고, 회의 참석자 전원을 수용하기에 충분한 크기였다.

44) H. Kaajan, *Pro-Acta*, 17~20; H. Kaajan, *Grote Synode,* 67~69.

이셀(Overijssel)의 각주와 와롱교회(Waalse Kerken) 3인의 대표를 선출해서 도르트총회에 파송하도록 아르미니우스주의자들에게 요구하게 되었다.[45]

그러나 다음 날인 11월 16일 제5차 회의에서는 앞선 회의의 결의가 문제가 되어 재론하게 되었고, 결국 전회의 결의가 철회되는 결론이 났다. 앞선 결의에서는 아르미니우스주의자들을 "하나의 교회적 그룹"으로서, 즉 "교회 가운데 또 하나의 교회"로 인정하는 것처럼 여기도록 했으나, 그것은 현명하지 않다고 비판을 받게 되었기 때문이다. 전회의 결의에서는 이 총회와 대항하는 또 하나의 총회를 만드는 위험성을 잉태시키는 것으로 보았던 것이다. 여기서 정부측 위원단이 끝까지 회의의 이름으로 잘 알려진 평정심이 있는 아르미니우스주의자들을 "하나의 교회적 그룹"으로서가 아닌 각각 '개인적으로' 회의에 소환하는 형식을 취하도록 했다. 소환은 1611년의 '헤이그협의회'에 출석했던 6명 가운데 5명(비텐보해르트를 제외한 5명)과 논쟁이 뜨거웠던 주의 각 주로부터 2명을 선택해서 실시하도록 했다. 결과적으로 12통의 소환장이 발송되었다. 이 소환장에 의하면 소환장을 받은 후 14일 이내에 회의에 출석하도록 요구되었다. 그때까지 회의에 출석하지 않는 경우는 완고한 태도로 볼 것이라는 말까지 덧붙였다.[46] 소환장을 보낸 후 아르미니우스주의자들의 도착을 기다리게 되었다.

5) 프로 엑타(Pro-Acta)에서의 심의사항

아르미니우스주의자들의 도착을 기다리고 있는 사이, 11월 19일부터 12월 5일까지는 통상 '프로 엑타'(前 회의)라고 불리고 있는데, 거기에서는 다음과 같은 안건들이 심의 되었다.

45) Acta of Handelingen der Natuonale Synode, in den naam onzes Heeren Jezus Christus, naar de oorspronkelijke nederduitsche uitgave onder toezicht van J. H. Donner en S. A. van den Hoorn, Utrecht, z.j. 15.(이후에 Acta로 표기함) H. Kaajan, *Groote Synode*, 79; H. J. Meijrink, ""Uit de geschidenis van het ontstaan der Dordtse Leerregels," 5. 11월 15일의 이 결의는 머지않아 항의서가 도르트에 도착했을 때 그들의 논의 가운데서 되풀이하게 되었다.

46) H. Kaajan, *Pro-Acta,* 17; H. Kaajan, *de Grote Syno,* 80; H. J. Meijrink, ""Uit de geschidenis van het ontstaan der Dordtse Leerregels," 58.

① 성경번역

이 회의 이전에도 몇 개의 네덜란드어 번역은 있었으나 당초 독일어인 루터의 번역 성경에 의거한 네덜란드어 번역이었으며, 그 후에도 신약성경은 그리스어 본문으로부터 번역되었지만 구약성경은 루터의 번역에 의존한 성경이어서 혼란한 상태였다. 어찌되었든 신구약성경 전체가 히브리어와 그리스어로부터 직접 번역된 네덜란드어 정역(定譯)은 없었다. 도르트총회에서 성경번역 문제가 다루어지고, 의장인 보헤르만은 영국의 킹 제임스(흠정역 1611년), 디오다치(Diodati)의 이탈리어 번역, 루터의 번역을 개정한 피스카토르(Piscator)의 독일어 번역 등을 언급하면서 네덜란드에는 불충분한 번역 밖에는 없다는 것을 지적하고, 원전으로부터 직접 번역한 네덜란드어 공역 성경의 필요성을 제시했다. 회의는 이 성경번역 사업에 대해서 논의를 한 후 만장일치로 결의했다. 회의는 번역자로서 구약성경 번역을 위하여 의장인 보헤르만(J. Bogerman), 바우다르티우스(W. Baudartius), 부세루스(G. Bucerus), 대체 후보로 디시우스(A. Thysius), 로랑두스(J. Rolandus), 파우켈리우스(H, Faukelius) 등 각각 3명씩을 지명했다. 또한 신약성경과 외경의 번역을 위하여서는 로랑두스, 파우켈리우스, 코르넬리(P. Cornelii), 대체 후보로는 호미우스(F. Hommius), 왈래우스(A. Walaeus), 호잉히우스(J. Hoingius) 등 각각 3명을 지명했다.[47)]

② 신앙문답설교와 신앙문답교육

'하이델베르크 요리문답'에 따른 설교는 이미 1566년 암스테르담의 가브리엘(P. Gabriel)에 의해서 도입되었다. 또한 그 후 지방대회나 도르트총회에서도 '신앙문답설교'에 대해서 언급되어왔으나 1586년 헤이그총회에서 처음으로 모든 교회에 실시해야만 하는 것으로 결정되었다. 그러나 교회회의에서 정한 것이라도 실제로는 그것을 실행하기에 곤란한 일이 동반되었다. 예를 들어 한

47) H. Kaajan, "*Grote Synode*," 68. 이 공역 네덜란드어 성경은 "Statenvertaling"이라고 불리게 되었다.

사람의 목사가 복수의 교회를 책임지고 있는 경우나, '신앙문답설교'를 할 수 있는 2부 예배의 출석자가 적다는 문제, 또는 '신앙문답설교'를 위해서는 많은 시간이 필요하다는 등의 어려운 문제를 남겼다. 이를 위해서 도르트총회에서 한 번 더 이미 결정된 '신앙문답설교'를 확인하고, 그 의무를 강조하여 '신앙문답설교'를 둘러싼 여러 문제를 다룰 필요성이 생겼던 것이다.[48)]

이와 같은 상황을 통해서 도르트총회는 '신앙문답설교'와 '신앙문답서교육'에 대해서 다음과 같이 결정했다.

먼저 '신앙문답설교'에 관해서는 1) 매년 문답서를 설교해야만 하고, 2) 문답서의 설교는 요약해서 짧게 해야만 한다. 3) 설교단상이나 가정을 방문해서 충실하게 문답서를 설교함으로 출석하는 의무를 환기시켜야 한다. 설교자는 예를 들어 출석자가 적더라도 충실하게 문답서를 계속해서 설교해야 한다는 것 등을 결정했다.

두 번째 '신앙문답서교육'에 관해서는 1) 가정에서 부모가 신앙문답서를 교육해야 하는 필요성, 2) 교사에 의한 학교에서의 신앙문답서교육의 필요성, 교사는 '벨기에신앙고백서'와 '하이델베르크 요리문답'에 대해서 서약하고 서명을 해야 한다. 신앙문답서교육은 적어도 한 주에 2일은 시행해야만 한다. 텍스트는 유아용으로 신앙문답의 요약판, 성인용으로는 '신앙문답'을 그대로 사용해야만 한다.[49)] 3) 설교자, 장로, 설교 낭독자, 환자 방문자 등에 의한 교회에서의 신앙문답서교육이 필요하다. 짧고 평이하게 이해할 수 있도록 설교해야만 한다. 신앙고백에 따라서 배찬에 동참할 수 있기 위해서는 3~4주간의 준비교육이 필요하다는 등의 결정을 했다.

48) P. Y. De Jong, "Preaching and the Synod of Dort," in K. Runia ed., *Crisis in the Reformed Churches,* 121.; *Christelike Encyclopedie*, Bd. II, Kampen, 1975, 120.

49) 텍스트의 문제가 다루어진 것은 외국으로부터 온 위원들이 돌아간 후였다. 결론적으로 유아용으로는 이미 시민권을 받고 보급하고 있었던 'A.B.C교본'(A. B. C-boek)과 아동용으로는 이미 1608년에 작성된 파우켈리우스의 '요약신앙문답'(Kort Begrip)이 추천되었다. (H. Kaajan, "De Dordtsch Synode in haar zorg voor het Kerkelijk leven," in *De Dordtsche Synode van 1618~1619*, Tergedachtnis na driehonderd jaren, Geref. Traktaatgenootschap "Filippus," 1918, 103

③ 이교도 자녀들의 세례

이 문제는 원래 동인도 자카르타의 훌세보스(Hulsebos)로부터 암스테르담교회의 당회와 노회에 편지로 조회되었던 문제로서 도르트총회에서 토의하게 된 것이다. 문제는 현지의 이교도 부모에게서 태어난 후 그리스도인 가정에 입양된 아이들에 관하여, 그 아이들을 입양한 사람들이 아이들의 세례를 원하고 있으며, 아이들을 기독교 신앙으로 양육할 것을 약속한 경우에 세례를 주는 것이 좋을지 하는 문제였다.

회의에서 의견은 나뉘었으나 회의의 결정은 다음과 같았다. 즉 이교도의 아이들은 예를 들어 그리스도인 가정에 입양되어 양자가 되었다고 해도 아직 어리다는 이유와 하나님의 말씀을 모른다는 이유로 세례를 주어서는 안 된다. 그 아이들이 그들의 이해력으로 기독교 신앙의 초보적인 교육을 받을 수 있는 나이가 되고, 또한 그렇게 되었을 때 처음으로 세례가 허락된다. 그 때 세례의 증인들은 그 아이들을 기독교 신앙에서 더욱 충분하게 교육할 수 있도록 배려할 것과 그 아이들을 그리스도인 가정이나 그리스도인과의 교제로부터 소외되지 않도록 하는 것을 약속해야만 한다.[50]

회의가 이러한 결론을 낸 것은 다음과 같은 이유에 의한 것이다. 양부모가 이교도인 아이들은 계약 밖에 있기 때문에 부패 가운데 있다. 그들은 언약 안에 있지 않다. 예수님은 사도들을 먼저 가르치고, 그 다음에 세례를 주도록 명령하셨고, 사도들과 사도적 교회들도 당연히 그 가르침에 따랐기 때문이다.[51]

이와 같은 결정은 회의에서 순수하게 석의적, 교의적 성격을 가지는 것이 되었다. 이 결정에 따라야만 했지만 동인도교회는 원하는 것이 아이었다. 그렇기 때문에 바다비아에서는 그와 같은 이교도의 자녀들에게 세례를 대신해서 예수님의 예를 따라서 기도를 하고 손을 얹고 축복하는 방법을 취했다. 그러나

50) H. Kaajan, *Pro-Acta,* 253.; H. Kaajan, "*De Dordtsche Synode in haar zorg voor het Kerkelijk leven,*" 106.

51) H. Kaajan, "*DeDordtsche Synode in haar zorg voor het Kerkelijk leven,*" 106~107.

이 방법도 후에 바다비아교회 자신이 잘못된 것을 인정하고 취소했다. 이것은 세례를 경시하게 된다고 판단했던 것이다.[52)]

④ 목사후보생의 준비교육

이교도 자녀들의 세례문제에 이어서 다룬 것은 '목사후보생들'(vandidaten)의 준비교육문제였다. 당시 말씀 봉사자를 위한 신학교육은 라이덴(Leiden), 프라네커(Franeker), 흐로닝헨(Groningen), 하르더위크(Harderwijk) 등의 신학교에서 이루어졌다. 당시 이러한 신학교에서 행하여진 교육은 신구약 성경의 석의와 교의학에 한정되었고, 윤리, 설교학, 신앙문답학, 교회법 등에 대해서는 아무것도 가르치지 않는 상태였다. 즉 실천적인 면의 교육은 매우 불충분한 상태였다. 그러한 가운데 질란드교회(Zeelnad)는 목사후보생들의 준비훈련의 부족과 교회 통치에 대한 지식이 빈곤한 것을 문제 삼아 목사후보생들의 준비교육에 대해서 회의에서 다루어줄 것을 청원했던 것이다. 의장은 이 문제를 심의건으로 다루었다.[53)]

질란드와 남홀란드의 대의원들은 미리 문서로 제안을 만들었다. 이러한 제안은 내용이 풍부하고 중요했다.[54)] 회의에서는 여러 가지 제언이 있었고, 논의도 되었으나 질문하고 있는 준비교육에 있어서 실천적인 훈련문제에 대한 구체적인 성과를 내지 못한 채 심의 결과는 매우 빈곤했다.[55)] 회의가 결론적으로 다룬 것은 목사후보생의 권한을 둘러싼 교회법적인 문제에 한정되었기 때문이다. 이 회의 결론은 다음과 같다.[56)]

52) H. Kaajan, *Pro-Acta,* 255~257.; H. Kaajan, "*De Dordtsche Synode in haar zorg voor het Kerkelijk leven,*" 107.

53) H. Kaajan, *Pro-Acta,* 255~257.; H. Kaajan, "*De Dordtsche Synode in haar zorg voor het Kerkelijk leven,*" 108.

54) H. Kaajan, *Pro-Acta,* 255~257.; H. Kaajan, "*De Dordtsche Synode in haar zorg voor het Kerkelijk leven,*" 108~109.

55) H. Kaajan, "*De Dordtsche Synode in haar zorg voor het Kerkelijk leven,*" 114.

56) H. Kaajan, *Pro-Acta,* 293~99.

i. 설교문제

목사후보생의 공적인 설교는 다음의 전제조건을 붙여서 각 지방 대회와 노회에서 정하여 위탁할 일이다. 전제조건은 신학교 교육을 마칠 것. 예비시험을 치른 신학생일 것. 당회나 시찰회의 목사회의 허락을 받을 것. 교회가 그것을 필요로 할 것. 그러나 그 신학생은 경험이 풍부한 목사처럼 행동하지 말아야 할 것 등이다.

ii. 세례문제

회의는 목사후보생에게는 성찬집례와 마찬가지로 세례의 집례는 일절 허락하지 않을 것을 일치해서 결의했다. 가능하다면 세례 예식문 낭독까지만 허락한다.

iii. 당회나 노회에서의 배석문제

회의에 목사후보생이 배석하는 것은 유익하지만, 당회나 노회의 판단에 맡기는 것으로 했다.

iv. 교회에서 성경낭독문제

이 문제는 교회에서 공적으로 성경을 낭독하는 문제였다. 목사후보생에게 교회에서 공적으로 성경낭독을 허락해도 좋을지에 대한 질문이었다.

당시 교회에서 성경을 낭독하는 것은 상인들이나 훈련을 받지 않았고, 잘 읽지 못하는 사람들에게조차 낭독을 맡겨서 교회의 성경낭독이 비참하다고 할 만큼의 상태로 경시되어있었다. 이러한 상황에서 성경낭독은 목사직에로 가는 첫 걸음이며, 목사후보생이 성경낭독 봉사를 할 수 있기를 원했던 것이다. 또한 그것은 목사후보생이 교회에서 자신에 대해서 알 수 있도록 하는 기회가 되었으며, 발성을 개선하고 사람들 앞에서 말하는 것에 익숙해지는 실제적인 이점도 있어서 좋은 훈련이 될 것이라고 생각했다.

회의는 이것을 환영했으나, 이것을 교회에 신중하게 추천하는 것으로 충분하게 여겨 교회의 재량에 맡겼다. 그 때 이것이 교회나 목사후보생과 신학생에 대해서도 강제되어서는 안 된다는 것을 부언했다.

⑤ 출판물 검열

프로 엑타(Pro-Acta)회의에서 마지막으로 다룬 사항은 출판물 검열문제였다. 이것은 남홀란드, 질란드, 오버이세르 등의 교회로부터 제출된 문제였다. 당시 무통제, 무질서 가운데 출판이 되었고, 이단적인 문서를 포함한 많은 출판물이 유포됨으로 교회조차 혼란에 빠지게 되는 사태가 일어났기 때문이다. 사실 아르미니우스주의자들은 자신들의 입장을 선전하면서 칼빈주의자들의 견해에 대해서 혐오감을 가지도록 하기 위해서 많은 소책자를 출판하여 사회에 넘쳐나게 만들었다.

이 문제가 의회에서 다루어진 것은 늦게 아르미니우스주의자들이 도르트에 도착한 바로 그 시간이었다. 아직 의회에 출석하지 않았지만 심의는 서두를 필요도 있었다. 그렇지만 교리의 쟁점에 대한 심의가 끝난다면 외국 대표단은 귀국하게 되어있었기 때문에 많은 사람들은 그들이 귀국하기 전에 그들의 발언을 통해서, 또한 그들의 힘에 의해 정부에게 그러한 출판물들을 수거하는 것을 강화시키고자 하는 계획도 있었다. 당시 분명히 정부에 의한 수거에 대한 경고나 포고는 이미 나온 상태지만 그 실효성이 결여되어있었기 때문이다.[57]

이 문제에 대해서는 영국, 헤센, 스위스, 제네바, 브레멘 등으로부터 온 외국교회 대표들과 국내의 의원들, 신학교 교수들로부터 많은 제언과 조언이 있었으나 정부가 이러한 점에서 감당해야만 하는 역할을 가지고 있는 것에 대해

57) A. Moerkerken, "Van catechismusprediking tot boekencensuur," in W. van't Spijker ed., *De Synode van Dordrecht in 1618 en 1619*, 171.

58) A. Moerkerken, "Van catechismusprediking tot boekencensuur," 171.

서 대다수의 일치가 있었다. 특히 국내의 칼빈주의 입장의 의원들로부터는 정부측과 교회측으로부터 대표단에 의한 검열위원회가 조직되는 것을 강력하게 요구되었다.[58]

그러나 모든 제언이 제시된 후에 의회는 제출된 것에 담긴 것들을 근거로 규정을 작성할 것을 의장에게 요구했다. 아르미니우스주의자가 도착하기도 했고, 이 문제를 계속 논의하는 것은 어려운 일이었다. 따라서 회의는 후에 다시 규정을 검증하고 승인하도록 했다. 더욱이 그 규정에 기초해서 회의의 이름으로 정부에 대해서 권위를 가진 공적인 명령으로 이단적인 문서의 출판이나 출판물의 악용이나 남용이 배제되고, 또한 그것을 미연에 방지하는 것을 요구할 수 있게 했다. 또한 개혁파교회에 있어서는 이 회의 규정에 따르지 않는다면 교회 규정에 합당하지 않게 될 수밖에 없었던 것이다.[59]

그러나 실제로는 그와 같은 규정은 작성되지 않았으며 후에 회의에서도 다루어지지 않았다. 어쩌면 정부측으로서는 자신들이 바라는 것 이상으로 회의가 과도한 요구를 할 것을 두려워했을 것이라고 생각된다. 이 의제가 다루어진 것은 1618년 12월 5일이었으나 12월 22일에 정부는 먼저 손을 써서 출판의 남용을 배제하는 명령을 내렸다. 이 명령은 회의록에도 기록되어있다.[60] 그러나 이 명령은 사실상 거의 기능하지 못했다.[61]

3. 총회(Synode)인가 협의회(Conferentie)인가?

아르미니우스주의자들은 도르트총회를 앞두고 먼저 12월 2일에 로테르담에서 그들만의 회합을 가지고 준비하는 시간을 가졌다. 그들은 거기서 도르트총회에서 자신들의 기본적인 태도를 결정하려고 했다. 그들은 거기서 의장

59) H. Kaajan, "*De Dordtsche Synode in haar zorg voor het Kerkelijk leven*," 117.
60) H. Kaajan, *Pro-Acta*, 331.; H. Kaajan, "*De Dordtsche Synode in haar zorg voor het Kerkelijk leven*," 118.
61) H. Kaajan, "*De Dordtsche Synode in haar zorg voor het Kerkelijk leven*," 119.

(praeses), 의장보좌(assessor), 서기(scriba)를 선출했고, 그러한 조직을 갖고 도르트총회에 대항하는 이른바 그들 자신들의 '총회'(synode)를 가지려고 했다는 것을 알 수 있다. '의장'역은 라이덴대학의 신학교수 에피스코피우스(Episcopius), '의장보좌'역은 포피우스(Poppius), '서기'역은 '드윙글로'(Dewinglo)였다.

그들은 이 회합에서 도르트총회에서는 어떠한 양보도 하지 않겠다고 하는 기본적인 태도를 결정했다. 그리고 그들은 구체적으로 두 가지 기본적인 사안을 결정했다.

첫째, 도르트총회는 필시 각각 고유한 교회회의를 유지하는 두 그룹 사이의 '협의회'에 지나지 않으며 교회 재판장(judicium)은 될 수 없다. 그 '협의회'에서는 공권력이 외국대표의 조언을 기초해서 이 문제에 대한 판단을 해야만 한다는 것이다.

둘째, 칼빈주의자들을 하나님을 모독하는 견해의 추진자로 만들어야만 한다는 것이다. 즉 "타락전 예정론자"(supra-lapsaristen)의 견해가 무엇보다도 문제가 되도록 해야 한다는 것이고, 아르미니우스 진영을 대표해서 발언하는 것은 그들의 '의장'역을 맡고 있는 에피스코피우스라는 것.[62] 에피스코피우스는 이 회합에서 도르트총회에서 행할 예정인 연설을 이미 낭독하기조차 했다.[63]

아르미니우스주의자들은 전술한 것처럼 12월 5일 저녁 도르트에 도착했

62) H. J. Meijerink, "Uit de geschidenis van het ontstaan der Dordtse Leerregels", 58~59.

63) H. Kaajan, *Grote Synode*, 105.; W. van't Spijker, "De Synode en de remonstranten," in W. van't Spijker ed., *De Synode van Dordrecht in 1618 en 1619*, 102.

64) 아르미니우스주의 진영의 대표자는 에피스코피우스 외에 B. Dwinglo, E. Poppius, J.A. Corvinus, H. Leo, B. Vezekius, H. Hollingerus, T. Rijckewaert, P. Pynacker, D. Sapma, T. Goswinius, A. Matthisius, C. Niellius 등 12명이었다. 아르미니우스주의 진영의 인식으로서는 에피스코피우스는 도르트총회의 대표 가운데 교수단과 동등한 위치를 가진 자로 여겨졌다. cf. H. Kaajan. *Groote Synode,* 104f.

다. 다음날 6일에는 회의장에 에피스코피우스 외에 12명의 아르미니우스주의자들이 모습을 드러냈다.[64] 이것은 소환장의 출두 조건에 비추어 볼 때 하루가 늦은 것이었다. 의장인 보헤르만은 정중한 인사를 했으나 동시에 지각한 것에 대해서도 경고의 말을 덧붙였다. 아르미니우스주의자들은 회의장 정중앙에 준비되어있는 테이블에 자리했다. 에피스코피우스는 보헤르만 의장과 마주 앉은 위치에 자리를 잡고, 그 옆에는 드윌글로가 자리했다. 이미 이러한 행위 자체가 의미를 갖고 있었다. 보헤르만을 의장으로 하는 도르트총회의 의장과 서기단을 바라보는 형태로 자신들을 에피스코피우스을 의장으로 하는 또 하나의 회의의 '의장. 서기단'임을 나타내 보였던 것이다.[65]

12월 7일 에피스코피우스는 그들의 대표로서 회의석상에서 허락을 받지 않은 채 약 1시간 반에 걸쳐서 유명한 변론을 전개했다. 에피스코피우스는 칼빈주의자들을 분열주의자로 규탄하고 외부의 힘을 빌려서 교회를 황폐화시켰다고 비판했다. 그것은 동시에 올덴바르네빌트나 위텐보헤르트의 영향력을 무력화시킨 마우리츠에 대한 비판을 포함하는 것이었다. 또한 아르미니우스주의자들은 '관용'(tolerantie)을 구하고 있지만, 그것은 자신들이 개혁파신앙을 포기하는 것이 아니고, 심원하고 곤란한 교리조항에 대해서 생각하는 '자유'에 관해서 주장하는 것에 지나지 않는다. 그리고 자신들은 부당하게 이단으로 탄핵되어있지만, 그것은 곤혹스럽게 만드는 것. 자신들은 토론의 자유를 요구하는 것인데, 모든 것을 의심하게 하고자 하는 의도가 있는 것이 아니라는 것. 그리고 이 회의에서 그들은 소환된 피고인으로서가 아니라 어디까지나 자발적으로 출석한 자유로운 입장이며, 진리를 함께 추구하는 것을 바라고 있는 점도 강조했다. 여기에 더해서 예정론의 추악한 교리, 즉 영원한 유기에 관한 예정교리를 비난했다.[66]

65) H. Kaajan. *Groote Synode*, 104f.

66) H. Kaajan, *Pro-Acta*, 56~67.; W. van't Spijker, "De Synode en de remonstranten," in W. van't Spijker ed., *De Synode van Dordrecht in 1618 en 1619*, 102~103.

회의는 본래의 과제인 교리적 상이점을 심의하도록 하려고 했으나 그에 앞서 '서약'이 문제가 되었다. "위원은 오직 성경에 따라서 판단하고 결정을 내린다"고 하는 '서약'을 요구받았다. 이것 역시 아르미니우스주의자들에게는 문제가 되었다. 왜냐하면 분명히 오직 성경에만 따르며 신앙기준이 최종적인 판단 규정이 아니라고 말하고 있기는 하지만 회의가 판단하며 결정을 내린다고 하는 것은 바로 이 회의의 합법성과 권위를 인정하는 것을 의미하는 것이기 때문이다.[67)]

이상과 같은 경위로 회의는 회의의 합법성과 성격에 대한 토론을 위하여 실제로 많은 시간을 사용해야만 했다.

12월 10일 회의에서는 이 문제에 대해서 격론이 전개되었다. 아르미니우스주의자 측의 서기를 맡은 드윙글로는 2시간에 걸쳐서 문서를 읽었다. 그것에 의하면 로테르담회의에서 그들이 결정한 대로, 그리고 그 후의 경위가 드러난 대로, 아르미니우스주의 진영은 도르트총회를 어떻게 해서든지 '협의회'로 하자는 것을 요구했다. 자신들의 교회 회의에서 선출한 대표자를 포함하여 자신들의 의장과 서기가 있는 또 하나의 그룹으로 여길 것을 요구했던 것이다. 그리고 신앙기준에 대한 이의에 대해서도 견책을 받지 않고 자유롭게 문제를 제기할 수 있으며, 교회적 결정은 내리지 말며, 오히려 우호적인 결정을 요구하며, 그렇지만 그것을 받아들이지 않는다고 할지라도 양심의 자유가 존중되어야 한다는 것을 주장했다.

그러나 회의도 정부측 위원단도 '협의회'에 관해서는 전혀 고려의 대상으로 여기지 않았으며, 아르미니우스주의 진영의 회의 참가자는 어디까지나 총회에 의해서 소환된 자들로서 이 장소에 있는 것이며, 회의는 그들의 문제를 재판하고 판결을 내리기 위한 것임을 주장했다.[68)]

67) H. Kaajan, *Pro-Acta*, 68.; H. J. Meijerink, "Uit de geschidenis van het ontstaan der Dordtse Leerregels", 105.

68) H. Kaajan, *Pro-Acta*, 68~98.; H. Bouman, "De Betekenis van De Synode van Dordrecht," 41.

4. 항의서에 대한 견해서(見解書)의 성립

12월 11일 아르미니우스주의 진영은 회의에 대해서 그들은 이 회의를 합법적인 총회로 보지 않으며, 교리적인 차이에 대해서 신뢰할 수 있는 판정자로도 생각하지 않음으로 그 결정은 어떠한 효력도 없다는 것을 분명히 공적으로 항의를 표명했다.[69] 이 항의와 양심의 자유를 조건으로 아르미니우스주의자들은 본래의 작업에 들어갔던 것이다.

총회는 아르미니우스주의자들의 견해를 이해할 수 있도록 '선택'에 대한 그들의 견해를 분명하게 할 것을 요구했다. 아르미니우스주의자들은 토론을 진행하기 위해서 열정적으로 집중했으나 그들의 토론은 '선택의 문제'가 아니라 오히려 '유기의 문제'로 옮겨갔다. 이것도 이미 로테르담회의에서 결정한 기본적인 입장에 따른 전략이었다. 그들은 선택과 유기를 수평으로 놓고, 또는 양자를 하나의 같은 선상(線上)에 놓고 '극단적이고 위험한 타락전 예정론'을 논의의 대상으로 삼았던 것이다.[70] 여기에는 그렇게 함으로써 선택의 교리자체에 데미지를 줄 수 있다는 의도가 있었던 것이다.

그러나 거기에는 더욱 예리한 기대가 있었다. 즉 이와 같은 타락전 예정론을 공격함으로써 총회의 의원들 가운데 타락전 예정론자와 타락후 예정론자가 있다는 것을 염두에 두고 양자 사이의 쇄기를 박아 타락전 예정론자를 고립시키자고 하는 것이었다. 그들은 무엇을 믿을 것인가 하는 것보다 무엇을 믿으면 안 되는 것인가 하는 소극적인 입장에서 신학적인 싸움의 요소를 택했던 것이다.[71]

69) H. Kaajan, *Pro-Acta*, 98~101.; W. van't Spijker, "De Synode en de remonstranten," in W. van't Spijker ed., *De Synode van Dordrecht in 1618* en 1619, 105.; H. J. Meijerink, "Uit de geschidenis van het ontstaan der Dordtse Leerregels", 58~61.

70) W. van't Spijker, "De Synode en de remonstranten," in W. van't Spijker ed., *De Synode van Dordrecht in 1618 en 1619*, 102~103. 타락전 예정론에 대해서는 이 책의 각주 162을 참고하라.

71) W. van't Spijker, "De Synode en de remonstranten," in W. van't Spijker ed., *De Synode van Dordrecht in 1618* en 1619, 107.

그러한 가운데 이른바 '항론파 견해서'(Sententia Remonstrantium)도 제시되었다. 이것은 '항의서'에 나타난 그들의 입장에 대한 '견해서'였다. 그러나 이 견해서 하나로 정리한 형식으로 제출한 것이 아니라 12월 13일 제31차 회의에서 제1조에 대한 10개항[72]이, 12월 17일 제34차 회의석에서 남은 4개 조항에 대한 견해서를 제출했다.[73]

이것에 대해서 총회의 기본적인 입장은 달랐다. 즉 총회의 입장은 교회는 '유기교리'에 의해서 존재하는 것이 아니다. 또한 그렇다고 해서 '선택교리'도 마찬가지로 운명적으로 기능한다고 생각하는 것은 아니다. 교회는 **하나님의 은혜의 택하심으로 존재한다**. 교회에 있어서 제일의적인 것은 철저한 **은혜의 주권성**이며, 그것에 의한 **구원의 확실성**이며, **신자의 위로**이다.

이러한 총회의 입장에 따르면 아르미니우스주의자들의 입장은 생과 사에 있어서 단 한 가지 위로를 축소시키는 것을 의미하는 것이었다. 다시 말하면 아르미니우스주의자가 비판하는 것은 칼빈주의자들도 동의하는 것으로서 오히려 아르미니우스주의자 자신의 입장에 대한 극단적 표명이라고 할 수 없는 것으로 회의는 결코 만족하지 못했던 것이다. 의장 보헤르만은 극단적으로 그들 자신이 '선택'에 대해서 생각하고 있는 것을 명확하게 표명하도록 요구했으나 아르미니우스주의자들은 그 요청에 응하지 않았다. 최종적으로는 정부측 위원으로부터 명령이라는 형식을 취했지만 아르미니우스주의 진영은 이것조차도 거부했다.

이렇게 해서 1619년 1월 14일 의장은 회의의 결정에 순종할 것인지 거부할 것인지를 그들에게 물었고, 아르미니우스주의 진영의 부정적인 대답을 들었을 때, 의장은 그들에게 회의장에서 나갈 것을 명령했다.[74]

72) H. Kaajan, *Pro-Acta*, 119~121.
73) H. Kaajan, *Pro-Acta*, 129~136.
74) H. Kaajan, *Pro-Acta*, 200~205.; W. van't Spijker, "De Synode en de remonstranten," in W. van't Spijker ed., *De Synode van Dordrecht in 1618* en 1619, 107~108.; H. J. Meijerink, "Uit de geschidenis van het ontstaan der Dordtse Leerregels", 61.

5. 도르트신조의 성립

아르미니우스주의자들이 회의장에서 나간 후 그들이 제출한 '항의서에 대한 견해서'를 시작으로 그들이 공적으로 만든 문서들에 대한 심의를 진행했다. 심의는 아르미니우스주의자들이 떠난 이틀 후인 1619년 1월 16일에 시작했는데, 먼저 심의의 순서를 다음과 같이 정했다.

위원들은 19개의 분과회의에 각각 속해서[75] '항의서'의 제1조항부터 각 분과회의가 각각 심의문서를 작성했다. 그리고 의장에 의해서 제출되었고, 또한 이후 계속 제출되는 각 조항의 문제점과 모든 사항을 특별히 고려하는 것이 요청되었다. 다만 각 분과회의는 의장으로부터 제출된 것을 필요하다면 자유롭게 보충, 가필할 수 있었다. 회의는 오전 중에는 각부회의로 나뉘어서 각 조항에 대한 심의를 하고, 오후에는 전체회의로 진행했다.[76] 전체회의는 공개되었고, 거기에서는 특별히 아르미니우스주의의 논점이 성경적인지에 대해서 검증했다. 이 전체회의에서는 국내와 국외를 불문하고 신학자(doctoren), 신학교수(professoren)가 토론을 이끌었고, 위원들의 토론도 허락되었다. 그러나 전체회의는 회의의 결정에 따라서 비공개로 심의되는 경우도 있었을 것이라고 여겨진다.[77]

전체회의에 있어서 신학자와 신학교수들의 의견의 진술은 예를 들자면 다음과 같이 진행되었다.

75) 19개 분과회의는 국내의 신학교수단이 1개의 분과회, 지방대회의 대의원이 9개 분과회(헤르더란드, 남홀란드. 질란드, 유트레흐트, 프리스란드, 오버이셀, 흐로닝겐, 드렌테) 와롱교회 1개 분과회, 여기에 외국으로부터 온 의원단(영국, 프파르츠, 헤센, 스위스, 나사우, 베테르비, 제네바, 프레멘, 엠덴)의 8개 분과회를 포함한다.(J. Reitsma, Geschiedenis van de Hervorming en de Hervormde der Nederlanden, 1933, 4de herziene druk, Utrecht, 1933, 300.; Otto J. De Jong, *Nederlandse Kerk Geschiedenis,* 192.)

76) 오전 중의 각분과회의 심의는 통상적으로 9시부터 시작되었고, 오후의 전체회의는 때로는 4시, 혹은 6시에 시작했다.(H. Kaajan, *Pro-Acta*, 52~53.)

77) H. Kaajan, *Pro-Acta*, 205~206.; H. Kaajan, *Grote Synode van Dordrecht*, 174.; W. van't Spijker, "De Synode en de remonstranten," in W. van't Spijker ed., *De Synode van Dordrecht in 1618 en 1619*, 113.

1월 17일 : 루베르티우스(S. Lubbertius), 요한복음 6장 36절, 40절, 히브리서 11장 6절, 고린도전서 1장 21절에 대해서[78]

1월 18일 : 호마루스(F. Gomarus), 에베소서 1장 4~6절에 관련한 '그리스도 안에서 선택'에 대해서[79]

1월 21일 : 디시우스(A. Thysius), "구원받을 신자에 대한 결정은 구원에로의 예정이 전부일까?" "신앙은 구원받을 자들에게 구원받을 조건을 의미하는 것일까?" 하는 두 가지의 질문에 대해서[80]

1월 24일 : 폴리안더(J. Polyander), 빌립보서 4장 3절, 요한계시록 21장 27절, 누가복음 10장 20절에 언급된 '생명의 책'에 대해서, 같은 날 왈리우스(A. Waleus)는 사도행전 13장 4절, 로마서 9장 11절에 대해서 논했다.[81] 이후에도 외국대표도 포함해서 여러 가지 의견이 진술되고, 토론이 이루어졌다.

이러한 과정에서 3월 6일에는 의장 보헤르만에 의해서 5개 조항에 관한 각분과회의 심의문서가 제출되었다는 것이 전체회의에 보고되었다. 그런데 토론하게 된 것은 이러한 심의문서가 공개적으로 낭독되어야 하는 것인지 아닌지 하는 것이었다. 영국 대표는 공개할 것을 주장했으나 회의는 비공개로 할 것을 결정했다. 전체회의의 판단이 최종적으로 결정하기 이전에 공개되는 것을 피하고 싶었기 때문이었다. 이러한 사정으로 인해서 전체회의 이외의 곳에서 다루어진 내용을 입 밖에 내서는 안 된다는 것도 확인되었다.[82]

이와 같은 원칙에 따라서 각분과회의가 심의한 문서는 비공개로 한 후 3월 6일 오후에 낭독이 시작되어 3월 21일까지 계속되었다.[83] 문제는 어떻게 각

78) H. Kaajan, *Pro-Acta*, 206.
79) H. Kaajan, *Pro-Acta*, 207.
80) H. Kaajan, *Pro-Acta*, 207~208.
81) H. Kaajan, *Pro-Acta*, 209.
82) H. Bouman, "*De Betekenis van De Synode van Dordrecht,*" 49~50.
83) H. Kaajan, *Pro-Acta*, 254.

분과 회의에서 심의한 문서를 서로 조합해서 최종안을 작성할 수 있을까 하는 것이었다. 이 점을 간파한 의장 보헤르만은 이미 자신이 최종안으로서 의장원안(議長原案)을 만들기 시작했다. 사실 3월 22일 제126차 회의에서는 의장이 작성한 제1조, 같은 날 제127차 회의에서는 제2조에 대한 안이 제시되었다.[84] 3월 25일에는 의장이 의장원안을 심의하고, 그것을 수정 보완해서 채택하는 방식을 제안했다.[85] 그러나 이 제안은 의장이 일방적으로 작성해서 채택하도록 한 것으로 격렬한 반발을 일으켰는데, 특별히 영국 대표가 강력하게 반대했다.

이상과 같은 경위를 통해서 결과적으로는 최종안의 원안 작성을 위한 위원회를 조직하게 되었다. 원안 작성 위원회는 영국 대표인 칼톤(George Carleton) 감독, 하이델베르크 대표 스쿨테투스(Abrahamus Scultetus), 제네바 대표 디오다티(Jean Diodati), 국내 신학교수진으로부터 포리안더(Johannes Polyander), 왈레우스(Walaeus), 토리프란드, 거기에 의장 보헤르만, 의장보좌인 로랑두스와 파우켈리우스 등이 포함된 9명으로 조직되었다.[86]

이후, 전체 회의는 중단되었다. 그 사이 매우 빠른 속도로 작업이 진행되었지만 작업은 무엇보다도 보헤르만 의장의 원안에 대한 검토가 중심이 되었으며, 이 안이 변경되는 것은 거의 없었다.[87]

보헤르만 자신은 의장의 초안을 만드는데 있어서 다음과 같은 방침을 내걸었으나 그 방침은 위원회의 원안 작성에서도 답습되었다. 즉 네덜란드교회에 평화를 회복시키고자 하는 회의의 목적에 따른 네덜란드교회의 교회형성에 도움이 되는 것이어야 하기 때문에 서술방식이나 문체 등이 네덜란드교회에 적합한 것이어야 한다. 또한 사안은 알기 쉽게 표현되어야 할 것. 바른 견해를 먼저 제시하고, 그 후에 이단적인 견해를 배제한다는 서술구성으로 할 것. 이와

84) H. Kaajan, *Pro-Acta*, 254.
85) H. Kaajan, *Pro-Acta*, 255.; cf. G. P. van Itterzon, *Johnnes Bogerman,* Amsterdam 1980, 84~85.
86) H. Kaajan, *Pro-Acta*, 175.
87) H. Kaajan, *Pro-Acta*, 175.

같은 기본방침에 따라서 신앙기준은 학문적인 형식이 아닌 대중적인 형식으로 서술하게 되었으며, 타락의 역사적 사실로부터 출발해서 타락한 인류 가운데서 각각의 사람이 어떻게 신앙을 가지게 되었는지가 설명되는 방식으로 하기로 했다. 이와 같은 방식으로 서술되었기 때문에 보헤르만과 같은 타락전 예정론자도 자유로운 양심으로 신앙기준에 서명할 수 있게 되었던 것이다.[88]

원안작성위원회는 위원회의 검토 과정에서 작업 결과를 각분과회에 보내어 거기서 필요한 수정이 되었으며, 그 결과를 전달받은 위원회가 수정한 안을 여러 번 다듬어서 회의에서 승인받을 수 있도록 했다.[89]

중단되었던 회의는 4월 16일(제129차 회의)에 재개되었고, 18일(제130차 회의)에는 신앙기준의 마지막부분에 예정에 관한 내용을 중상하는 사람들을 배격하는 말을 담는 것이 결의되었다.[90] 이 배격하는 말에 대한 검토와 확정은 4월 19일부터 22일까지 있었다. 더욱이 이 마지막부분에서 몇 명인가에 의해서 타락전 예정론자의 지나친 표현에 대한 단죄가 논의되었다. 영국, 블레멘, 헤센의 대표자들은 단죄되는 것을 원했지만, 치열한 토론을 한 다음 단죄하지 않기로 했다.[91] 이렇게 해서 4월 23일에는 위원들은 신앙기준에 서명을 했던 것이다.[92]

5월 6일에 회의의 모든 의원들이 회의장에서 흐로테교회(de Groote kerk)로 옮겨서 두 명의 서기가 승인된 '도르트신조'를 공적으로 낭독했다. 외국의 대표들이 참가를 원한 작업은 이것을 통해서 모두 종료되었다.[93]

88) H. Kaajan, *Pro-Acta*, 175.; G. P. van Itterzon, *Johnnes Bogerman*, 86.
89) H. Bouman, "De Betekenis van De Synode van Dordrecht," 56.
90) H. Kaajan, *Pro-Acta*, 255.
91) H. Kaajan, *Pro-Acta*, 255~56.
92) H. Kaajan, *Pro-Acta*, 256.; H. Bouman, "De Betekenis van De Synode van Dordrecht," 56~57.; H. Kaajan, *Grote Synode van Dordrecht*, 176.
93) H. Kaajan, *Pro-Acta*, 322.

6. 도르트신조의 내용

'도르트신조'의 내용에 대한 신학적인 검토는 IV부에서 다시 할 것이기에 여기서는 도르트신조가 다루고 있는 내용의 요점만을 확인하고자 한다. 이미 분명히 한 것처럼 '도르트신조'는 '항의서'에 따르는 전체적인 구성으로 되어있다. 각각의 조항에 대해서 회의 입장으로부터 적극적이고 긍정적인 신앙의 표명이 앞부분에 담겼고, 이어서 아르미니우스주의자의 오류와 부정적, 배타적인 신앙이 표명되어있다.

위에서 서술한 방식으로 제1조에서는 하나님의 선택과 유기의 예정에 대해서 제2조에서는 그리스도의 죽음과 그것에 의한 인간의 속죄에 대해서, 제3조와 4조는 하나로 해서 다루는데, 여기서는 인간의 타락과 하나님께로의 회복에 대해서 다루고 있다. 제3조와 4조를 하나로 해서 다룬 것은, 그렇게 함으로써 아르미니우스주의의 입장의 문제점이 더 분명하게 될 것이라고 생각할 수 있기 때문이다. 제5조에서는 성도의 견인에 대해서 다루고 있다.

말하자면 '칼빈주의 5대 교리'라고 불리는 것을 고려하면, 제1조에서 '무조건적 선택'이, 제2조에서 '제한적 속죄', 제3, 4조에서 '전적인 타락'과 '불가항력적 은혜', 제5조에서 '성도의 견인'이 다루어지고 있는 것이다.

7. '벨기에신앙고백'과 '하이델베르크신앙문답'의 개정

총회에서는 아르미니우스주의자들에 의해서 '신앙기준'의 문제가 제기되었다. 시간적으로는 거슬러 올라가지만 이미 1618년 12월 21일에 '벨기에신앙고백'에 관한 문서, 그 6일 후에는 '하이델베르크신앙문답'에 관한 문서가 총회에 제출되었다. 여기서 문제로 여겨진 것은 신앙기준의 의미와 기능에 관한 것이었다. 즉 구원에 필요한 것은 모두 분명하고 충분하게 '벨기에신앙고백'과 '하이델베르크신앙문답'에 담겨있는가? 어떤 그리스도인이라도 거기에 담겨있는 것을 믿어야 할 필요가 있는 것으로 볼 것인가? 신앙기준 안에 어떤 조항도 완전한 것인가? 그리고 진리를 구하는 것이 요구되지 않는 것인가? 등등의 질문이었다. 더욱이 '벨기에신앙고백'과 '하이델베르크신앙문답'에 대한 많은 의문점도 구체적으로 다루고 있다. 그것은 신조의 전면적인 개정에 있어서 고려되어야만 할 것으로 다루고 있다.[94]

그러나 이러한 신앙기준에 관한 문제 제기의 근본에 있는 것은 무엇이었는가? 시대가 지나서 1621년에는 아르미니우스주의자 자신의 신앙고백을 만들었는데, 거기에 신앙고백에 대해서 다음과 같은 점을 밝히고 있다. 첫째, 신앙에 관해서 제정된 신앙조항에 절대적인 권위를 두어서는 안 된다. 신앙고백을 검증하거나 비판하는 자유를 빼앗아서는 안 된다. 양심이 신앙기준에 의해서 구속되어서는 안 된다. 하나님의 말씀만이 최종적인 권위를 갖는다. 둘째, 성경을 따라서 말함으로 브레이크를 잡는 것과 같은 구속력을 가지는 것으로 신앙고백을 사용해서는 안 된다. 셋째, 문서화된 신앙고백서를 그 가운데 신앙과 구원에 대한 하나님의 지식이 포함되어있는 것과 같은 규정으로 보아서는 안 된다.[95]

이러한 것들은 전적으로 들어야만 하는 것처럼 생각된다. 그러나 사실은 신앙기준의 구속력을 상대화시키고자 하는 의도가 포함되어 있다. 이러한 의도를 포함한 아르미니우스주의자들의 신앙기준에 관한 문제 제기였던 것이다.

그런데 총회는 5개 조항에 관해서 승인한 신앙기준(신조)에 서명을 한 다음, 아직 외국대표들이 머물고 있는 동안 '벨기에신앙고백'과 '하이델베르크신앙문답'을 개정하는 문제를 다루게 되었다. 그러나 총회는 아르미니우스주의자들이 원하고 있는 것과 같은 신조의 전면적인 개정을 시행할 의도가 처음부

94) W. van't Spijker, "De Synode en de remonstranten," in W. van't Spijker ed., *De Synode van Dordrecht in 1618 en 1619*, 108~109.

95) W. van't Spijker, "De Synode en de remonstranten," in W. van't Spijker ed., *De Synode van Dordrecht in 1618 en 1619*, 111~112.

터 없었다. 총회에서는 극히 제한된 특정한 조항이 문제가 되었을 뿐 아르미니우스주의자들에 의해 제출된 '벨기에신앙고백'과 '하이델베르크신앙문답'에 대한 이의는 실제로 총회에서 어떤 영향도 미치지 않았다.[96]

심의하는 방식으로 회의에서 먼저 '벨기에신앙고백'을 다루었다. 회의장에서 이 신앙고백서의 라틴어 본문이 낭독되고, 그것을 각 분과회의에서 검토하며, 그 결과를 제출하도록 했다. 검토한 결과로서 외국대표들은 몇 가지 문제점을 지적했지만 최종적으로는 일치하여 이 신앙고백을 승인했다. 그리고 승인에 더해서 외국대표들은 이 신앙고백서를 칭찬하고 네덜란드 신학자들이 이 정통적이고 경건한, 그리고 평이한 신조를 견지하며, 그것을 후세의 사람들에게 그대로 전달하며, 주 예수 그리스도가 다시 오실 때까지 지켜갈 것을 요구했다. 네덜란드 측의 위원들도 만장일치로 '벨기에신앙고백'을 승인했다.

이렇게 의장은 '벨기에신앙고백'이 만장일치로 권위 있는 본 회의에서 승인된 것을 공적으로 확인했다. 동시에 그 이후의 회의에서 '벨기에신앙고백'의 본문을 확정할 것을 요구했다.[97]

그 후 5월 1일의 본회의에서 '하이델베르크신앙문답'의 개정 문제가 다루어졌다. 그러나 회의에서는 이 문답에 관하여 수정이나 개선해야 하는 여지가 아무것도 없다는 것이 확인되었다.[98]

이상과 같이 심의를 통해서 보헤르만 의장은 5월 6일 폐회 최종석상에서 '벨기에신앙고백'과 '하이델베르크신앙문답'에 담겨있는 교훈은 본회의 모든 위원의 만장일치의 판단으로 정통적이고, 하나님의 말씀에 일치하는 것으로 확인되었다는 것을 공적으로 선언했다.[99]

96) W. van't Spijker, "De Synode en de remonstranten," in W. van't Spijker ed., *De Synode van Dordrecht in 1618* en 1619, 115.; H. Kaajan, "Dordtsche Synode in haar zorg voor het kerkelijk leven." 120.
97) H. Kaajan, "Dordtsche Synode in haar zorg voor het kerkelijk leven." 122.
98) H. Kaajan, "Dordtsche Synode in haar zorg voor het kerkelijk leven." 123.
99) H. Kaajan, *Grote Synode van Dordrech*t, 177.

8. 포스트 엑타(Post-Acta)에서의 심의사항

5월 9일에는 외국교회 대표가 귀국하는 길에 올랐다. 그 후 5월 13일부터의 총회는 순전히 내국인 위원들에 의해서 진행되었다. 그 이후 회의를 '포스트 엑타'(Post-Acta 후 회의)라고 불렀다. 이 포스터 엑타 회의의 내용에 대해서는 여기서 다음과 같은 몇 개의 주요한 사항에 대한 것만 다루고자 한다.

1) 교회규정의 개정

포스트 엑타에서 처음으로 다룬 것은 1586년의 교회규정에 대한 개정문제였다. 회의에서는 교회규정의 수정이나 새로운 조항을 추가하는 것 등이 심의되었다. 교회문안의 의무, 확정된 세례 예식문 사용 의무, 새해나 승천기념일 도입, 시편찬송가 이외의 여섯 개의 찬송가 사용 등의 문제가 심의 승인되었다.[100)]

그러나 특별히 문제가 된 것은 공권력과의 관계였다. 이미 지금까지 서술해온 것을 통해서 밝혀진 것처럼 도르트총회가 다룬 것은 단지 교리를 둘러싼 문제에 그치지 않았다. 교회규정의 개정문제는 물론 공권력과의 관계는 신경을 써야 하는 문제였다. 그렇지만 이 점에 대해서 말하자면 도르트총회의 교회규정에 대한 개정의 성과는 기대에 미치지 못했다. 즉 공권력과의 관계를 원칙적으로는 진전시키지는 못했다.

예를 들어 공권력은 목사를 청빙하는 과정에서 무시할 수 없는 영향력을 가지는 것. 공권력이 교회회의에 배석하는 것. 공권력이 교회에 대한 보호권을 승인했기 때문에 교회에 자유가 제약을 받는 것. 순수하고 바른 교리를 지키기 위해서 공권력이 교회에 간섭할 수 있는 것. 교회의 질서에 관한 것으로 공권력은 그 권리를 지키는 것 등이었다.

구체적인 예를 들자면 취임 할 때 목사와 교수는 원래 같은 것이 타당한 것

100) H. Kaajan, "Dordtsche Synode in haar zorg voor het kerkelijk leven." 126, 129.

인데, 교회는 목사에 대해서 그것이 가능했으나 교수에 대해서는 행할 수 없었으며, 이사회 아래에서 행하는 것에 멈추는 사태가 되었다. 예외는 흐로닝헨대학 뿐이었다.[101]

도르트총회는 교회규정에 관해 개정한 모든 것을 확정했다. 이 개정한 교회규정의 편집위원회를 조직했다. 그러나 연방의회가 그 교회규정을 받아들여서 확정하는 일은 없었다.[102]

2) 벨기에신앙고백의 본문확정

이 포스트 엑타에서는 과제로 남겨진 '벨기에신앙고백'의 본문 확정작업에 대해서도 다루어졌다. 그렇기 때문에 위원회가 조직되었고, 위원은 디시우스, 파우켈리우스, 콜로니우스(Daniel Colonius), 호미우스, 우데만스 등이었다. 이 위원회의 활동을 통해서 5월 24일에는 네덜란드어 본문과 프랑스어 본문이 확정되었다. 이 확정된 본문의 라틴어로의 번역이 호미우스에게 맡겨졌다. 실제로 호미우스에 의해서 번역문이 완성되었으나 이 라틴어 번역본문이 총회에서 공적으로 낭독된 것은 한 번도 없었고, 결국 본문으로 확정되는 일은 없었다. 따라서 '벨기에신앙고백'의 라틴어 본문은 2차 자료에 지나지 않는다. 총회에서 승인된 이 신앙고백서의 정확한 본문은 앞에서 언급한 네덜란드어 본문과 프랑스어 본문뿐이다.[103] '하이델베르크신앙문답'의 본문에 관해서는 수정이나 개정의 대상이 되지 않았다.

101) W. van't Spijker, "De Synode en de remonstranten," in W. van't Spijker ed., *De Synode van Dordrecht in 1618* en 1619, 116.

102) H. Kaajan, "Dordtsche Synode in haar zorg voor het kerkelijk leven." 120~130.

103) H. Kaajan, "Dordtsche Synode in haar zorg voor het kerkelijk leven." 123~24.; H. Kaajan, "Grote Synode van Dordrecht," 81.; H. Bouman, "De Betekenis van De Synode van Dordrecht," 60.

3) 예전의식의 개정

세례, 성찬, 결혼식 등에 관한 예식문은 여러 가지 것들이 나돌았고, 목사들의 자유재량의 폭을 넓게 하는 상황이 만들어졌다. 따라서 공적으로 승인되고 일치한 예식문이 필요했다. 포스트 엑타 회의의 과제들 가운데 하나가 바로 이것이었다.

총회는 회의일정의 마지막에 이르러서 이 문제를 다루었다. 이 문제의 해결을 위해서 위원회가 조직되었는데, 위원은 폴리안더, 리디우스, 우데만스, 스테파누스 등이었다. 그러나 이 과제를 해결하는 데는 시간이 매우 부족했다. 위원회가 조직된 다음 날에는 회의가 끝날 예정이었기 때문이다.

그런데도 총회는 두 개의 중요한 결정을 했다. 즉 하나는 예식서의 본문을 확정하고, 그 확정한 본문은 공적인 문서로 여겨서 구속력을 가져야만 할 것. 또 하나는 어떤 문서가 공적으로 승인된 이 예식문에 들어가야 할 것인가를 결정해야 한다고 결의했다.

위원회는 이 결의를 부분적으로밖에는 시행하지 못했다. 위원회는 분명히 미델베르프의 스킬더스에 의해서 1611년판 예식서를 선택하고, 이것을 검토했지만 이 개정한 본문을 도르트총회의 이름으로 출판하지는 않았다. 도르트총회에 의해서 결정된 예식서의 본문이 출판된 것은 실제로 1897년까지 기다려야만 했다.[104]

104) H. Kaajan, "Dordtsche Synode in haar zorg voor het kerkelijk leven." 124~26.

결론

지금까지의 논술 가운데 도르트총회를 둘러싼 여러 가지 문제점에 대한 사실들을 언급했지만, 번거로움을 무릅쓰고 다시 한 번 그 내용을 정리하고 문제점을 밝혀서 이 장의 결론으로 삼고자 한다.

도르트총회는 교리사적 관점에서는 항의서와 반항의서, 즉 아르미니우스주의자와 정통 칼빈주의자 사이의 교리논쟁이라고 하는 양상을 띠고 있다. 물론 그 교리논쟁의 중심에는 예정론이 있으나 문제는 예정론에 그치는 것이 아니다. 그것은 죄론을 포함하는 인간론, 그리스도의 신성론을 포함하는 기독론, 칭의론을 포함하는 구원론 등의 문제와도 깊게 관계하고 있다. 단적으로 말하자면 거기에는 분명히 전체적으로 '복음'이 문제였으며, 그것을 둘러싼 싸움이었다고 해도 좋을 것이다. 여기서는 이 교리적, 신학적 문제에 대해서는 깊게 다루지 않았다. 이 문제는 예정론을 중심으로 Ⅳ부에서 다시 다룰 것이다.

도르트총회를 생각할 때 당연한 것이면서 앞에서 언급한 신학적인 문제는 결정적인 관점에서 검증하면 거기에는 또 다른 여러 가지 요소들이 시야에 들어온다. 그 중에도 이 장에서 개관해온 것과 같이 구체적인 역사적 과정을 찾아볼 때 신앙기준(신조)의 교회적 위치, 교회회의의 성격, 교회와 공권력의 문제가 예리하게 질문되고 있는 것을 알 수 있다.

신앙기준의 교회적 위치에 관해서 말하자면 아르미니우스주의자는 교회가 신앙기준을 갖는 것에는 동의하지만, 그들은 끊임없이 신앙기준의 개정을 요구해왔다. 그 배경에 있는 것은 신앙기준의 상대화였다. 신앙기준의 법적인 구속력을 원하지 않았던 것이다. 그들은 종교개혁의 근본원리인 성경의 절대적 권위를 내세우고, 더욱이 성경해석의 자유를 주장했다. 그러나 그 배후에는 인문주의의 '자유'의 정신이 강력하게 숨을 쉬고 있다고 할 수 있다.

교회회의의 문제에 관해서 말하자면 그들은 에라스무스주의 입장에서 교회회의를 어떻게 해서든지 '협의회'(coferentie) 성격으로 하기를 원했다. 교리에 관한 권징권을 교회에 두는 것을 원하지 않았다. 그러나 거기에는 정치적인 의미가 있었다. 인문주의는 도시의 중산층 계급, 즉 도시 귀족에게 받아들여졌고, 정치권력은 도시 귀족에 의해서 장악되어있었다. 따라서 아르미니우스주의자가 거기에 근거를 두고자 한 것은 당연하고, 그 이외의 길은 없었다고 할 수 있다.

교회회의 문제는 곧 교회와 공권력의 문제로 연결되어 있다. 칼빈주의의 전통은 장로주의의 전통이며, 교회적 사항은 어디까지나 교회 안에서의 것이라고 하는 확신이다. 그러한 의미에서 교리문제의 결정권은 교회회의에 있다고 하는, 이 교회의 자율성을 둘러싼 싸움이 도르트에 있어서도 끈질기게 계속되었다고 할 수 있다.

그러나 역사적으로 볼 때 정통적 칼빈주의자들도 정치적 권력으로부터 자유롭지 않았다. 예를 들어 마우리츠는 정통적 칼빈주의자에게 있어서 영웅의 위치에 있지만 그의 행동은 일종의 정치적 쿠데타라고 하는 것이 옳을 것이다. 그리고 도르트총회 자체도 지금까지 살펴본 것과 같이 연방의회의 힘에 의해서 커다란 영향을 받은 것이다. 총회 자체의 경제도 연방의회에 전적으로 맡겨놓았고 회의에서도 정치위원단이 감당한 역할은 분명했다. 예를 들어 도르트총회에서 결정된 "네덜란드어 번역 성경"(Statenvertaling)의 번역과 출판하는데 필요한 모든 비용을 연방의회가 지불하게 했다.

문제는 더 깊다. 올덴바르네빌트는 사형에 처해졌고, 흐로티우스는 재산을 몰수당한 채 투옥되었다. 또한 도르트총회 이후 약 200여명의 아르미니우스주의 입장에 선 목사들은 면직되었고, 약 70여명은 정직처분을 받았으며, 약 80여명 정도가 국외로 추방되는 아픔이 있었다. 박해는 1630년까지 계속되었다. 이것은 모두 정치적 권력이 관여하지 않았다면 시행될 수 없었던 일이다. 분명히 오직 논쟁 중에 정통적 칼빈주의자는 탄식하는 교회로서 혹독한 박해를 경험했다. 그러나 사태는 그렇게 단순하지 않았고, 역사의 여러 가지 사실이 드러나는 것과 같이 도르트의 승리자들도 많은 문제점을 드러내고 있다.

역사의 사실은 이상과 같다고 할지라도 도르트총회에서 싸운 본질은 결국 개혁파교회에 있어서 생명을 걸만큼 중요한 것을 포기할 수는 없는 것이다. 예정론으로 표현된 절대적인 은혜에 의한 복음교리를 견지하는 것 외에 교회와 공권력의 문제에 있어서 교회의 자율성 문제, 즉 교회회의의 권위 확립은 그 정신에 있어서 장로주의 심장부를 둘러싼 싸움이었다. 건전한 복음 교리를 견지하는 것과 함께 신조의 구속력 문제도 또한 결정적인 의미를 갖고 있다. 후에 개혁파교회 형성에 있어서 도르트총회가 결정적인 공헌을 했다는 것은 부정할 수 없는 사실이다.

제 Ⅱ 부

도르트신조 이전의 관련문서들

Ⅰ. 항의서(1610)

제1조

하나님은 영원히 불변한 작정을 하심으로 세상의 토대가 놓이기 전에 성자 예수 그리스도 안에서[105] 타락함으로 죄 많은 인류 가운데서 성령님의 은혜로 성자 예수님을 믿고, 그 믿음과 믿음의 순종으로 최후까지 견인할 자들을 그리스도 안에서, 그리스도로 말미암아, 그리스도를 통해서 구원하실 것을, 그리고 다른 한편 회개하지 않고, 믿지 않는 자들을 죄 가운데, 또한 하나님의 진노하심 아래 처하게 하고, 그리스도와 관계가 없는 자로서 단죄할 것을 정하셨다. 이것은 "아들을 믿는 자에게는 영생이 있고 아들에게 순종하지 아니하는 자는 영생을 보지 못하고 도리어 하나님의 진노가 그 위에 머물러 있느니라."고 하는 요한복음 3:36의 거룩한 복음의 말씀, 그리고 성경의 또 다른 다른 구절에 있는 대로이다.

105) "성자 예수 그리스도 안에서"(in Jesu Christo synen Sone)는 우리말(일본어) 번역인 바크호이센(J. N. Bakhuizen)의 책에서는 바로 앞의 "영원히 불변한 작정에 의해서"(door een eeuwich onveraderlyck besluyt)라는 구절과 관련이 있을 가능성을 남겼다. 이 경우에는 "성자 예수 그리스도 안에 있는 영원히 불변한 작정에 의해서"라고 번역할 수 있다.
그러나 이 구절은 "작정하다"고 하는 동사에 관련할 가능성도 있다. 이 경우에는 "성자 예수 그리스도 안에서 ... 작정되었다"고 번역해야 한다. 1611년의 '헤이그협의회'에서 항론파들에 의해서 제출된 문서에는 샤프의 네덜란드어 번역에 있는 것처럼 "예수 그리스도에 안에서"는 콤마로 묶여있다. 이 경우에는 이 구절은 '작정'이 아니라 동사의 '작정하다'에 관련할 가능성이 강하다. 신학적으로도 이 가능성이 더 설득력이 있을 것이다. 저자의 번역도 이 입장에서 번역했다.
현재 '항의서 5개 조항'을 포함한 도르트신조와 관련 자료의 출판준비에 있어서 보어(William den Boer) 박사(아펠도른개혁파신학대학 강사)에 의하면 현 시점에서는 학문적, 공적으로 확정된 '항의서 5개 조항'의 본문은 존재하지 않는다. '5개 조항'의 초안자로 보이는 비텐보해르트(Wtenbogaert) 자신이 중요한 역할을 한 '헤이그협의회'(1611년)에 '5개 조항'이 제출되었으며, 그 문서는 확정되었다. 그 문서에는 비텐보해르트도 틀림없이 관여했을 것이고, 그 문서가 현시점에서도 가장 신뢰할 수 있는 것이라고 생각된다. 이 문제에 관한 '헤이그협의회'에 제출된 '5개 조항'의 문서의 상황은 앞에서 말한 바와 같다.(이 건에 관해서 적절한 조언을 해준 보어 박사에게 감사하는 마음을 남기고 싶다.)

제2조

따라서 세상의 구주 예수 그리스도는 모든 사람을 위해서, 그리고 어떤 사람이든 예외 없이 그들을 위해서 죽으셨다. 그 결과 그는 십자가의 죽으심으로 모든 사람을 위한 속죄와 정결함을 획득하셨다. 그러나 믿는 자 이외의 누구도 이 속죄에 실제로 동참할 수 없다. 이것은 "하나님이 세상을 이처럼 사랑하사 독생자를 주셨으니 이는 그를 믿는 자마다 멸망하지 않고 영생을 얻게 하려 하심이라"는 요한복음 3:16의 복음의 말씀이 말하는 대로이며, 또한 "그는 우리 죄를 위한 화목제물이니 우리만 위할 뿐 아니요 온 세상의 죄를 위하심이라"는 요한일서 2:2에 있는 대로이다.

제3조

인간은 구원에 이르는 믿음을 스스로도, 자신의 자유의지의 힘으로도 가질 수 없다. 왜냐하면 인간은 배신과 죄의 상태에서 참된 선(특히 구원에 이르는 믿음과 같은)은 어떤 것도 스스로, 또한 자신이 생각하는 것도, 의지로 행하는 것도, 그것을 이루는 것도 할 수 없기 때문이다. 오히려 인간이 참된 선을 바르게 이해하고, 생각하며, 의지를 가지고 행할 수 있기 위해서 인간은 하나님에 의해서 그리스도 안에서, 성령님을 통해서 거듭나고, 이성과 감성과 의지의 모든 능력이 새롭게 되는 것이 필요하다. 이것은 "나를 떠나서는 너희가 아무 것도 할 수 없음이라"는 요한복음 15:5의 그리스도의 말씀에 있는 대로이다.

제4조

이 하나님의 은혜는 모든 선의 출발점이며, 계속이며, 완성이다. 거듭난 인간일지라도 앞서 행하며, 도우며, 깨닫게 하며, 동반하며, 협동하는 은혜가 없다면 선을 생각하고, 행하며, 이루는 것, 악의 유혹에 저항하는 것도 할 수 없는 정도이다. 따라서 생각해야만 하는 모든 선한 일도, 그것을 행하는 것도 그리스도 안에서 하나님의 은혜로 돌아가야만 한다. 그러나 이 은혜의 역사하는 방법에 관해서는 불가항력적이지 않다. 왜냐하면 성령님을 거스르는 많은 사람들에 대해서 기록되어있기 때문이다. 사도행전 7장과 그 밖의 많은 성경구절에 있는 대로이다.

제5조

참된 신앙으로 그리스도에게 접붙임을 받은, 또한 그로 말미암아 생명을 주시는 성령님께 인도받고 있는 자들은 사탄, 죄, 세상, 자신의 육신에 대항해서 싸우며, 그리고 승리하기에 충분한 능력을 갖고 있다. 이것은 같은 성령님의 은혜의 도움에 의한 것임을 항상 알고 있는 바이다. 그리고 예수 그리스도는 모든 유혹 가운데서 자신의 성령으로 그들을 돕고, 자신의 손으로 어루만지시며, 그리고 혹이라도 그들이 싸울 준비를 하고, 그의 도움을 바라고, 태만하지 않는다면, 그들을 견고하게 지켜주신다. 이로써 그들은 사탄의 어떠한 교묘하고, 힘으로 잘 못된 길로 유도하는, 또한 그리스도의 손으로부터 멀리 떨어지는 일 등과 같은 일은 결코 없을 것이다. 이것은 "이를 내게서 빼앗는 자가 있는 것이 아니니라"는 요한복음 10:18에 있는 그리스도의 말씀 대로이다. 그러나 그들이 게으름으로 그리스도 안에 있는 그들의 생명의 최초의 출발점을 다시 포기하고, 세상을 받아들여, 그들에게 한 번 주어진 거룩한 가르침으로부터 떨어져 선한 양심을 상실하고, 은혜를 가볍게 여기게 될 것인지는 우리의 마음이 충분한 확신을 갖고, 이것을 가르칠 수 있기 전에 먼저 이것이 성경에 근거하여 더욱 면밀하게 판단해야 할 것이다.

"이상과 같이 서술하고 가르쳐준 조항은 항론파들이 하나님의 말씀에 일치하고 있으며, 덕을 세우고, 이러한 사항에 관해서는 구원을 위해서 충분하다고 생각한 것이다. 그러므로 이 이상 높이 올라가는 것도, 더 이상 깊게 내려가는 것도 필요하지 않고, 또한 덕스럽지도 않은 것이다."[106]

참고

1. 번역을 위해서 사용한 원문은 다음의 책들에 실려 있는 비판적으로 교정된 네덜란드어 본문이다.

   J. N. Bakhuizen van den Brink ed., *De Nederlandse Belijdenisgeschriften*, Asterdam, Tweede Druk, 1976, 288~289.

2. 위의 네덜란드어 본문 이외에는 다음과 같은 네덜란드어 본문이 있다.

   1) J. N. Bakhuizen van den Brink ed., *Documenta Reformation vol. I.*, Kampen, 1960, 290~93.

   2) P. Schaff ed., *The Creeds of Christiendom vol. III.*, Grand Rapids, 1983, 546~49.

3. 영어 번역으로는 다음과 같은 책이 있다.

   1) 위의 샤프의 책 같은 장에 라틴어 번역과 함께 영어 번역본도 함께 실려있다.

   2) P. Y. De Jong ed., *Crisis in the Reformed Churches*, Grand Rapids, 1968, 207~209. 여기에도 영어 번역이 실려있다. 다만 샤프의 책에 실려있는 영어 번역이 더 네델란드어 원본에 충실한 번역이다.

4. 일본어 번역으로서는 다음의 것들이 있다.

   1) 山永武雄 譯, "アルミニウス主義條項"『信條集 後篇』, 新教出版社, 1957, 137~38.

   2) 菊地信光 譯, "アルミニウス主義條項-抗議の五箇條"『改革派教會信仰告白集 IV』, 一麥出版社, 2012, 31~35.

106) "..."부분은 J. N. Bakhuizen의 네덜란드어 본문에는 존재하지 않는다. 따라서 P. Schaff ed., *The Creeds of Christendom*, vol III. Grand Rapids, 1983. 546-49.에 있는 네덜란드어 본문에 기초해서 번역했다.

II. 반항의서(1611)

제1조

아담 안에서 전인류는 하나님의 형상으로 창조된 아담과 함께 죄에 오염되었으며 타락함으로 그 결과 모든 사람은 죄 가운데 잉태되어 출생하고, 또한 태어남과 동시에 진노의 자식이 되며, 죄 가운데 죽은 상태에 처했으며, 그렇기 때문에 죽은 자가 자신을 죽음으로부터 살아날 능력이 없는 것과 마찬가지로 하나님을 향해서 진심으로 회심하고, 그리스도를 믿을 수 있는 능력을 전혀 갖고 있지 않다. 따라서 하나님은 자신의 영원하고 불변한 계획으로 자신의 좋으신 뜻에 따라 오직 은혜로 그리스도에 의해서 구원하기 위해 택하시기로 정한 수의 사람을 멸망에서 이끌어내어 구원하시지만, 그 밖의 다른 사람들은 자신이 공의로 심판하심으로 간과하시고 죄 가운데 유기될 것이다.

제2조

그리스도를 믿고 복음에 합당하게 살아가는 어른만이 아니라 계약의 자녀들도 하나님의 택하심의 자녀로 보아야 한다. 계약의 자녀들이 행함에 있어서 복음에 반하는 자로 밝혀지기 까지는 그렇게 보아야 한다. 그러므로 부모는 그들의 자녀가 유아기에 죽었을 때는 자기 자녀의 구원을 의심할 어떠한 이유도 없다.

제3조

하나님은 택하심에 있어서 선택받은 자들의 신앙이나 회심, 또는 그들의 은사를 바르게 사용한 것을 택하심의 원인(이유)로 보신 것이 아니다. 그것은 거꾸로 하나님은 자신이 영원하고 불변한 계획에 있어서 자신의 기뻐하시는 뜻에 따라서 구원에로 택함 받은 자들을 믿음과 경건으로 이끄시고, 구원할 것을 의도하여 택하신 것이다.

제4조

하나님은 그 목적을 위하여 택하신 자들에게 먼저 자신의 독생자 예수 그리스도를 선물로 주셨고, 그들을 구원하기 위하여 독생자를 십자가의 죽음에 내어주셨다. 따라서 그리스도의 고난은 하나님의 무엇과도 비교할 수 없는 독특한 독생자의 고난이었으며, 모든 사람의 죄를 보상하고도 남을 것이지만, 그것은 하나님의 계획과 작정하심에 의하면, 오직 택하심을 받은 참 신자들만 속죄와 용서를 받는데 유효한 것이다.

제5조

하나님께서 구원하기로 미리 작정한 자들은 그리스도를 믿고, 하나님께 대해서 회심하기 위하여 한 번 조명되고, 거듭나고, 새롭게 되는 것만이 아니라, 또한 그들은 자신이 어떠한 협력(노력)이 없이 그들을 회심으로 인도한 성령님의 같은 능력과 같은 방식으로 역사하셔서 지속적으로 지키신다. 그러므로 이 세상에 있는 한 많은 육체의 연약함이 그들에게 착 달라붙어있고, 영과 육의 끊임없는 싸움이 있으며, 때로는 슬픈 죄에 빠지기도 하지만, 그럼에도 불구하고 성령님은 그 싸움에서 이기신다. 즉 성령님은 하나님의 택함을 받은 자들이 육신의 부패로 성화의 영에 반항하고, 그렇기 때문에 성령님이 그들 가운데 사라져 없어짐으로 그 결과 그들이 완전하게, 또한 최종적으로 한 번 그들에게 주어졌던 참된 신앙, 그리고 그들이 하나님의 자녀로서 한 번 받은 양자의 영을 상실하는 등의 일을 결코 허락하지 않으신다.

제6조

그렇지만 참된 신자는 이러한 가르침 가운데 육신의 욕심을 경솔하게 추구하기 위한 어떠한 이유도 보이지 않는다. 왜냐하면 참 신앙으로 그리스도에게 접붙임을 받은 자들이 감사의 열매를 맺지 않는다고 하는 것은 있을 수 없기 때문이다. 오히려 기뻐하시는 뜻을 따라가기를 기뻐하며 행동하도록 그들 가운데서 하나님이 역사해주시는 것을 확신하면 할수록, 또한 그와 같이 느끼면 느낄수록 점점 그들은 두려움과 떨림으로 자신의 구원을 이루기 위해서 노력한다. 참 신자는 이것이 그들을 견지하고, 구원에로 나아가며, 하나님이 기뻐하시는 유일한 방법이라는 것을 알고 있기 때문이다. 그렇기 때문에 하나님은 또한 말씀 가운데 있는 여러 가지 방식으로 경고하시고, 또한 위협하고 계신 것은 그들에게 자기 자신의 구원에 대해서 절망시키거나 의심하게 하기 위해서가 아니다. 오히려 하나님이 거저주시는 은혜로 그들을 지켜주시지 않는다면 틀림없이 멸망할 수밖에 없는 육신의 약함이 보여질 때 그들에게 자녀다운 두려움을 깨닫게 하신다. 하나님의 거저주시는 은혜야말로 그들의 견인의 유일한 원인이며 근거인 것이다. 그러므로 하나님은 눈을 뜨시고 기도하는 것처럼 말씀 가운데서 그들에게 경고하시고 계시지만, 하나님의 도움을 간절히 바라고 어떠한 흠이 없는 것이 자신의 능력에 의한 것이 아니다. 다만 동일한 성령님에 의해서만 가능하며 성령님의 특별한 은혜로 그들에게 그것을 예비해주시고, 또한 그와 같이 강력하게 그들을 지켜주시는 것이다.

참고

1. 번역을 위해 원본으로 사용한 것은 다음의 책에 수록되어있는 네덜란드어 본문이다.

   J. Trigland, *kerckelycke geschiedenissen*, Leyden, 1650, 548b~549a. 또한 현대 네덜란드어 번역본은 Bakhuizen van den Brink ed., *Documenta Refomatoria vol. I*, Kampen, 295~97.에 수록되어있다. 다만 여기에는 부분적으로 생략이 있다. 또 다른 것으로는 영어 번역인 P. Y. De Jong ed., *Crisi in the Reformed Churches, Grand Rapids*, 1968, 209~213.에 수록되어있다.

   이 번역은 위의 현대 네덜란드어 번역과 영어 번역을 참고했다.

Ⅲ. 항론파 견해서(1618)

1. 신적작정을 다루는 항의서 제1조에 대한 견해

제1항

하나님은 자신의 긍휼과 의, 또는 절대적 권세와 통치의 영광을 나타내기 위해서 자신의 기뻐하시는 뜻에 따라 인간을 창조하는 작정을 하심에 앞서 선행하는 순종과 불순종을 전혀 고려하지 않고 어떤 사람을 영원한 생명으로 택하시고, 어떤 사람은 거부하는 것을 결정하신 것이 아니다.

제2항

각 사람의 구원이나 멸망에 관한 하나님의 작정은 절대적으로 의도된 종국의 것이 아니다.[107] 그러므로 당연한 귀결로서 같은 작정은 택함을 받은 자와 유기된 자가 그로 말미암아 유효하게, 또는 불가피하게 그들의 정해진 종극에로 인도되는 수단에 종속시키지 않는다.

제3항

그러므로 하나님은 계획을 가지시고 한 사람 아담 안에서 모든 사람을 죄가 없는 상태로 창조하신 것도 아니고, 타락과 그 허용을 정하신 것도 아니며, 필요해서 충분한 은혜를 아담으로부터 빼앗은 것도 아니고, 복음을 설교하지 않고 인간을 외적으로 부르시지 않을 것도 정하신 것이 아니고, 인간에게 성령의 어떤 은사를 주지 않으신 것도 아니다. 성령님의 은사에 의해서 하나님은 어

107) "작정"이라고 번역된 말은 라틴어의 deretum이다. 이하 같음

떤 자를 생명에로 인도하고, 어떤 자에게는 생명의 복음을 허락하지 않은 것이다. 중보자 그리스도는 선택의 수행자만이 아니라 선택작정의 기초이기도 하다.[108] 어떤 사람들이 유효하게 소명을 받고, 의롭게 되며, 믿음으로 견인되고, 영화롭게 되는 이유는 그들이 영원한 생명에로 절대적으로 선택되었기 때문이 아니다. 또한 어떤 자들은 타락 가운데 처해진 상태로 그들에게는 그리스도가 주어지지 않고, 결코 부름을 받거나, 또는 유효하게 부르심을 받은 적도 없이 그대로 굳어져서 단죄되는 이유는 그들이 영원한 구원에서 절대적으로 거부되어있기 때문이 아니다.

제4항

하나님은 현실의 죄에 개입하지 않으시고, 대다수의 인간을 구원의 소망으로부터 조차 배제하거나 타락한 가운데 방치하는 것을 결정하신 것이 아니다.

제5항

하나님은 그리스도가 온세상의 죄를 속량하실 것을 정하셨다. 그리고 그 작정에 따라서 하나님은 그를 믿는 자들을 의롭게 하시고, 구원하실 것을, 또한 하나님의 지혜와 의에 합당하다고 판단되는 방식으로 믿음을 위하여 필요하고 충분한 수단을 인간에게 예비할 것을 작정하셨다. 그러나 하나님은 절대적인 작정으로 오직 선택된 자에게만 중보자 그리스도를 보내시거나 유효한 부르심을 통해서 그들에게만 믿음을 주시고, 의롭게 하시고, 믿음 가운데 지키시고, 영화롭게 하는 것을 작정하신 것은 결코 아니다.

제6항

누구도 선행(先行)의 절대적 작정에 의해서 영원한 생명으로부터, 또한 그

108) 라틴어 본문은 "Christus Mediator non est solum executor Electionis, sed ipsius desreti Electionis fundamentum"이다.

것을 위한 충분한 수단으로부터 배제되어있지 않다. 따라서 그리스도의 공로, 소명, 성령님의 모든 은사의 활용에 의해서, 그들 자신의 멸망을 위해서 그것들을 오용하지 않는다면 분명히 유익이 있다. 그러나 단죄의 수단, 또는 원인으로서 불신앙이나 불경건과 죄에 (떨어지도록) 누구도 정해져 있는 것은 아니다.

제7항

특정한 개개인의 선택은 예수 그리스도에 대한 믿음과 견인을 고려해서 결정적이다. 그렇지만 선택의 전제 조건으로서 믿음과 참된 신앙의 견인을 고려하지 않고 결정적인 것은 아니다.

제8항

영원한 생명으로부터의 거부는 선행하는 불신앙과 불신앙의 견인을 고려함으로 하신다. 그러나 또한 선행하는 불신앙과 불신앙의 견인을 고려하지 않고 하시지는 않는다.

제9항

신자의 자녀들은 모두 그리스도 안에서 거룩하게 되었다. 따라서 어른이 되기 전에(이성을 갖추기 전에) 별세한 자녀들 누구 한 사람도 멸망하지 않을 것이다. 그러나 또한 그들 자신의 인격에 있어서 자범죄를 범하기 전, 유아기에 별세한 신자의 자녀들 가운데 어떤 아이들이 유기된 자의 수에 포함된다는 것은 있을 수 없다. 그렇지 않다면 거룩한 세례나 그들을 위한 기도도 그들의 구원을 위하여 어떤 도움도 되지 않을 것이다.

제10항

성부, 성자, 성령의 이름으로 세례를 받은 유아 상태의 신자의 자녀들은 누구 한 사람도 절대적인 예정에 의하여 유기된 자들 가운데 포함되어 있지 않다.

2. 그리스도의 공적(功績)의 보편성을 다루는 제2조에 관한 견해

제1항

그리스도께서 성부 하나님께 갚으신 속죄의 가치는 그 자체로, 또한 독자적으로 전인류를 구원하기에 충분할 뿐 아니라 모든 사람을 위하여, 그리고 어떤 사람을 위해서도 보상하신 것이다. 이것은 성부 하나님의 작정과 의지와 지혜에 의한 것이다. 따라서 누구도 하나님의 절대적, 또한 선행적(先行的)작정에 의해서 그리스도의 죽음의 열매에 참여하는 것으로부터 절대적으로는 배제되지 않는다.

제2항

그리스도는 자신의 죽음의 공로로 전 인류를 성부 하나님과 화해시켰다. 그 결과 성부는 그 공로로 자신의 의와 진리를 결코 포기하지 않고 죄인, 그리고 정죄를 피할 수 없는 인간과 새로운 은혜계약을 맺고, 그것을 확정할 수 있었던 것이고, 또한 그와 같이 바라셨던 것이다.

제3항

그리스도는 모든 사람을 위하여, 그리고 어떤 사람을 위해서도 하나님과의 화해와 속죄를 공로로 획득해 주셨다. 그러나 새로운 은혜가 충만한 계약에 의하면, 누구도 신앙 이외의 어떤 방법으로도 그리스도의 죽음으로 획득된 축복에 현실적으로 동참할 수 없으며, 죄를 범한 죄인도 그들이 현실적으로, 그리고 참으로 그리스도를 믿기까지는 속죄되지 않는 것이다.

제4항

그리스도가 위하여 죽으신 그 사람들만이 그리스도가 그들을 위하여 죽었다고 믿어야 할 의무가 있다. 그러나 그리스도가 위해서 죽지 않은 그 사람들이 그렇게 말하고 있는 것처럼 유기된 사람들은 그와 같은 신앙이 의무로 주어진 것이 아니다. 반대로 그들이 이것을 믿지 않는 이유도 당연한 것이며 정죄되는 것은 있을 수 없다. 혹 실제로 그와 같이 유기된 사람들이 있다고 하면, 그리스도는 그들을 위하여서 죽지 않았다고 믿어야 할 의무가 그들에게 있게 될 것이다.

3/4. 하나님의 은혜와 인간의 회심에 대한 제3.4조에 관한 견해

제1항

인간은 구원을 위한 믿음을 자기 자신에 의해서든, 자신의 자유의지의 힘에 의해서든 가질 수 없다.[109] 인간은 죄의 상태에서 자기 자신으로부터도, 자기 자신에 의해서도 어떠한 선한 일조차도(이것은 진정 구원을 위한 선이며, 그 가운데서도 가장 현저한 것이 구원을 위한 믿음이다.) 사유하고, 의지(意志)하며, 행동할 수 없기 때문이다. 따라서 인간은 성령님을 통해서, 그리스도 안에서, 하나님에 의해 지성과 감성과 의지, 또한 모든 능력에 있어서 거듭나고 새롭게 되어야 할 필요가 있다. 그로 말미암아 인간은 구원을 위한 선을 바르게 이해하고, 사유하며, 의지하고 행동할 수 있게 된다.

제2항

그러나 우리는 하나님의 은혜가 모든 선행의 시작에 머무는 것이 아니라, 그것의 발전이며 완성이라고 생각한다. 이것은 거듭난 사람조차 선행(先行), 각성(覺醒), 수행(隨行), 협동하는 이 은혜가 없다면 선행을 사유하고, 의지하며, 행동할 수 없을 것이며, 악의 유혹에 저항할 수 없을 정도이다. 따라서 어떤 사람이 인식하고 이해할 수 있는 어떠한 선행이나 행위도 하나님의 은혜로 돌려져야 한다.

109) "구원을 위한 신앙"은 라틴어 본문에 의한 것이다. 네덜란드어 본문에는 "구원을 위한 은혜"로 되어있다.

제3항

그럼에도 우리는 신앙이나 새롭게 하는 성령님보다 선행(先行)하는 구원을 얻기 위해 행한 모든 열심이나 배려, 근면이 무익, 무효하며, 인간에게 유용하고, 유익할까 하는 것보다도 오히려 유해하다고는 믿지 않는다. 반대로 우리는 하나님의 말씀을 듣거나, 범한 죄를 슬퍼하는 것이나, 구원의 은혜와 새롭게 하는 영을 구하는 것이(이러한 것들 가운데 어떤 하나도 은혜가 없이는 할 수 있는 것이 없다) 유해하거나 무익하지 않을 뿐만 아니라 오히려 신앙이나 새롭게 하는 영을 얻기 위해서 가장 유익하고, 필요한 것이라고 생각한다.

제4항

부르심을 받기 전, 타락한 상태의 의지로는 어떠한 구원을 위한 선을 행할 수 있는 능력이나 자유가 없으며, 따라서 우리는 악과 마찬가지로 구원을 위한 선을 행할 자유가 어떤 상태에서의 의지(意志)로도 존재하는 것을 인정하지 않는다.

제5항

유효한 은혜는 회심할 수 있게 하는 것이지만 불가항력적인 것은 아니다. 하나님은 말씀과 성령의 내적인 사역으로 인간의 의지(意志)에 영향을 미치고, 그렇게 함으로 믿을 수 있는 능력, 또는 초자연적인 능력을 주어 실제로 인간으로 하여금 믿을 수 있도록 만드시는 것이지만, 인간 자신이 그 은혜를 거부하거나 믿지 않음으로 자신의 과실로 멸망할 수 있다.

제6항

하나님의 가장 자유로운 의지에 따라서 하나님의 은혜의 불평등은 매우 큰 것이지만 성령님께서는 하나님의 말씀이 설교되는 모든 사람들에 대해서, 또한 어떤 사람들에 대해서도 각각의 단계에서 인간을 회심에로 향할 수 있도록 하는데 충분할 정도의 은혜를 주시고, 또한 주시고자 하고 있다. 따라서 신앙과 회심을 위한 충분한 은혜는 하나님 자신의 선택의 절대적 예정에 의해서 구원을 원하신다고 말씀하신 자들만이 아니라 실제로는 회심에 이르지 못한 사람들에게도 해당된다.

제7항

인간은 성령님의 은혜로 실제 행하고 있는 것보다 훨씬 더 선을 행할 수 있으며, 실제로 피할 수 있는 것보다 훨씬 더 악을 피할 수 있다. 우리는 단지 인간이 행하고 있는 그 이상의 선을 행하고, 피할 수 있는 그 이상으로 악을 피할 수 있는 것을 하나님이 전혀 바라고 있지 않는다고는 믿지 않으며, 또한 그와 같이 행함과 피함을 영원부터 엄밀하게 하나님이 결정하셨다고는 믿지 않는다.

제8항

하나님이 구원에로 부르신 자는 누구든지 하나님은 신중하게, 즉 진실하고, 결코 보이기 위한 것이 아닌 구원을 위한 의도와 의지를 갖고 부르시고 계신다. 우리는 소명의 은혜가 거부되기 전일지라도 하나님 자신은 참된 회심을 통해서 내적인 소명을 기대하지 않고(작정하고 있지 않은-역자) 있는 자들조차도 외적으로는 부르신다고 생각하는 자들의 의견에 동의하지 않는다.

제9항

복음의 말씀과 계시된 하나님의 뜻(意志)에 따라 진정으로 부르셨고, 초청을 받은 사람들 대부분의 회심과 구원을 감추어진 뜻에 따르면 하나님은 바라고 계시지 않는 것 같은, 즉 말씀에 계시된 하나님의 의지와 모순된 감추어진 하나님의 의지 등은 하나님께는 존재하지 않는다. 우리는 어떤 사람들이 말하는 것처럼, 하나님 안에 거룩하게 보이거나 이중인격이 있다고는 인정하지 않는다.

제10항

우리는 하나님이 유기한 사람들을 - 이처럼 그들이 불리고 있으나 - 다음과 같은 목적으로 부르시고 계신다고는 믿지 않는다. 즉 하나님이 그들을 더욱 강하게 만들기 위해서, 그들을 변명하지 못하도록 하기 위해서, 그들을 더욱 엄격하게 벌주시기 위해서, 또는 그들 자신의 무능력을 분명하게 하기 위해서와 같은 목적이다. 또한 우리는 하나님이 그들이 회심에 이르고, 믿고, 구원을 받기 위해서 라고 하는 목적으로 그들을 부르시고 계신 것은 아니라고 하는 것도 믿지 않는다.

제11항

선뿐만 아니라 악도 포함하는 모든 것이 하나님의 감추어진 뜻, 또는 하나님의 작정의 힘과 효력에 의해서 필연적으로 일어난다고 하는 것은 사실이 아니다. 그렇다고 하면 죄를 범한 인간은 작정에 의하면 죄를 범하지 않는 것이 불가능하게 된다. 더욱이 하나님이 인간의 죄를 그들의 의지와 관계없이, 어리석고, 냉혹한 일을, 그리고 하나님의 이름을 말한 모독적인 중상을, 즉 실제로 인간의 혀를 움직여 모독하게 하는 등을 결정하고, 행하게 하며, 그렇게 하도록 한 것이 된다.

제12항

우리는 다음과 같은 것은 잘못이며, 전율하게 하는 것이라고 본다. 즉 하나님은 자신이 공적으로 금하고 있는 죄에 감춰진 방법으로 인간을 걸려들게 하거나 죄를 범하는 인간들은 정당하게 계시되어있는 하나님의 참된 뜻에 반하는 행위를 할 수밖에 없거나 부정한 일, 즉 하나님의 계명에 반하는 것이 하나님의 뜻에 일치하는 것이며, 그리고 또한 하나님의 뜻을 행하는 것이 진정 죽음에 이르게 하는 죄라고 하는 것 등이다.

5. 견인에 대한 제5조에 관한 견해

제1항

신앙에 있어서 성도의 견인은 어떠한 복종의 조건이나 강제함이 없이 하나님께서 각 개인을 택하셨다고 하는 절대적인 작정의 결과가 아니다.

제2항

하나님은 견인을 위해서, 그리고 악마와 육신과 이 세상의 유혹을 이기기 위해 자신의 무한한 지혜에 따라서 스스로 충분하다고 판단되는 정도의 은혜와 초자연적인 힘을 참된 신자에게 주신다.[110] 그들이 견인하지 않는 것은 결코 하나님께 그 책임이 있는 것이 아니다.

제3항

참된 신자도 참 신앙으로부터 타락할 수 있으며, 또한 죄에 떨어지고, 진리와 의롭다고 여기는 신앙을 일관되게 갖고 있지 못하게 될 수도 있다. 이것은 일어날 수 있을 뿐 아니라 종종 일어나고 있는 일이다.

제4항

참된 신자도 자신의 죄 때문에 부끄러운 죄와 두려운 모독에 떨어지고, 그 가운데 계속 머물러 있으며, 죽음에 이르고, 최종적으로는 탈락하며, 멸망할 수 있다.

제5항

그러나 우리는 참 신자라고 할지라도 때로는 심각하고 양심을 고통스럽

110) "초자연적인 힘"은 라틴어판에 따른 것이다. 네덜란드어판에서는 "초자연적인"이라고 하는 말은 없으며 '힘'이라는 단어만 있다.

게 하는 죄에 떨어질 수 있다고 해서, 그들이 즉각적으로 회개하기 위한 희망을 상실한다는 것은 믿지 않는다. 우리는 하나님이 풍성한 긍휼에 따라서 은혜로 그들을 다시 한 번 회개에로 부르실 것이라고 인정한다. 오히려 우리는 확실하고 틀림없이 그렇게 될 것을 확실하게는 알 수 없지만, 이것은 종종 일어나고 있다고 믿는다.

제6항

따라서 우리는 매일 공적인 문서로 사람들 사이에 회자되고 있는 다음과 같은 교훈을 선한 도덕을 망가뜨리는 것으로서 전심전령(全心全靈)을 다하여 거부한다. 즉 1) 참 신자는 고의로 죄를 지을 수 없다. 다만 모르는 상황에서 연약함으로 죄를 짓는다. 2) 참 신자는 어떠한 죄로 인해서도 하나님의 은혜로부터 탈락하는 일은 결코 있을 수 없다. 3) 무수한 죄, 예를 들어서 온세상의 모든 죄조차 선택을 무효화 할 수 없다. 여기에 더해서 모든 인간은 자신들이 구원으로 불림을 받았고, 따라서 선택으로부터 탈락하는 일은 있을 수 없다고 믿어야만 한다면, 육적인 확신으로 얼마나 넓은 창이 열려있는가 하는 생각을 할 수밖에 없다.[111] 4) 어떤 죄도 그것이 얼마나 크고 무거운 죄라고 할지라도 신자, 그리고 선택을 받은 자들에게는 어떠한 죄책을 받지 않으며, 오히려 현재와 장래의 모든 죄가 이미 용서되어있다. 5) 참 신자도 파괴적인 이단, 또는 간음이나 살인과 같이 무겁고 극악한 죄에 떨어진다. 그렇기 때문에 교회는 그리스도가 제정한 것에 따라서 그들을 교회의 외적인 교제 가운데 허용할 수 없는 것을, 또한 그들이 회개하지 않으면 그리스도의 나라에 들어갈 수 없다는 것을 증언하는 것을 부득이 할 수밖에 없게 된다. 그럼에도 불구하고 참된 신자는 신앙으로부터 전면적으로, 또한 최종적으로 탈락하는 것은 있을 수 없다.

111) "여기 더하여 … 우리는 생각을 할 수밖에 없다"고 하는 끝부분은 후크마(Hoekema)의 영어번역판에서는 생략되었다. 그 이유는 알 수 없다.

제7항

참 신자는 현재라고 하는 때에 자신의 신앙과 양심의 진실함을 확신할 수 있는 것처럼, 오히려 그때에는 자신의 구원과 자신에 대한 하나님의 구원의 축복에 대해서도 확신할 수 있으며, 또한 확신해야만 한다. 이 점에서 우리는 교황주의자의 견해를 부정한다.

제8항

참 신자는 항상 깨어있으며, 기도로, 또한 그 밖의 거룩한 실천을 통해서 참 신앙 가운데 견인할 수 있다는 것, 더욱이 견인하기 위한 하나님의 은혜가 결코 부족함이 없는 것을 분명하게 확신할 수 있으며, 또한 확신하는 것이 틀리지 않는다. 그럼에도 금후에도 자신이 감당해야만 하는 의무에 태만하지 않고, 신자로서 합당하며, 기독교적인 싸움이라고 하는 이 학교에서 신앙과 경건과 사랑하는 일 가운데 견인한다는 것을 어떻게 확신할 수 있을 것인지 우리는 알 수 없다. 신자가 이것에 대해서 확실하지 않으면 안 된다는 것을 알 필요가 있다고는 생각하지 않는다.

참고

1. 번역을 위해서 사용한 원문은 J. N. Bakhuizen van den Brink ed., *De Nederlandse Belijdenisgeshriften*, Amsterdam Tweede Druk, 1976. 289~93. 여기에 수록된 것은 비판적으로 교정된 라틴어판이다. 라틴어판은 아래의 네덜란드어판과 조금 다른 점이 있다.
2. 역자가 참고한 네덜란드어판은 다음과 같다.
   Acta of Handeligen der Nationale Synode in den naam onzes Heeren Jszus Christus, gehouden door autoriteit der Hoogmogende Heeren Staten - Generaal der Vereenigde Nederlanden te Dordrecht ten jare 1618 en 1619, naar de oorspronkelijke nederduitsche uitgave onder toezicht van J. H. Donner en S. A. van den Hoorn, Utrecht, z. j., 119-121, 129-33.
   이 책은 도르트총회의 네덜란드어로 된 공적 회의록을 그대로 현대 네덜란드어로 옮겨놓은 것이다. 내용적으로는 네덜란드어판 공적 회의록과 동일하다.
3. 그 밖의 영어번역으로는 P. Y. De Jong ed., *Chrisis in the reformed churches*, Grand Rapids, 1968, 221-29.에 A. A. Hoekema의 번역이 있다. 단 III. IV. vi의 일부가 번역되어 있지 않다. 그 이유에 대해서는 기록되어있지 않아 알 수 없다.
4. 일본어 번역판으로서는 기쿠지(菊地信光)가 번역한 "レモンストラント派の意見書"『改革派教會信仰告白集IV』, 一麥出版社, 2012, 175~85. 단 번역 원본은 네덜란드어판과 라틴어판을 함께 사용했지만 주로 네덜란드어판을 원본으로 사용한 것으로 생각된다.

제 Ⅲ 부

도르트신조(1619년)

네덜란드에서 논쟁의 주요한 교리 5개 항목에 관한 도르트총회의 결정

서문

우리 주님이신 구원의 주 예수 그리스도의 이름으로 아멘

우리 주님이신 구원의 주 예수 그리스도가 고난의 여정을 걷고 있는 전투적 교회에 주신 매우 많은 위로들 가운데, 그 중에서도 이 위로야 말로 가장 중요한 것으로 생각된다. 그 위로는 주님이 성부 하나님이 계신 하늘의 성소에 들어가실 때 자신의 교회에 남기신 "나는 세상 끝날 까지 항상 너희와 함께 있을 것이다"고 한 말씀이다. 이 사랑이 넘치는 약속의 진리는 모든 시대의 교회에서 입증되고 있다. 왜냐하면 교회는 적대자의 공연한 폭력이나 이단의 불경건함에 의해서 만이 아니라 유혹자의 은밀함과 교활함에 의해서도 처음부터 공격을 받아왔기 때문이다. 실제로 만일 주님께서 얼마간 만이라도 약속하신 임재하심으로 구원을 위한 도움을 교회로부터 거두어 가신다면 교회는 이전에 폭군들의 폭력으로 뭉개지거나 또는 기만하는 자의 교활함으로 파멸의 길로 이끌림을 당했을 것이다. 그러나 자신의 백성들을 위하여 생명까지 버리시고, 변함이 없는 사랑으로 뽑아주신 선한 목자는 박해자들의 광폭함을 언제든지 적당할 때, 그리고 펴신 팔로 종종 기적적인 방법으로 지키시고 유혹자들의 잘못된 길이나 조언을 간파하여 분쇄시켰다. 이러한 사실로 자신이 교회에 참으로 임재하심을 실증(實證)하셨다. 이에 대한 매우 명확한 증거를 우리는 경건한 황제나 군후(君侯)들의 역사에 갖고 있다. 즉 성자께서는 때때로 교회를 돕기 위해서 그러한 사람들을 세우고, 자신의 집을 향해 거룩한 열심을 타오르게 하고, 그들의 봉사를 통해서 폭군들의 폭력을 진압하는 것만이 아니라 교회가 잘못된 지도자들과

싸워야만 할 때는 그들에게 대항하여 거룩한 교회회의라고 하는 치료약을 교회에 준비해주셨다. 그 교회회의에서 그리스도의 충실한 종들은 공동의 기도와 협의와 토론을 통해서 교회와 하나님의 진리를 위해서, 그리고 예를 들어 사탄의 종들이 빛의 천사로 위장했다고 할지라도 그들에 대항하여 용감하게 설 수 있고, 오류와 불화의 근원을 제거하며, 교회를 순전한 신앙의 일치 가운데 있게 하고, 참 하나님을 예배하는 것을 흠이 없게 하여 후손들에게 계승시켰다.

마찬가지로 자비와 사랑으로 우리의 진실하신 구원의 주님은 수년에 걸쳐서 지극히 고뇌하는 네덜란드교회에 대해서 이 시대에 자신의 충만한 은혜 가운데 임재를 실증하셨다. 왜냐하면 이 교회는 로마교회의 반그리스도의 폭정과 교황주의의 흉물스러운 우상숭배로부터 하나님의 강력한 손길로 구원해 주시고, 매우 긴 싸움의 위험 가운데서도 때때로 기적적으로 지켜주시고, 참된 진리와 규율의 일치 가운데 훌륭하게 번영해서 교회가 하나님을 찬미하게 하고, 연방공화국의 훌륭한 발전과 개혁파 세계 전체의 기쁨에로 인도하셨기 때문이다. 그러나 그 교회가 아르미니우스와 '항론파'로 일컬어지는 그의 추종자들로 인해 여러 가지 새로운 오류와 같은 종류의 옛 오류를 통해서 처음에는 조용하고 은밀하게, 후에는 공개적으로 공격을 받았다. 또한 불결한 싸움과 분열로 인해서 집요하게 방해를 받았고, 만일 우리 구세주의 긍휼히 여김이 필요할 때 개입하지 않았다면, 크게 번영한 교회일지라도 불화와 분열의 안타까운 열기로 불타 없어질 정도로 커다란 위험에 이르게 되고 말았을 것이다. 그러나 주님은 영원히 영광을 받으시길. 주님은 우리로부터 한시적으로 자신의 얼굴을 감춘 후에 (우리는 여러 가지 일들로 그의 진노와 분노를 일으켜왔으나) 자신의 약속을 잊지 않으시고, 자신의 백성들의 신음소리를 가볍게 여기지 않으시는 것을 온 세상 앞에서 실증하셨다. 왜냐하면 인간적으로 판단한다면 어떠한 치료도 가망이 없다고 생각할 수밖에 없을 때, 주님은 가장 존경하는 제후(諸侯)와 네덜란드의 연방의회로 하여금 이에 대한 생각을 할 수 있게 하셨기 때문이다. 즉 그들이 가장 존경하고 용감한 오란예 공(公)의 조언과 지시에 따라서 혼란스럽고 어려운 일을 합법적인 수단으로 다룰 것을 결정했다. 이 합법적인 수단은 사도들 자신이나, 그 이후 교회의 사례들을 통해서 긴 시간이 흘러가는 중에 인정되어온, 또한 이전에도 네덜란드교회에서 사용되었고, 큰 결실을 맺어온 것이다. 그리고 그들은 전국교회 총회를 그들 지역의 모든 주(州)로부터 각각의 공권력을 통해서 도르드레흐트에서 개최하도록 소집한 것이다. 그들은 이전부터 회의 개최를 요청했으며, 영국의 위대한 제임스(James I)왕, 고명한 모든 공작과 백작, 위대한 공화국의 호의로 탁월한 많은 신학자들을 확보한 후에 회의가 열렸다. 그 목적은 많은 개혁파신학자들의 공동의 판단으로 아르미니우스와 그 추종자들의 가르침이 이와 같이 저명한 교회회의에서 철저하게 검증되어 오직 하나님의 말씀에 기초해서 판정되고,.참된 가르침이 확정되어, 잘못된 가르침이 배척되고, 네덜란드교회에 일치와 평화와 안녕이 하나님의 축복으로 회복되었다. 네덜란드교회가 기쁘고, 자신들의 구세주의 변함이 없는 긍휼히 여기심을 겸손히 고백하며, 감사함으로 영광을 돌리는 것은 진정 하나님의 자비이신 것이다.

존경해야만 하는 교회회의는(네덜란드의 모든 교회에서 하나님의 진노를 기피하기 위해서, 그리고 하나님의 충만한 은혜의 도움을 얻기 위하여 사전에 공적으로 금식과 기도가 최고의 공권력에 의해서 공포되고, 널리 실시된 후에) 주님의 이름으로 도르드레흐트에서 소집했고, 하나님과 교회의 번영을 위해 사랑으로 뜨겁게 하나님의 이름을 불러 간구한 후 거룩한 서약을 함으로 모든 것을 성경의 규범에 따라서 판단하고, 그 사항에 대한 검증에 있어서 선하고 진실한 양심을 가지고 다루어야 하는 의무를 맡겨주었다. 그러므로 회의는 추종자들 가운데 주요한 옹호자를 소환해서 주지의 교리 5개 조항에 대해서 그들의 견해, 그리고 그 교리의 근거를 전면적으로 분명하게 할 것을 재촉하며, 지극히 근면하게, 또한 대단한 인내심을 갖고 그 일을 감당했다. 그러나 그들이 회의의 결정을 거부하고, 공정한 과정이었음에도 질문에 대해서 대답을 거부하며, 더욱이 회의가 어떤 권고를 했을 때, 또한 고명한 연방의회의 대표자의 결정도, 그리고 연방의회의 명령까지도 그들에게 어떠한 효과를 주지 못했을 때, 회의는 연방의회의 명령으로, 그리고 옛 교회의 관습에 따라서 별도의 방법을 선택할 수 있는 여지가 없었다. 앞에서 기술한 5개 조항에 대해서 어떤 부분은 이전에 모두 출판되어있으며, 또 다른 부분은 이 회의에도 제출된 모든 문서와 모든 신앙기준, 모든 선언문 등에 대한 조사를 착수했다. 그러므로 이것은 하나님의 특별한 은혜로 매우 근면하고, 충실하며, 양심적으로 모든 사람과 각 사람의 일치로 완성되었다. 이와 같이 해서 이 교회회의는 하나님의 영광과 바른 구원의 진리를 담았으며, 양심의 평안과 네덜란드교회의 평화와 번영을 위해서 아래와 같은 결정을(이 결정에서는 전술한 5개 조항에 대해서 참된, 또한 하나님의 말씀과 일치한 견해가 선언되었고, 그리고 잘못된, 또한 하나님의 말씀에 반하는 견해가 배척된) 공적으로 표명하는 것과 각 사람에게 고지할 것을 결정했다.

제1교리 조항
하나님의 예정에 관하여[112)]

제1항 모든 사람을 정죄하는 하나님의 정당성[113)]

모든 사람은 아담 안에서 범죄함으로 저주와 영원한 죽음에 이르게 되었다. 따라서 하나님이 전인류를 죄와 저주에서 건져내고, 그들 자신의 죄에 대하여 정죄하기로 하셨다고 하더라도 하나님은 누구에 대해서도 그로 인해서 부정되지 않았을 것이다. 사도가 다음과 같이 말씀하고 있는 것과 같다. "온 세상이 하나님의 심판 아래 있다."(롬3:19), 또한 "모든 사람이 죄를 범하였으매 하나님의 영광에 이르지 못하더니"(롬3:23), 그리고 "죄의 삯은 사망이다."(롬6:23)[114)]

제2항 하나님의 사랑의 명시

그러나 하나님은 그의 독생자를 세상에 보내시어 그를 믿는 자는 한 사람도 멸망하지 않고 영원한 생명을 얻게 하셨다. 이로써 하나님의 사랑을 분명하게 하셨다.(요일4:9, 요3:16)

제3항 복음의 선포

사람이 믿음에 이를 수 있도록 하기 위해서 하나님은 가장 기뻐하시는 소식을 전하는 사람들을 자신이 기뻐하시는 사람들에게, 또한 자신이 기뻐하시

112) 라틴어판 본문에는 "하나님의 예정에 대하여"(de divina praedestone)가 정식 표제이다. 네덜란드어판에서는 "하나님의 선택과 유기에 대하여"(Van de goddelicke verkiesinghe ende verwerpinghe)가 표제로 되어있다.

113) 각 조의 굵은 글씨의 소제목에 대해서는 이 장의 참고 문헌 8번을 참조하라.

114) 성경의 인용부분은 이 번역의 원본인 바크호이센(J. N. Bakhuizen)이 제공한 라틴어판에서는 이탤릭체로 구별되어있으나 여기서는 그 부분을 괄호 안에 넣어서 구별했다. 네덜란드어판 본문에서는 성경인용이 있지만 성경구절은 기록되어있지 않다. 성경인용은 원전 텍스트에 있는 라틴어판에서 직역했다.(이 장의 참고 7번을 참조하라) * 한글 번역에서는 개혁성경을 사용했음을 밝혀둔다. - 역자주

는 때에 긍휼하심으로 사용하신다. 그들의 봉사로 사람들은 회개와 십자가에 달리신 그리스도에 대한 믿음에로 초청된다. 왜냐하면 "그들이 믿지 아니하는 이를 어찌 부르리요. 듣지도 못한 이를 어찌 믿으리요. 전파하는 자가 없이 어찌 들으리요. 보내심을 받지 아니하였으면 어찌 전파하리요…"(롬10:14~15)라고 말씀하셨기 때문이다.

제4항 복음에 대한 2중의 응답

하나님의 진노는 이 복음을 믿지 않는 자들 위에 임한다. 그러나 이 복음을 받아들여 참으로 살아있는 신앙으로 구주 예수님을 영접하는 자들은 그에 의해서 하나님의 진노로부터 해방되며 영원한 생명의 은혜에 동참한다.

제5항 불신앙과 신앙의 원인

불신앙의 원인, 또는 죄책은 다른 모든 죄와 마찬가지로 결코 하나님께 있지 않고 인간 자신에게 있다. 그러므로 예수 그리스도에 대한 믿음과 그에 의한 구원은 하나님의 거저주시는 선물이다. 그것은 다음과 같이 기록되어있는 대로이다. "너희는 그 은혜에 의하여 믿음으로 말미암아 구원을 받았으니 이것은 너희에게서 난 것이 아니요 하나님의 선물이라."(엡2:8). 마찬가지로 "그리스도를 위하여 너희에게 은혜를 주신 것은 다만 그를 믿을 뿐 아니라 또한 그를 위하여 고난도 받게 하심이라."(빌1:29)

제6항 하나님의 영원한 작정

어떤 사람들은 때가 이르러 하나님으로부터 믿음의 선물을 받고, 또 어떤 사람들은 그것을 받지 못한 사실은 하나님이 영원한 작정으로부터 주어지는 것이다.[115] "왜냐하면 그의 모든 사역은 영원부터 하나님이 알게 하시고 있기 때

115) <하나님이 영원한 작정으로부터>라고 번역한 것은 라틴어판 텍스트에서는 "ab aeterno ipsius decreto," 네덜란드어판 텍스트에는 "van zijn eeuwich besluyt"로 되어있다.

문이다."(예로부터 이것을 알게 하시는 주의 말씀이라. 행15:18). "하나님은 뜻대로 계획에 따라서 모든 일을 하신다."(모든 일을 그의 뜻의 결정대로 일하시는 이의 계획을 따라 우리가 예정을 입어 그 안에서 기업이 되었다. 엡1:11)[116] 작정에 따라서 하나님은 선택을 받은 사람들의 마음이 얼마나 굳다고 할지라도 충만한 은혜로 부드럽게 하여 믿게 하신다. 그러나 하나님은 선택하지 않은 자들을 자신의 의로운 재판으로 그들 자신의 사악함과 굳은 마음 가운데 내버려두신다. 그리고 특히 여기서 비슷하게 멸망의 상태에 있는 인간 가운데 존재하는 심원하고 긍휼이 많은 동시에 의로운 구별이 우리에게 분명하게 된다. 즉 하나님의 말씀 안에 계시되어있는 선택과 유기에 관한 작정이다. 부정하고 불순하여 마음을 정하지 못한 자들은 이 작정을 곡해해서 그들 자신의 멸망을 부르고 있으나 거룩하고 경건한 영혼에게는 이 작정은 말로 표현할 수 없는 위로를 주신다.

제7항 선택의 정의

이 선택은 하나님의 불변한 계획이었으며,[117] 그로 말미암아 하나님은 세상의 토대를 놓기 전에 최초의 죄가 없는 상태에서 자신의 죄과로 타락해서 죄와 멸망에 떨어진 전 인류 가운데[118] 자신의 전적인 자유로운 의지로 기뻐하심을 따라 오직 은혜로 어떤 정한 수의 사람들을, 그들이 다른 사람들보다 더 선하거나 합당하기 때문이 아니고, 같은 비참 가운데 있음에도 그리스도 안에서 구원에로 택하신 것이다. 하나님은 그리스도를, 또한 영원부터 택하신 모든 자

116) ( )의 부분은 네덜란드어판 본문에는 인용되어있으나 라틴어판 본문에는 성경구절만 지시되어있으며 인용하지는 않았다.

117) "계획"으로 번역한 말은 라틴어판 본문에는 "propositum" 네덜란드어판 본문에는 "voornemen"이다. 이 말은 '목적' '의도' '결의' 등으로 번역할 수 있다. 이 조의 첫 부분을 네덜란드어판 본문에는 ["이" 선택은 "Dese Verkiesinghe" 하나님의 영원한 계획이 있었고 ....]라고 해서 앞 조에서 언급한 선택과의 관계를 명시하고 있다.

118) "최초의 죄가 없는 상태에서"라고 번역한 것은 라틴어판 본문에서는 "ex primaeva integritate," 네덜란드어판 본문에는 "van de eerste oprechticheyt"로 표기되어있다.

들의 중보자로서 머리, 그리고 그들의 구원을 위한 기초로 삼으셨다. 더욱이 선택을 받은 자들이 그리스도에 의해서 구원을 받을 수 있도록 하나님은 그들을 그리스도에게 맡기셨고, 말씀과 성령님으로 그리스도와의 교제에로 유효하게 부르셨으며, 이끌어 주실 것도 정하셨다. 즉 하나님은 택하신 자들에게 그리스도를 믿는 참된 믿음을 선물로 주시고, 그들을 의롭고 거룩하게 하시며 성자와의 교제 가운데 튼튼하게 보증하며, 결국 영화롭게 하기를 정하셨다. 이것은 하나님의 긍휼이 드러나고, 하나님의 찬란한 은혜의 풍성함을 찬양하게 하기 위함이다.

다음의 기록된 말씀과 같다. "곧 창세전에 그리스도 안에서 우리를 택하사 우리로 사랑 안에서 그 앞에 거룩하고 흠이 없게 하시려고, 그 기쁘신 뜻대로 우리를 예정하사 예수 그리스도로 말미암아 자기의 아들들이 되게 하셨으니 이는 그가 사랑하시는 자 안에서 우리에게 거저주시는바 그의 은혜의 영광을 찬송하게 하려는 것이라"(엡1:4~6) 또한 "미리 정하신 그들을 또한 부르시고, 부르신 그들을 또한 의롭다 하시고, 의롭다 하신 그들을 또한 영화롭게 하셨느니라."(롬8:30)

제8항 유일한 선택 작정

선택은 여러 종류가 있는 것이 아니다. 구약과 신약성경에는 구원받을 모든 자들에 관해서 유일한 것으로 그 선택이 있을 뿐이다. 왜냐하면 성경은 하나님이 기뻐하시는 뜻, 계획, 작정은 유일하다고 분명하게 말씀하고 있기 때문이다.[119] 따라서 하나님은 은혜와 영광에로, 또한 구원에로, 그리고 우리가 걸어갈 수 있도록 예비해주신 구원의 길로 우리를 영원히 택하여 주셨다.

119) 여기서는 라틴어판의 "beneplacitum, propsitum et consilium volumtatis Dei"과 네덜란드어판의 "welbehagen, voornenmen ende raet des willens Gods"를, "하나님이 기뻐하시는 뜻, 계획, 작정"으로 번역했다.

제9항 선택은 예견된 신앙에 근거하지 않는 것

이 선택은 선택된 자들에게 있어서 미리 요구되는 원인이나 조건인 것처럼 예견된 신앙, 신앙의 복종, 성결, 또는 어떤 또 다른 좋은 자질이나 성향 등에 근거해서 된 것이 아니다. 오히려 선택은 신앙이나 복종, 성결 등을 향하여 된 것이다. 따라서 선택이 모든 구원의 축복의 근원이며, 거기로부터 솟아 넘쳐서 선택의 열매, 또는 성과로서 신앙, 성결, 그 밖의 축복의 선물, 이어서 영원한 생명이 주어지는 것이다. 사도가 다음과 같이 말하고 있는 대로이다. "곧 창세전에 그리스도 안에서 우리를 택하사 우리로 사랑 안에서 그 앞에 거룩하고 흠이 없게 하시려고"(엡1:4)[120]

제10항 선택은 하나님이 기뻐하심에 근거하는 것

은혜에 의한 선택의 원인은 철두철미하게 오직 하나님의 기뻐하심에 있다. 즉 그 원인은 하나님께서 모든 가능한 조건 가운데 인간의 어떤 자질이나 행위를 구원의 조건으로 선택한 것이 아니고, 하나님이 죄인들의 일반적인 집단으로부터 어떤 정한 사람들을 자신의 것으로 받아들이는 것을 기뻐하신 것이다. 이것은 다음과 같이 기록된 말씀과 같다. "그 자식들이 아직 나지도 아니하고 무슨 선이나 악을 행하지 아니한 때에 … 리브가에게 이르시되 '큰 자가 어린 자를 섬기리라.'" 그리고 다음과 같이 기록하고 있다. "내가 야곱은 사랑하고 에서는 미워하였다."(롬 9:11~13) 또한 "영생을 주시기로 작정된 자는 다 믿더라."(행 13:48).

제11항 불변한 선택

하나님 자신이 가장 현명하시고, 불변하시며, 전지전능하심으로 계신 것처럼, 그와 같이 그에 의한 선택도 방해받거나, 변하거나, 취소되거나, 무효화 되

120) 인용 성구 가운데 " "은 라틴어판 본문에 있는 대로 표기했다.

거나 하는 일은 없다. 선택받은 자가 버림을 받거나, 선택받은 자의 수가 줄어들거나 하는 일은 결코 있을 수 없다.

제12항 선택의 확신

영원하고 변하지 않는 구원의 선택에 대한 확신은 여러 단계가 있으며, 정도의 차이가 있어도 적당한 때에 선택된 자들에게 주어진다. 이와 같이 선택의 확신은 하나님의 감추어진 심오한 사안을 호기심으로 탐색해서 얻을 수 있는 것이 아니고, 그리스도를 믿는 참 신앙과 하나님께 대한 자녀로서 경외함, 자신의 죄에 대한 경건한 슬픔, 의를 향한 갈급함과 같이[121] 하나님의 말씀 가운데 계시되어있는 선택의 오류가 있을 수 없는 열매를 영적인 기쁨과 거룩한 만족을 갖고 자기 자신을 통해서 들어냄으로 얻을 수 있다.

제13항 선택에 대한 확신의 열매

선택에 대한 자각과 확신으로부터 하나님의 자녀들은 날마다 조금씩 하나님 앞에 겸손하게 되며, 하나님의 긍휼의 헤아릴 수 없는 깊이를 우러르며, 스스로를 정결하게 하고, 자신을 먼저 그 정도로 사랑해주신 분을 뜨거운 마음으로 사랑하고 갚을 수 있도록 인도하신다. 선택의 교리로, 또한 교리를 숙고함으로 하나님의 자녀들이 하나님의 계명을 지키는 일에 게으르거나 육적인 안일함에 떨어지는 일은 결코 없다. 하나님의 공의로운 심판에 의하면 이러한 일이 항상 일어나는 것은 선택의 은혜를 경솔하게도 당연한 것처럼 자기 좋은 대로 생각하고, 또한 그것에 대해서 무익하고 뻔뻔스럽게 말하면서, 그러나 택함을 받은 자들의 길을 조금씩이라도 걸어가고자 하지 않는 자들에게서 나타나는 것이다.

121) 네덜란드어판 본문에는 "그리스도를 믿는 참 신앙 … 갈급함" 이 부분이 괄호로 묶여있다.

제14항 선택에 대한 바른 교수법

하나님의 선택 교리는 하나님의 지극히 현명하신 계획에 따라 선지자들과 그리스도 자신, 그리고 사도들을 통해서 구약시대에도, 신약시대에도 전했으며, 그 후 성경의 기록된 문서로 위탁되었으므로 오늘날에도 마찬가지로 선택의 교리는 특별히 의도해서 세우신 교회에서 전해져야만 한다.[122] 이 경우, 이것은 분별의 영과 경건한 태도로 적절한 때와 장소를 허락하여 지극히 높으신 분의 길을 호기심으로 탐색하지 말고, 하나님의 지극히 거룩한 이름의 영광과 하나님의 백성에게 생명력 있는 위로를 주시는 것을 목적으로 가르쳐야만 한다.

제15항 유기에 대한 정의

그리고 성경은 우리의 영원하고 거저주시는 은혜의 선택을 특별히 분명하게 나타내고 있고, 그것을 우리에게 한층 더 분명하게 권고하는 것은 다음과 같은 성경의 증언이다. 즉 모든 사람이 선택된 것이 아니고, 어떤 사람들은 선택되지 않았고, 하나님의 영원한 선택에서 간과되었다. 하나님은 이 사람들을 전적으로 자유롭고 바르게 하며, 강제하지 않으며, 변하지 않고, 기뻐하시는 뜻에 따라서 그들 자신의 죄로 말미암아 떨어진 공통의 비참함 가운데 유기하는 것을 작정하셨다. 즉 하나님은 그들에게 구원을 위한 믿음과 회개하는 은혜를 주시지 않았고, 자신의 공의의 심판아래서 그들 자신의 길을 찾아서 행하게 하셨고, 마지막으로는 단지 그들의 불신앙 때문이 아니라, 그들의 다른 모든 죄 때문에라도, 그들을 정죄하고 영원히 벌하기를 작정하신 것이다. 이와 같이 작정하신 목적은 하나님의 의가 선언되기 위한 것이다. 이것이 유기의 작정이다. 이것은 결코 하나님을 죄의 작자(作者)로 여기지 않고 - 그것이야 말로 모독적인 생각이다 -, 오히려 이것은 하나님을 두려워해야만 해야 하고, 비판의 여지가 없으며, 의로운 심판자, 징벌자이신 것이다.

122) "그것이 특별히 의도해서 세우신" 이 부분은 네덜란드어판에서는 괄호 안에 넣었다.

제16항 유기의 교훈에 대한 신앙적인 응답

그리스도를 믿는 살아있는 신앙, 확실한 신뢰, 양심의 평화, 자녀로서 순종을 구하는 열심, 그리스도 안에서 하나님을 자랑하는 것 등이 현재 자신 가운에 생동감 있는 것처럼 느껴지지 않지만 하나님이 이러한 것들을 우리에게 주신다고 약속해주신 수단을 사용하고 있는 사람들은 유기가 언급되더라도 두려움으로 염려해서는 안 되고, 자신을 유기된 자들 중에 있는 사람으로 생각해서도 안 된다. 오히려 근면하게 그 수단을 계속 사용하며, 열정적인 생각으로 더욱 풍성한 은혜의 때를 간절히 바라며 경건과 겸손으로 그 때를 소망 가운데 기다려야 한다. 또한 하나님께로 돌이키고, 오직 하나님만을 기쁘시게 하고, 육체의 죽음으로부터 구원 받을 것을 신중하게 바라면서 경건과 신앙의 여정에서 자신들이 기대하고 있는 정도의 진보에 이르지 못한 사람들도 한층 더 유기교리를 두려움으로 좌절해서는 안 된다. 왜냐하면 긍휼하심이 깊으신 하나님은 불타는 심지를 끄지 않으시고, 상처받은 갈대를 꺾지 않는다고 약속하셨기 때문이다. 그렇지만 유기교리는 하나님과 구주 예수 그리스도를 무시하고,[123] 이 세상의 괴로움과 육적인 기쁨에 전적으로 몸을 맡겨버린 자들에게 있어서는 그들이 마음으로 회개하여 하나님께 돌이키지 않는 한 분명히 두려워 할 수밖에 없는 교리가 될 것이다.

제17항 신자의 자녀들의 구원

우리는 하나님의 뜻을 하나님의 말씀으로부터 판단해야 하며, 하나님 말씀의 증언에 의하면 신자의 자녀들은 모태로부터 주어진 본성에 의해서가 아니라 부모와 함께 포함된 은혜계약에 의해서 구별된 것이다. 따라서 경건한 부모는 하나님에 의해서 유아기에 이 세상에서 불림을 받은(죽은 - 역자 주) 자신의 자녀들의 선택과 구원을 의심해서는 안 된다.

123) 라틴어판 본문에는 "구주 예수 그리스도"이지만 네덜란드어판 본문에는 "예수가 누락"되었으며 "구원의 주 그리스도"로 되어있다.

제18항 선택과 유기에 대한 바른 자세

조건 없는 선택의 은혜와 의로운 유기의 엄격함에 대해서 불평을 말하는 신자들에 대해서 우리는 다음과 같은 사도의 말씀으로 대답한다. "이 사람아 네가 누구이기에 감히 하나님께 반문하느냐"(롬9:20). 그리고 다음과 같은 우리 구세주의 말씀으로 대답한다. "내 것을 가지고 내 뜻대로 할 것이 아니냐"(마20:15). 그러나 우리는 이러한 비밀을 경건하게 믿으며 사도와 함께 외친다. "깊도다. 하나님의 지혜와 지식의 풍성함이여, 그의 판단은 측량치 못할 것이며, 그의 길은 찾지 못할 것이로다. 누가 주의 마음을 알았느냐? 누가 그의 모사가 되었으냐? 누가 주께 먼저 드려서 갚으심을 받았느냐? 이는 만물이 주에게서 나오고 주로 말미암고 주에게로 돌아감이라 그에게 영광이 세세에 있을지어다. 아멘"(롬11:33~36)

네덜란드교회를 잠시 혼란에 빠지게 한 오해에 대한 배척

선택과 유기에 관한 정통적인 교리를 지금까지 진술해왔지만 총회는 다음의 내용과 같이 가르치는 자들의 오해를 배척한다.

제1항 예지적 예정

[신앙을 가지고, 그 신앙과 신앙의 순종 가운데 머물러 있는 자들을 구원하시겠다는 하나님의 결의가 구원을 위한 선택 작정의 전체이고, 전부이다. 이 작정 이외의 어떤 것도 하나님의 말씀 가운데 계시되어있지 않다.]고 가르치는 자들의 오해를 총회는 배척한다.[124)]

왜냐하면 그들은 순진한 자들을 기만하는 것이고, 성경에도 명백하게 모순되기 때문이다. 성경의 증언에 의하면, 하나님은 믿는 자들을 단지 구원하기를 바라는 것이 아니다. 또한 하나님은 영원부터 어떤 정한 사람들을 이미 택하신 것으로서, 다른 사람들이 아니라 이 택하신 자들에게 때가 이르러 그리스도를 믿는 신앙과 신앙의 견인을 선물로 주신 것이다. 다음과 같이 기록된 대로이다. "세상 중에서 내게 주신 사람들에게 내가 아버지의 이름을 나타내었나이다."(요17:6). 마찬가지로 "영생을 주시기로 작정된 자는 다 믿더라."(행13:48). 그리고 "창세전에 그리스도 안에서 우리를 택하사, 우리로 사랑 안에서 그 앞에 거룩하고 흠이 없게 하시려고"(엡 1:4)

124) <배척조항>에서는 첫부분에 배척되어야만 하는 잘못된 가르침이 제시되지만, 이 부분은 라틴어 본문과 네덜란드어판 본문에서도 이탤릭체로 기록되어있다. 여기서는 그 부분을 괄호 안에 넣어서 표기하고자 한다.
즉 라틴어, 네덜란드어판 본문에서는 <배척조항>의 첫머리 부분에 "총회는 다음과 같이 가르치는 자들의 오류를 배척한다. 즉 선언하고, 이하의 각 조항에서 잘못된 교훈 내용을 말하는 형식을 채용하고 있다. 즉 [이하 ...]에 해당하는 각 조항의 잘못된 설교의 제시부분은 모두 앞부분에 [... 배척한다]에 관련되도록 고안되어있다. 그러나 이 번역에는 잘못된 가르침의 내용을 각 조항에 제시할 때 마다 [... 이 오류를 총회는 배척한다]고 하는 말을 반복하는데 일본어 번역도 같은 방식으로 정리했다.

제2항 다양한 선택

[영원한 생명을 위한 하나님의 선택은 다양하다. 한편으로는 일반적이고 한정적이지 않는 선택이 있고, 또 한편에는 특별하고 한정적인 선택이 있다. 그리고 후자의 선택은 불완전하고, 취소가 가능하며, 미결정적이고 조건적인 선택일지, 또는 완전하고 취소가 불가능한 결정적이고 절대적인 선택일지 어느 쪽일 수 있다.] 또한 [신앙을 위한 선택이 하나이며, 구원을 위한 선택이 별도로 있다. 따라서 구원을 위한 결정적인 선택이 없어도 의롭게 하는 믿음을 위한 선택이 있을 수 있다.]고 가르치는 자들의 오류를 총회는 배척한다.

왜냐하면 이것은 성경으로부터 동떨어진 일방적으로 만들어낸 인간 두뇌의 산물로서의 이야기이기 때문이다. 이로 말미암아 선택교리를 부패시키고 구원을 위한 황금열쇠를 산산이 조각내버리려고 하는 것이다. "미리 정하신 그들을 또한 부르시고, 부르신 그들을 또한 의롭다 하시고, 의롭다 하신 그들을 또한 영화롭게 하셨느니라."(롬8:30)

제3항 구원의 조건

[성경이 선택교리에 관해서 언급하는 하나님의 뜻과 계획의 본질은 하나님이 어떤 사람보다도 오히려 어떤 특정한 사람들을 선택하셨다고 하는 것은 아니다. 그 본질은 하나님이 모든 가능한 조건들 가운데(그 가운데는 율법의 행위도 포함되어있다.), 또는 모든 사물의 질서 전체로부터 그 자신으로서는 취할 수 없는 믿음의 행위와 신앙의 불완전한 순종을 구원의 조건으로 불러내시고, 이것을 은혜가 충만하고 완전한 순종으로 여겨주시고, 영원한 생명을 위한 대가를 치른 것으로 여겨주셨다.]고 가르치는 사람들의 오류를 총회는 배척한다.

왜냐하면 이 파괴적인 오류는 하나님의 뜻과 그리스도의 공적을 무력하게 하고, 무익한 토론으로 사람들을 은혜로 의인에 이르는 진리와 성경의 명백함으로부터 떼어놓고, 그리고 다음과 같은 사도의 말씀까지 거짓으로 비난하는 것이 되기 때문이다. 즉 "하나님이 우리를 구원하사 거룩하신 소명으로 부르심은 우리의 행위대로 하심이 아니요 오직 자기의 뜻과 영원 전부터 그리스도 예수 안에서 우리에게 주신 은혜대로 주심이라."(딤후1:9)

제4항 선택의 조건

[신앙에로의 선택은 다음과 같은 조건이 요구된다. 그 조건으로는 인간이 본성의 빛을 바르게 사용하고, 경건하며, 우쭐거리지 않으며, 겸손하고, 영원한 생명에 합당하게 준비해야 한다. 그것은 마치 선택이 어느 정도까지 이러한 요소에 좌우될 정도이다.]라고 가르치는 자들의 오류를 총회는 배척한다.

왜냐하면 이것은 펠라기우스의 사상을 단지 소극적으로 표현한 것이며, 다음과 같은 사도의 말씀에도 모순되기 때문이다. "우리의 육체의 욕심을 따라 지내며, 육체와 마음에 원하는 것을 하여 다른 이들과 같이 본질상 진노의 자녀이었더니, 긍휼이 풍성하신 하나님이 우리를 사랑하신 그 큰 사랑을 인하여 허물로 죽은 우리를 그리스도와 함께 살리셨고(너희는 은혜로 구원을 받은 것이라), 또 함께 일으키사 그리스도 예수 안에서 함께 하늘에 앉히시니, 이는 그리스도 예수 안에서 우리에게 자비하심으로써 그 은혜의 지극히 풍성함을 오는 여러 세대에 나타내려 하심이라 너희는 그 은혜에 의하여 믿음으로 말미암아 구원을 받았으니 이것은 너희에게서 난 것이 아니요 하나님의 선물이라. 행위에서 난 것이 아니니 이는 누구든지 자랑하지 못하게 함이라"(엡2:3~9)

제5항 예견된 신앙

[특정한 사람들의 구원에 관한 불완전하고, 미결정적인 선택은 이제 막 시작한, 또는 잠시 지속적으로 유지되어온 예견된 신앙, 회개, 성결, 경건에 근거해서 일어난다. 그것에 대해서 완전하고 결정적인 선택은 신앙, 회개, 성결, 경건에 있어서 예견된 최종적인 견인에 근거해서 일어난다. 이 최종적인 견인이 은혜, 또한 복음적인 가치이다. 이 가치에 의해서 선택된 자는 선택받지 못한 자보다 더 가치가 있다. 따라서 신앙, 신앙의 순종, 성결, 경건, 그리고 견인은 영광에로

의 불완전한 선택의 열매 내지는 결과가 아니다. 오히려 그러한 것들은 완전한 선택에 있어서 선택되어야만 할 자들에게 미리 요구되며, 동시에 그들에게 있어서 완성할 수 있을 것이라고 예견된 불가결한 조건이며 원인이다.]고 가르치는 자들의 오류를 총회는 배척한다.

왜냐하면 이것은 성경 전체와 모순되기 때문이다. 성경 전체에서 우리의 귀와 마음에 새겨지는 것은 특별히 다음과 같은 말씀이다. 즉 "택하심을 따라 되는 하나님의 뜻이 행위로 말미암지 않고."(롬9:11~12). "영생을 주기로 작정한 자는 다 믿더라."(행13:48). "그리스도 안에서 우리를 택하사 우리로 사랑 안에서 그 앞에 거룩하고 흠이 없게 하시려고"(엡1:4). "너희가 나를 택한 것이 아니요 내가 너희를 택하여 세웠나니"(요15:16). "만일 은혜로 된 것이면 행위로 말미암지 않음이니"(롬11:6). "우리가 하나님을 사랑한 것이 아니요 하나님이 우리를 사랑하사 우리 죄를 속하기 위하여 화목제물로 그 아들을 보내셨음이라(요일 4:10).

제6항 신적 작정의 가변성

[구원을 위한 모든 선택이 불변한 것은 아니다. 선택받은 자들 가운데서도 어떤 자들은 하나님의 작정에 관계없이 멸망할 수 있고, 또한 실제로 영원히 멸망한다.]고 가르치는 자들의 오류를 총회는 배척한다.

이 큰 오류로 그들은 하나님을 가변적인 존재로 만들어 버렸으며, 선택의 확실성에 관한 경건한 자들의 위로를 파괴한다. 그리고 그들은 다음과 같이 가르치는 성경에도 모순된 것이다. 즉 "택하신 자들은 미혹되지 않는다."(마24:24). "내게 주신 자 중에 내가 하나도 잃어버리지 아니하고"(요6:39). "미리 정하신 그들을 부르시고 부르신 그들을 또한 의롭다 하시고 의롭다 하신 그들을 또한 영화롭게 하셨느니라."(롬8:30).

제7항 선택의 불확실성

[이 세상에서 가변적이고 불확실한 것에 근거한 조건적인 것 이외에 영광을 위한 불변한 선택의 어떠한 열매도, 어떠한 자각도, 또한 어떠한 확실성도 있을 수 없다.]고 가르치는 자들의 오류를 총회는 배척한다.

왜냐하면 불확실성에 대해서 말하는 것은 순전히 어리석을 뿐이고 이것은 성도들의 경험과도 모순되기 때문이다. 성도들은 사도들과 같이 그들의 선택을 자각하고 기뻐하며, 하나님의 선물을 높이 찬양한다. 또한 성도들은 그리스도의 권면에 순종하여 제자들과 하나가 되어 "이름이 하늘에 기록된 것"(눅10:20)을 기뻐한다. 마지막으로 성도들은 악마의 유혹이 불과 같은 화살에 대항하면서 그들의 선택을 자각하여 다음과 같이 묻고 있다. "누가 능히 하나님께서 택하신 자들을 고발하리요"(롬8:33).

제8항 유기

[하나님은 단지 누구든지 의롭게 하실 뜻을 갖고 어떤 자를 아담의 타락 가운데, 또한 죄와 멸망의 보편적 상태에 유기하는 것을, 또는 어떤 자를 믿음과 회개에 필요한 은혜를 전달하는데 있어서 간과하는 것을 결의하신 것이 아니다.]고 가르치는 자들의 오류를 총회는 배척한다.

왜냐하면 다음의 것이 확실하기 때문이다. 즉 "하나님께서 하고자 하시는 자를 긍휼히 여기시고 하고자 하시는 자를 완악하게 하시느니라."(롬9:18). 그리고 "천국의 비밀을 아는 것이 너희에게는 허락되었으나 그들에게는 아니 되었나니."(마13:11). 마찬가지로 "천지의 주재이신 아버지여 이것을 지혜롭고 슬기 있는 자들에게는 숨기시고 어린 아이들에게는 나타내심을 감사하나이다. 옳소이다. 이렇게 된 것은 하나님의 뜻이니이다."(마11:25~26).

제9항 복음은 누구에게 전해질 것인가?

[왜 하나님은 그 백성보다 오히려 이 백성에게 복음을 전하도록 하셨는지, 그 이유는 단지 하나님께서 기뻐하시는 것에 있다고는 할 수 없다. 오히려 이 백성은 복음이 전달되지 않은 그 백성보다도 더 좋고 더 가치가 있기 때문이라고 하는 것이 그 이유다.]고 가르치는 자들의 오류를 총회는 배척한다.

왜냐하면 모세는 이것을 부정하고 있기 때문이다. 모세는 이스라엘 백성에게 다음과 같이 말하고 있다. "하늘과 모든 하늘의 하늘과 땅과 그 위에 만물은 본래 네 하나님 여호와께 속한 것이로되 여호와께서 오직 네 조상들을 기뻐하시고 그들을 사랑하사 그들의 후손인 너희를 만민 중에서 택하셨음이 오늘과 같으니라."(신10:14~15). 그리고 그리스도께서도 부정하고 있다. 즉 "화 있을진저 고라산이 화 있을진저 벳새다야 너희에게 행한 모든 권능을 두로와 시돈에서 행하였더라면 그들이 벌써 베옷을 입고 재에 앉아 회개하였으리라."(마11:21).

제2교리 조항
그리스도의 죽음과 인간의 속죄에 관하여

제1항 하나님의 의가 요구하는 벌

하나님은 더 없이 긍휼이 풍성하실 뿐 아니라 더 없이 의로운 분이기도 하다. 하나님의 의는(하나님이 말씀 가운데 자신을 계시하신 것처럼) 무한하고 존엄하심에 대해서 범한 우리의 죄가 육과 영 모두에 있어서 일시적이 아니라 영원히 벌주실 것을 요구한다. 우리는 하나님의 의가 만족되실 때까지 이 재판으로부터 벗어날 수 없다.

제2항 그리스도에 의해 완성된 보상

그러나 우리는 스스로 하나님의 의를 만족시킬 수 없으며, 자신을 하나님의 진노로부터 구원할 수도 없다. 그러므로 하나님은 한이 없는 긍휼로 자신의 독생자를 우리에게 보증인으로 보내주셨다. 이 독생자는 우리를 위하여 보상하셨고, 또한 우리를 대신해서 십자가에서 죄와 저주가 되어주셨다.

제3항 그리스도의 죽음의 무한한 가치

성자의 죽음은 죄를 위한 유일하고 가장 완전한 희생이며 보상이다. 그것은 무한한 효력과 가치를 가지며, 온 세상의 죄를 씻고도 남을 정도다.[125)]

제4항 그리스도의 죽음이 무한한 가치를 갖는 이유

이 죽음이 그와 같이 큰 효력과 가치를 갖는 것은 다음과 같은 이유 때문

125) 번역문의 "보상"은 라틴어로 satisfactio이며 "... 씻고"는 expianda이다.

이다. 즉 그의 죽음을 감당하신 분이 우리의 구세주이어야만 했던 것처럼, 참된, 또한 완전하고 거룩한 인간이어야 하는 것만이 아니라 성부와 성령과 동일하고, 영원하고 무한한 본질을 갖고 계신 하나님의 독생자이기 때문이다. 더욱이 그의 죽음은 우리가 자신의 죄로 죽음에 처해져야만 하는 하나님의 진노와 저주의 체험이기 때문이다.

제5항 모든 사람에게 복음을 전해야 하는 사명

더욱이 십자가에 달리신 그리스도를 믿는 자는 누구든지 멸망하지 않고 영원한 생명을 얻을 수 있다고 하는 복음의 약속이다. 이 약속은 회개와 신앙의 명령과 함께, 하나님이 복음을 전하는 것을 기뻐하시는 모든 백성과 모든 사람들에게 차별하지 않고, 또한 구별하지 않고 알려지고 제공되어야만 한다.[126]

제6항 불신앙은 인간의 책임이다

그렇지만 복음으로 초청을 받은 많은 사람들이 회개하지도, 그리스도를 믿지도 않고 불신앙 가운데 멸망한다. 이것은 십자가에서 드려진 그리스도의 희생에 결함이 있거나 불충분하기 때문이 아니고 그들 자신의 죄책에 의한 것이다.

제7항 신자는 은혜로 구원을 받는다

그러나 진실하게 믿고, 그리스도의 죽음으로 죄와 멸망으로부터 구속되고, 구원 받은 자들은 모두 이 축복을 영원부터 그리스도 안에서 그들에게 주어진 하나님의 은혜로부터만 받은 것이다. 하나님은 그 은혜를 다른 누구에게도 맡기지 않으셨다.

제8항 그리스도의 죽음의 효력은 택함을 받은 모든 자들에게 미친다

126) 라틴어판 본문은 "promiscue et indiscriminatim"(차별하지 않고 또한 구별하지 않고)이지만 네덜란드어판 본문은 "sonder ondersheyt"(구별하지 않고)로 한 단어뿐이다.

왜냐하면 성부 하나님의 전적으로 자유로운 계획과 지극히 지혜가 깊은 의지와 목적은 자기 아들의 고귀한 죽음이다. 생명을 주어, 구원을 얻게 하는 효력이 택함을 받은 자들 모두와 그 결과 그들에게만 의롭게 여기시는 믿음이 주어지고, 이로 인하여 그들만이 차질 없이 구원에로 인도함을 받을 수 있기 때문이다. 다시 말하자면 하나님의 뜻은 다음과 같다. 즉 그리스도가 자신의 십자가에서 흘리신 보혈(이로써 그리스도는 새로운 계약을 성취하셨다.)로[127] 모든 백성, 민족, 종족, 언어가 다른 사람들 가운데서 영원히 구원에로 부르셔서 성부께서 그에게 위탁한 자들 모두를, 그리고 오직 그들만을 효과적으로 속죄하신다. 그리고 그리스도가 그들에게 믿음을(믿음은 성령에 의해 다른 구원의 은사와 마찬가지로 그리스도가 그들을 위해서 자신의 죽으심으로 획득하신 것이다.) 주신다. 더욱이 그리스도가 자신의 피흘림으로 원죄인 행위 죄이든, 믿기 전이든 후든, 그들이 범한 모든 죄로부터 그들을 정결케 하고, 종말까지 충실하게 지키고, 그들을 전적으로 흠이 없는 자로 영광 가운데 자신 앞에 세우신다는 것이다.

제9항 하나님의 계획의 완성

택함을 받은 자들에 대한 하나님의 영원한 사랑으로부터 나오는 이 계획은 세상 처음부터 현재에 이르기까지 음부의 권세도 헛되고, 그 뜻에 대항할 뿐이며, 강력하게 수행되어 왔으며, 그리고 지금부터 이후에도 수행될 것이다. 저승의 문도 헛되게 이에 대항하는 것 뿐이다. 그 결과 택함을 받은 자들은 그들에게 적당한 때에 하나로 모여 변함없이 그리스도의 보혈을 토대로 세워진 신자들의 교회로 이어져 갈 것이다. 이 교회는 신부를 위하여 신랑으로서 그들을 위해서 십자가에서 생명을 바치신 구세주 그리스도를 변함없이 사랑하고, 충실하게 그에게 쓰임을 받으며, 그리고 이 세상에서, 또한 영원히 높이 찬양하는 것이다.

127) 란틴어판 본문에는 여기에 괄호가 있으나 네덜란드어판에는 괄호가 없다. 이 텍스트 후반부에 나오는 괄호에 대해서도 마찬가지다.

오류에 대한 배척

정통적인 교리는 이미 분명하게 되어있기 때문에 총회는 다음과 같은 것을 가르치는 자들의 오류를 배척한다.

제1항 누구를 위해서 그리스도가 죽으셨는가?

[성부 하나님은 어떤 사람을 특정해서 구원하시겠다고 분명하게, 또는 정한 계획이 없이 자신의 아들을 십자가에서 죽도록 하셨다. 그 결과 예를 들어 획득한 속죄가 현실의 사실에 있어서 어떤 특정한 개인에게 적용되지 않았다고 할지라도 그리스도의 죽음이 획득한 것의 필요성이나 유효성, 가치는 그대로 상실되지 않으며 전적으로 완전하고, 완벽하며, 온전하게 계속될 것이다.]고 가르치는 자들의 오류를 총회는 배척한다.

왜냐하면 이러한 교훈은 성부 하나님의 지혜를, 그리고 예수 그리스도의 공적을 욕되게 하는 것이 되기 때문이다. 또한 그것은 성경에 반하는 것이다. 왜냐하면 구세주께서는 다음과 같이 말씀하셨기 때문이다. "나는 양을 위하여 목숨을 버리노라 ... 나는 그들을 알며"(요10:15, 27). 그리고 선지자 이사야는 구원의 주님에 대해서 다음과 같이 말하고 있다. "그의 영혼을 속건제물로 드리기에 이르면 그가 씨를 보게 되며 그의 날은 길 것이요. 또 그의 손으로 여호와께서 기뻐하시는 뜻을 성취하리로다."(사53:10).

마지막으로 이와 같은 교훈은 우리가 교회를 믿는다[128]고 고백하고 있는 신조에 흠이 되게 하는 것이다.

제2항 그리스도의 은혜계약과의 관계

[그리스도의 죽음의 목적은 자신의 피로 새로운 은혜계약을 실제로 확립

128) 라틴어판에서는 "교회를 믿는다"고만 되어있으나 네덜란드어판 본문에는 "공동의 그리스도 교회"(De alghemeyne Christelicke Kereke)로 되어있다.

하는 것이 아니라 성부에 대해서 은혜계약이든, 행위계약이든 인간과 어떤 계약을 한 번 더 맺기 위한 단순한 권리만을 획득하기 위한 것 뿐이다.]고 가르치는 자들의 오류를 총회는 배척한다.

왜냐하면 이러한 교훈은 다음과 같이 가르치는 성경에 반하기 때문이다. "예수는 더 좋은 언약의 보증이 되셨느니라. ... 그는 새언약의 중보자시니"(히 7:22, 9:15). 그리고 "유언은 그 사람이 죽은 후에야 유효한 즉 ..."(히9:17).

제3항 그리스도의 보상

[그리스도는 그의 보상으로 누구를 위해서든, 구원 그 자체를, 또한 그리스도의 보상이 유효하게 구원에 적용되는 신앙을, 공로로서 획득한 것이 아니다. 오히려 그리스도는 새로운 방법으로 인간과 관계하여 자신이 원하는 새로운 조건을 요구하고, 또한 완전한 요구[129]를 성부에 대해 획득한 것에 지나지 않는다. 그러나 그 조건을 충족시킬 것인지 아닌지는 인간의 자유의지에 의존한다. 따라서 누구든지 그 조건을 충족시키지 못할 수도, 모든 인간이 그것을 충족시킬 수도 있다.]고 가르치는 자들의 오류를 총회는 배척한다.

왜냐하면 그들은 그리스도의 죽음에 대해서 하찮게 생각하여, 그리스도의 죽음으로 획득된 가장 중요한 열매와 축복을 전혀 인정하지 않으며, 다시 지옥으로부터 펠라기우스의 오류를 소환하는 것이기 때문이다.

제4항 은혜계약의 내용

[성부 하나님이 그리스도의 죽음과 중보를 통해서 인간과 맺은 새로운 은혜계약의 본질은 신앙이 그리스도의 공로를 받아들이는 한 우리는 믿음으로 하나님 앞에서 의롭게 되거나, 구원을 받는 것이 아니다. 그것이 아니라 하나님이 율법에 대해 완전한 복종을 요구한 것을 폐기하고 신앙 자체와 신앙의 순종

129) 여기서는 "voluntatem"을 '요구'로 번역했다.

을, 그것이 불충분하더라도 율법에 대한 완전한 복종으로 여겨주시고, 은혜로 영원한 생명을 보답하는 가치가 있다고 보아주시는 것이다.]고 가르치고 있는 자들의 오류를 총회는 배척한다.

왜냐하면 그들은 성경에 반하기 때문이다. 즉 "그리스도 예수 안에 있는 속량으로 말미암아 하나님의 은혜로 값없이 의롭다 하심을 얻은 자 되었느니라. 이 예수를 하나님이 그의 피로써 믿음으로 말미암는 화목제물로 세우셨으니 이는 하나님께서 길이 참으시는 중에 전에 지은 죄를 간과하심으로 자기의 의로우심을 나타내려 하심이니"(롬3:24~25).

그리고 그들은 불경건한 소시누스와 함께 모든 교회의 일치에 반하는 새롭고 기이한 하나님 앞에서의 칭의를 가지고 온 것이다.

제5항 보편적 속죄교리

[모든 사람은 화해와 은혜계약의 상태에 들어가 있다. 그러므로 누구든지 원죄 때문에 심판에 이르는 일은 없으며 단죄되는 일도 없다. 모든 사람은 이 죄책으로부터 해방되었다.]고 가르치는 자들의 오류를 총회는 배척한다.

왜냐하면 이러한 생각은 다음과 같은 성경 말씀에 반하기 때문이다. "본질상 진노의 자식이었더니"(엡2:3)[130]

제6항 구원의 획득과 적용

[하나님은 자신에 관한 한 그리스도의 죽음으로 얻은 축복을 모든 사람들에게 동등하게 전달하는 것을 바라고 계시는 것,[131] 그러나 어떤 사람들은 죄의 용서와 영원한 생명에 동참하고, 또 어떤 사람들은 그렇지 않은 것의 차이는 차별 없이 제공된 은혜에 동참하는 그들 자신의 자유의지에 의한 것. 즉 그 차

130) 라틴어판 본문에는 성경구절이 기록되어있지 않다. 네덜란드어판에도 기록되어있지 않으나 바크호이센의 네덜란드어판 본문의 각주에 에베소서 2:3이 기록되어있다.

131) 여기서 "축복"는 라틴어의 "beneficia"이다.

이는 그들이 다른 사람들에게 더하여 은혜를 자신에게 적용할 수 있도록, 그들 안에 유효하게 활동하는 특별한 긍휼의 은사에 의존하고 있는 것은 아니다.] 이와 같은 생각을 경솔하고 미숙한 사람들에게 가르치고자 하여 획득하는 것과 적용하는 것을 구별하는 자들의 오류를 총회는 배척한다.[132)]

왜냐하면 그들은 이 구별을 건전한 생각으로 표명하고 있는 것처럼 보여주고 있지만 실제로는 사람들에게 펠라기우스주의의 오류라고 하는 죽음에 이르는 독을 마시도록 하고 있기 때문이다.

제7항 오류의 결과

[그리스도는 하나님이 마지막까지 사랑하고 영원한 생명에로 부르신 자들을 위하여 죽는 것은 불가능했으며, 죽을 필요도 없었고, 또한 죽지 않았다. 그러한 자들은 그리스도의 죽음을 필요로 하지 않기 때문이다.]고 가르치는 자들의 오류를 총회는 배척한다.

왜냐하면 그들은 다음과 같은 사도의 말씀에 반하기 때문이다. "나를 사랑하사 나를 위하여 자기 자신을 버리신"(갈2:20). 또한 마찬가지로 "누가 능히 하나님께서 택하신 자들을 고발하리요. 의롭다 하신 이는 하나님이시니 누가 정죄하리요. 죽으실 뿐만 아니라…"(롬8:33~34). 그들은 또한 다음과 같이 단언하신 구원의 주님을 등지고 있기 때문이다. "나는 양을 위하여 목숨을 버리노라"(요10:15). 또한 "내 계명은 곧 내가 너희를 사랑한 것 같이 너희도 서로 사랑하라 하는 것이니라. 사람이 친구를 위하여 자기 목숨을 버리면 이보다 더 큰 사랑이 없나니"(요15:12~13).

132) 여기서 "획득하는 것과 적용하는 것"은 라틴어의 "impetrationis et applicationis"이다.

제3.4교리 조항
인간의 타락과 하나님을 향한 회심, 그 방식에 관하여

제1항 타락한 인간의 본성에 끼친 영향

인간은 본래 하나님의 형상으로 창조되어 지성에는 자신의 창조자와 여러 가지 영적인 일에 관해서 참된, 그리고 가장 복된 일에 동참하게 하는 지식이, 의지와 마음에는 의가, 모든 감정에는 순결이 주어져 있었다. 인간은 온전하게 거룩한 자였다. 그러나 악마의 꼬드김에 의해, 또한 자신의 자유의지에 의해 하나님을 배반하고, 그러한 우수한 은사를 상실해 버렸다. 오히려 그것을 대신해서 지성에는 무지와 두려운 암흑과 거짓과 판단의 그릇됨을, 의지와 마음에는 악의와 반항과 도리를 분별하지 못함을, 마지막으로 모든 감정은 불결함을 자신에게 자초한 것이다.

제2항 부패의 전파

인간은 타락 후 자신과 같은 본성을 갖고 있는 자손을 낳는다. 즉 자신들이 부패해 있기 때문에 부패한 자손을 낳았다. 이 부패는 하나님의 의로운 재판에 의해서 오직 그리스도를 제외한 아담 이후의 모든 자손들에게 (일찍이 펠라기우스파가 주장한 것처럼) 모방에 의한 것이 아니라 부패한 본성의 유전에 의해서 계승된 것이다.[133)]

133) 라틴어판 본문에는 "일찍이 펠라기우스파가 주장한 것처럼"의 부분은 괄호 안에 있으나 네덜란드어판에는 괄호가 없다. 반면에 "단 그리스도를 제외한"의 부분은 네덜란드어판 본문에는 괄호가 있으나 라틴어판 본문에는 괄호가 없다.

제3항 인간의 전적인 무능력

따라서 모든 인간은 죄 가운데 잉태되어 진노의 자녀로 태어나고, 구원을 위한 선은 어떤 것도 행할 수 없으며, 악으로 기울어져 죄 가운데 죽고, 죄의 노예가 되어있다. 거듭나게 하는 성령님의 은혜가 없이는 하나님께 돌이키는 것도, 자신의 부패한 본성을 개선하는 것도, 또한 그러한 개선을 위해 자신을 준비하는 것조차도 할 수 없고, 그러한 것을 기대할 수도 없다.

제4항 본성의 빛의 불충분성

타락한 후의 인간에게도 어떤 본성의 빛이 분명히 남아 있다.[134] 이것에 의해서 타락한 후의 인간도 하나님에 관해서, 자연의 사물에 관해서, 선과 악에 관해서 어떤 지식을 갖고 있으며, 그리고 덕목이나 시민적인 외적 규율에 대한 어느 정도의 열심을 보이고 있다.[135] 그러나 이 본성의 빛은 도저히 인간을 구원에로 인도하는 신지식(神知識)이나 하나님께로 회심에 이르게 할 정도의 것이 되지 못하며, 인간은 그것을 자연이나 사회의 일에서도 바르게 사용하는 것조차 할 수 없을 정도이다. 그뿐만 아니라 본성의 빛이 어떠한 것이라 할지라도 인간은 다양한 방식으로 오염되어 불의함으로 그것을 억압하고 있다. 그러므로 인간은 자기 자신을 하나님 앞에서 변명할 수 없는 자가 된 것이다.

제5항 율법의 불충분성

이 점에서 본성의 빛에 관해서 적합한 것은 하나님이 모세를 통해서 특별히 유대인에게 주신 십계명에도 해당된다. 왜냐하면 십계명은 죄의 중대함을 분명하게 하고, 자신의 죄책을 점점 자각시키지만 구원의 방법을 나타내지 않으며, 이 비참으로부터 피할 수 있는 능력도 드러낼 수 없기 때문이다. 더욱이

134) 여기 "본성의 빛"은 라틴어의 lumen naturae이다.

135) "덕목이나 시민적인 외적 규율에 대한 어느 정도의 열심"이라고 번역한 부분은 라틴어판 본문은 "aliquod virtutis ac disciplinae externae studium," 네덜란드어판 본문은 "eenige betrachtighe tot de deucht ende uytterlijcke tucht"이다. "시민적인 외적 규율"은 직역하면 "외적규율"이다.

십계명은 육신으로 무력하게 되었으며 위반자를 진노 아래 둔 채로 있기 때문이다. 그러므로 인간은 율법으로 구원의 은혜를 얻을 수 없다.

제6항 복음의 구원능력

따라서 본성의 빛이든 율법이든 이룰 수 없는 것을 하나님은 성령님의 능력으로 말씀을 통해서, 또한 화해의 섬김을 통해서 완성하신다. 이것은 구원의 주님에 관한 복음이며, 구약에서나 신약에서도 마찬가지로 복음을 믿는 자를 구원하는 것이 하나님의 마음에 합한 것이다.

제7항 복음 계시에 있어서 하나님의 자유

하나님은 자신의 의지의 비밀을 구약에서는 소수의 사람들에게만 드러내시고, 신약에서는 바야흐로 민족의 구별 없이 다수의 사람들에게 드러내셨다.[136] 이렇게 하신 이유는 어떤 국민이 다른 국민보다 더 가치가 있거나 본성의 빛을 보다 더 잘 사용하기 때문이 아니라 전적으로 하나님의 자유로운 뜻과 무조건적인 사랑에 따른 것이다. 따라서 이렇게 커다란 은혜에 동참하는 자들은 자신들의 어떤 공로도 별개로, 또한 공로에 반하여 겸손하고 감사로 충만한 마음으로 그것을 인정해야 한다. 한편 그들은 이 은혜에 동참하지 못하는 다른 사람들 위에 주어질 하나님의 심판의 준엄함과 의를 호기심으로 탐색하지 말고 사도들과 함께 높여야 한다.

제8항 복음에 의한 진지한 소명

그러나 복음으로 부르심을 받은 자는 모두 진지하게 부르심을 받고 있다.[137] 왜냐하면 하나님은 자신의 마음에 합당한 것을, 즉 부름을 받은 자들이 자신 앞에 나올 것을 이 말씀에서 진지하게, 또한 참으로 진실하게 알려주고 있

136) "민족의 구별이 없이" 이 부분은 네덜란드어판 본문에는 괄호 안에 넣었다.
137) "진지하게"은 라틴어의 "serio"의 번역이다.

기 때문이다. 하나님은 또한 자신 앞에 나와 믿는 자 모두에게 영혼의 안식과 영원한 생명을 진지하게 약속하셨다.

제9항 복음을 거부함에 있어서 인간의 책임

복음의 사역을 통해서 부르심을 받은 많은 사람들이 나오지도, 회심하지도 않는다고 하는 사실이 있다. 이 사실의 책임은 복음이나 복음으로 제시되어 있는 그리스도에게나 복음으로 그들을 부르고, 그들에게 여러 가지 은사를 주신 하나님께도 아니고, 오히려 복음으로 부름을 받은 사람들 자신에게 있다. 그들 가운데 어떤 사람들은 무관심으로 생명의 말씀을 받아들이지 않으며, 또한 어떤 사람들은 그것을 받아들이지만, 그들 마음 속 깊은 곳에 두지 않는다. 따라서 일시적인 신앙으로 짧은 시간 동안의 기쁨 이후에는 원래의 상태로 되돌아가고 만다. 더욱이 다른 사람들은 이 세상에 마음을 두고 쾌락의 가시나무로 말씀의 씨앗을 가로막아 어떤 열매도 맺지 못한다. 우리의 구세주는 씨 뿌리는 자의 비유에서 이것을 가르치셨다.(마13장)

제10항 하나님의 일로서의 회심

복음의 사역을 통해서 부름을 받은 사람들이 나아와서 회심에 이르는 원인은 인간에게 돌려서는 안 된다. 마치 (펠라기우스의 교만한 이단이 주장하는 것처럼) 신앙과 회심을 위해 충분한 은혜가 똑같이 주어진 다른 사람들 가운데서 그 사람 자신이 자유의지에 따라서 선택함으로 구별된 것처럼 되기 때문이다. 그렇지 않고 그 원인은 하나님께 돌려야만 한다. 하나님이 영원부터 자신의 백성들을 그리스도 안에서 택하셨고, 적당한 때에 그들을 유효하게 부르시고, 그들에게 믿음과 회개하게 하시며, 그들을 흑암의 지배로부터 구원하셔서 자신의 아들의 나라에로 옮겨주셨다. 그것은 사도들의 말씀이 성경 가운데 몇 번이고 증명하고 있는 것처럼, 그들을 흑암으로부터 이 놀라운 빛 가운데로 부르신 분의 멋진 업적을 전하기 위함이며, 또한 자기 자신이 아니고 주님을 찬양하기 위함이다.

제11항 회심에 있어서 성령님의 사역

더욱이 하나님이 선택하신 자들을 통해서 자신의 뜻을 실행하시고, 그들 가운데 참된 회심을 낳도록 할 때는 복음이 단지 외적으로 그들에게 설교되는 것만이 아니라 하나님의 영의 일을 바르게 이해하며 분별하기 위하여, 그들의 생각이 성령님에 의해서 강력하게 조명되어진다. 그러나 하나님은 또한 마찬가지로 거듭남의 영의 유효한 사역으로 인간의 내면의 가장 깊은 곳까지 들어가 닫힌 마음을 열고, 굳어진 마음을 부드럽게 하며, 무할례의 마음에 할례를 시행하신다. 하나님은 의지 가운데 새로운 성품을 부어주셔서 죽었던 의지를 살려내시고, 사악한 의지를 선한 것으로, 의욕이 없는 의지를 기대하는 것으로, 완고했던 의지를 순종하는 것으로 만드신다. 좋은 나무처럼 선한 행위의 열매를 맺기 위해서 의지를 움직여 강하게 하신다.

제12항 초자연적 역사로 거듭남

그리고 이것이 성경에서 지극히 명백하게 고지되어있는 거듭남, 새로운 창조, 죽음으로부터 부활, 살아있는 자로 여기시는 것이다.[138] 이것은 우리의 어떠한 조력도 없이 하나님이 우리 가운데서 행하시는 것이다. 그럼에도 이것은 외적인 설교에 의해서만 이라고 하든가, 도덕적인 설득에 의한 것이라든가, 또는 하나님이 자신의 사역을 행하신 후에 거듭나게 하실 것인지, 아닌지, 회심할 것인지, 아닌지는 인간의 능력 안에 있다고 하는 것과 같은 일을 통해서는 결코 일어나지 않는다. 오히려 그것은 완전한 초자연적인 사역이며, 최고의 능력과 동시에 최고로 기뻐하시는 사역이며, 경탄할 일이고 신비한 일로서 말로서는

138) 네덜란드어판 본문에는 "거듭남"과 "새로운 창조" 사이에 "갱신"(die verniewinge)이라고 하는 말이 들어있다. 이 경우는 '거듭남, 갱신, 새로운 창조 ... '라고 번역하게 된다. 라틴어판 본문에는 "갱신"이라는 말이 없다.

표현할 수 없는 사역이다. 그것은 (이 사역의 작자에 의해서 영감된) 성경이 증명하고 있는 것처럼 창조사역, 또한 죽은 자를 부활시키는 일의 능력보다 결코 부족하지 않다. 그 결과 하나님이 그러한 훌륭한 방법으로 마음 가운데서 일하고 있는 사람들은 모두 확실하게, 오류가 없이, 그리고 유효하게 거듭나며, 실제로 믿는다. 그리고 그때 새롭게 된 의지는 하나님께서 활력을 주시고, 일하게 하실 뿐 아니라 하나님에 의하여 의지 자체도 움직이게 된다. 이렇게 하여 받은 은혜로 인간 자신이 믿고 회개한다고 말하는 것은 정당한 것이다.

제13항 알 수 없는 방법으로 일어나는 거듭남

어떠한 방법으로 이 일이 일어나는가를 신자는 이 세상에서 완전하게 이해할 수 없다. 그럼에도 신자는 하나님의 은혜로 마음으로 믿고, 그들의 구세주를 사랑하고 있음을 알고, 또한 경험하는 것으로 만족하며 평온하게 된다.

제14항 하나님께서 믿음을 주시는 방법

그러므로 믿음은 하나님의 선물이다. 왜냐하면 신앙은 하나님께서 제공하고, 인간의 자유로운 선택에 맡겨진 것이 아니고, 하나님께서 인간에게 현실적으로 받아들일 수 있게 하고, 불어넣고, 주입하셨기 때문이다. 또한 하나님은 단지 믿을 수 있는 능력을 주시고, 그 이후는 동의하거나 현실적으로 믿는 것을 인간의 선택을 기다리고 있는 것도 아니고, 인간 안에서 일하시며, 의지와 행위를 함께하셔서 실제로 모든 일에 있어서 모든 것을 하시는 하나님께서 인간에게 믿는다는 의지와 믿음 그 자체도 함께 감당하시기 때문이다.

제15항 하나님의 은혜에 대한 응답

하나님은 이 은혜를 주어야 하는 빚을 누구에게도 지고 계시지 않는다. 왜냐하면 보답을 구하는 권리를 주장할 수 있을 만한 것을 이미 어떤 것도 갖고 있지 않는 사람에 대해서 하나님이 어떻게 빚을 지고 있겠는가? 뿐만 아니라 죄와 거짓 이외에 자신의 것으로서는 어떤 것도 갖고 있지 않는 자에 대해서 하나님은 도대체 어떻게 빚을 지고 계시겠는가? 따라서 이 은혜를 받는 자는 오직 하나님께만 은혜로 의롭다함을 받으며, 영원히 감사한다. 이 은혜를 받지 않는 자는 이러한 영적인 선물과 전혀 관계없는 자이며, 자신의 상태에 스스로 만족하고 있는 것이다. 또는 자기를 과신해서 갖고 있지도 않은 것을 갖고 있다고 쓸데없이 자랑하고 있는 것이다. 그리고 신앙을 공개적으로 고백하고, 자신의 생활을 개선한 자들에 대해서는 사도들의 예를 따라 가장 호의적인 방법으로 판단하고 말해야만 한다. 마음속 깊은 곳은 우리들로서는 알 수 없기 때문이다. 그러나 아직 부름을 받지 못한 사람들을 위해서는 존재하지 않는 것을 존재하는 것처럼 불러주시는 하나님께 기도해야만 한다. 그러면서도 우리는 마치 자신이 그들과 다른 것처럼 그들에 대해서 결코 오만해서는 안 된다.

제16항 중생의 효과

그러나 인간은 타락했기 때문에 지성이나 의지를 부여받은 인간이 정지된 것이 아니다. 또한 전 인류에 침투한 죄는 인간성을 빼앗아간 것이 아니고, 그것을 뒤틀어 영적으로 죽인 것이다. 이러한 것과 마찬가지로 중생의 신적인 은혜도 마치 그들이 나무나 돌인 것처럼 그들 가운데서 움직이고 있는 것이 아니다. 또한 그 은혜는 그들의 의지나 모든 성질을 빼앗아 버리지 않고, 그들의 뜻에 반하게 힘을 다해서 강제하지도 않으며, 그들을 영적으로 다시 살게 하여 치유하고, 교정하고, 아름답게, 동시에 강력한 힘으로 따르도록 한다. 그 결과 그때까지는 육신의 반항이나 저항이 완전하게 지배하고 있었지만, 지금은 기쁨과 진실하게 행하시는 성령님의 순종이 지배하게 되었다. 여기에 우리의 의지의 진실함과 영적인 회복과 자유의 본질이 있다. 모든 선한 것의 훌륭한 창조자이신 분이 우리를 이처럼 해주시지 않는다면, 인간은 타락에서 자신의 자유의지로 다시 일어설 희망을 전혀 갖고 있지 않다. 그 자유의지로 인하여 인간은 무죄상태에 있을 때 자기 스스로 멸망에 떨어진 것이다.

제17항 은혜의 수단을 사용함의 중요성

우리의 자연적인 생명을 출산하고 유지시켜주시는 하나님의 전능하신 역사는 하나님이 자신의 무한한 지혜와 선한 뜻에 따라 그 능력을 행사하기 위하여 택하신 수단을 사용하는 것을 배제하지 않고, 뿐만 아니라 그것을 요구하는 것이다. 적어도 그것과 마찬가지로 우리를 거듭나게 하시는 전술한 하나님이 초자연적인 역사도 지극히 지혜가 깊으신 하나님이 중생의 씨앗과 영혼의 양식으로 정하신 복음의 사용을 결코 배제하지 않고, 또한 폐기하지도 않으신다. 따라서 사도들과 그들의 뒤를 잇고 있는 목사들은 하나님의 영광을 위하여, 또한 인간의 모든 오만이 깨지도록 하기 위해서 하나님의 은혜에 대해서 경건하게 사람들에게 가르쳤고, 그리고 그 사이에 복음의 거룩한 훈계로 그들을 말씀과 성례전과 교회의 권징의 실시 아래 유지하는 것을 게을리 하지 않았다. 그와 같이 오늘날에도 하나님이 뜻 가운데 기뻐하시는 가장 견밀하게 결속된 것을 분리함으로 하나님을 감히 시험하는 것은 교회에서 가르치는 자, 또한 가르침을 받는 자들에게 있어서는 안 될 일이다. 왜냐하면 은혜는 훈계로 받아들이게 하셨고, 우리가 자신의 의무를 감당하면 감당할수록 우리 안에서 역사하는 하나님의 축복도 통상 점점 명료하게 드러나며, 하나님의 역사는 점점 진전하기 때문이다. 수단과 수단에 의한 구원의 열매와 효력 때문에 모든 영광은 영원히 오직 하나님께만 돌려진다. 아멘

오류에 대한 배척

정통적인 교리는 이미 분명해졌기 때문에 총회는 다음과 같은 것을 가르치는 자들의 오류를 배척한다.

제1항 원죄

[원죄 그 자체로 전 인류가 단죄되기에 충분하고, 또한 일시적이고 영원한 심판을 초래하기에 충분하다고 하는 것은 본래의 의미라고 말할 수 없다.]고 가르치는 자들의 오류를 총회는 배척한다.

왜냐하면 이것은 다음과 같은 사도의 말씀에 반하는 것이기 때문이다. "한 사람으로 말미암아 죄가 세상에 들어오고 죄로 말미암아 사망이 들어왔나니 이와 같이 모든 사람이 죄를 지었으므로 사망이 모든 사람에게 이르렀느니라."(롬5:12). 마찬가지로 "죄의 값은 사망이요."(롬6:23).

제2항 하나님의 형상

[선(善), 성(聖), 의(義)와 같은 영적인 선물, 또는 선한 본성과 덕은 인간이 최초에 창조되었을 때에는 인간의 의지 가운데 있을 수 없었던 것이기 때문에 타락으로 인간의 의지로부터 제거될 수도 없었다.]고 가르치는 자들의 오류를 총회는 배척한다.

왜냐하면 에베소서 4장 24절에서 사도가 하나님의 형상에 대해서 말하는 것과 반하기 때문이다. 사도는 이 구절에서 하나님의 형상은 참된 의와 거룩함으로 존재하며, 양자 모두 인간의 의지 가운데 분명하게 위치를 확보하고 있다고 증언하고 있다.

제3항 자유의지

[영적인 죽음에 있어서 영적 선물은 인간의 의지로부터 제거되지 않았다. 인간의 의지는 그 자체가 부패한 것이 아니라 지성이 어두워졌으며, 그 성향이 자제하지 못하고, 그 의지가 방해를 받고 있는 것에 지나지 않기 때문이다. 이 방해가 제거된다면, 의지는 선천적으로 자유로운 능력을 다시 발휘할 수 있게 된다. 즉 의지는 그 앞에 주어진 어떠한 선이나 자신이 의지로 선택할 수 있으며, 또는 그렇게 하지 않고 선택하지 않을 수도 있게 된다.]고 가르치는 자들의 오류를 총회는 배척한다.

이러한 생각은 신기하고 잘못된 것이며, 자유의지의 능력을 찬양하고자 하는 것으로서 다음과 같은 선지자의 말씀에 반한다. "만물보다 거짓되고 심히 부패한 것은 마음이라"(렘17:9). 그리고 다음과 같은 사도의 말씀에도 반한다. "우리도 다 그 가운데서 우리 육체의 욕심을 따라 지내며 육체와 마음의 원하는 것을 하여 다른 이들과 같이 본질상 진노의 자녀이었더니"(엡2:3).

제4항 의의 기갈

[중생하지 않은 인간도 본래 의미에서, 또한 전적으로 죄 가운데 죽은 것이 아니며, 영적인 선을 행하기 위한 능력을 모두 잃어버린 것이 아니다. 중생하지 않은 인간도 의나 생명에 대하여 갈급할 수 있으며, 하나님께 받아들여 질 수 있는 자복한 영의 제물을 드릴 수 있다.]고 가르치는 자들의 오류를 총회는 배척한다.

왜냐하면 이러한 생각은 다음과 같은 성경의 명료한 증언에 반하기 때문이다. "그는 허물과 죄로 죽었던 너희를 살리셨도다."(엡2:1, 5). 그리고 "사람의 죄악이 세상에 가득함과 그의 마음으로 생각하는 모든 계획이 항상 악할 뿐임을 보시고"(창6:5, 8:21). 더욱이 비참으로부터의 구원이나 생명에 대한 갈급함이나 망가진 영혼의 제물을 하나님께 드리는 것은 본래 중생한 자, 축복받은 자로 불리는 자들에게만 타당하다(시51:19, 마5:6).

제5항 본성의 빛

[부패한 자연적인 인간도 일반은총을(그들에 의하면 이것은 본성의 빛을 의미한다), 또한 타락 후에도 잔존해 있는 은사를 잘 사용할 수 있어서 그것으로 보다 더 큰 은혜, 즉 복음적, 구원론적 은혜와 구원 그 자체를 점진적으로 획득할 수 있다.[139] 이러한 방법으로 하나님은 자신의 입장에서 그리스도를 모든 사람들에게 계시하고자 예비하고 있는 것을 나타내고 계신다. 왜냐하면 하나님은 그리스도를 계시하기 위하여, 또한 신앙과 회개를 위해 필요한 수단을 모든 사람에게 대해서 충분하게, 또한 유효하게 제공하고 계시기 때문이다.]고 가르치는 자들의 오류를 총회는 배척한다.

왜냐하면 이러한 생각이 진리에 반하는 것은 모든 시대의 경험뿐만 아니라 성경도 증언하고 있기 때문이다. 즉 "저가 그 말씀을 야곱에게 보이시며 그 율례와 규례를 이스라엘에게 보이시는 도다. 아무 나라에게도 이같이 행치 아니하셨나니 저희는 그 규례를 알지 못하였도다. 아멘"(시147:19~20). "하나님이 지나간 세대에는 모든 족속으로 자기의 길들을 다니게 묵인하셨으나"(행14:16). "성령이 아시아에서 말씀을 전하지 못하게 하시거늘 브루기아와 갈라디아 땅으로 다녀가 무시아 앞에 이르러 비두니아로 가고자 애쓰되 예수의 영이 허락지 아니하시는 지라"(행16:6~7).

제6항 신앙

[인간의 참된 회심에 있어서 어떠한 새로운 자질이나 능력이나 은사도 하나님께서 인간의 의지 가운데 주입시키는 것은 있을 수 없다. 따라서 우리가 최초로 회심하게 되는 것은 믿음에 의한 것이며, 또한 신자라고 불리는 것도 신앙에 의한 것이지만, 그 믿음은 하나님께서 주입하여준 자질이나 은사가 아니고

139) 번역문 중에 라틴어판 본문에는 "자연적 인간"은 "hominem animalem," "본성의 빛"은 "lumen naturae," "일반은총"은 "gratia communi"(네덜란드어의 de gemeene genade)이다. 또한 번역문 중에 괄호의 부분(그들에 의하면 이것은 본성의 빛을 의미한다)은 네덜란드어판 본문에는 있지만 라틴어판 본문에는 없다. 여기서는 내용적인 면의 관점에서 네덜란드어판 본문의 괄호의 부분도 번역했다.

단지 인간의 행위일 뿐이다. 신앙에 이르는 능력에 관해서만 은사라고 불리는 것에 지나지 않는다.]고 가르치는 자들의 오류를 총회는 배척한다.

이러한 생각은 성경에 반하는 것이기 때문이다. 성경은 하나님은 신앙의 새로운 자질과 순종, 사랑의 감각을 우리의 마음에 주입시켜 주신다고 증언하기 때문이다. "나 여호와가 말하노라 그러나 그날 후에 내가 이스라엘 집에 세울 언약은 이러하니 곧 내가 나의 법을 그들의 속에 두며 그 마음에 기록하여 나는 그들의 하나님이 되고, 그들은 내 백성이 될 것이라."(렘31:33). "대저 내가 갈한 자에게 물을 주며 마른 땅에 시내가 흐르게 하며 나의 신을 네 자손에게, 나의 복을 네 후손에게 내리리니"(사44:3). "소망이 부끄럽게 아니함은 우리에게 주신 성령으로 말미암아 하나님의 사랑이 마음에 부은 바 됨이니"(롬5:5). 더욱이 그 생각은 "에브라임이 스스로 탄식함을 내가 정녕히 들었노니 이르기를 주께서 나를 빙자하시매 멍에에 익숙지 못한 송아지 같은 내가 징벌을 받았나이다. 주는 나의 하나님 여호와시니 나를 이끌어 돌이키소서. 그리하시면 내가 돌아오겠나이다."고 선지자와 함께 기도하는 하나님의 교회에 대한 끊임없는 실천에도 반하기 때문이다(렘31:18).

제7항 회심

[우리는 은혜로 하나님께 회심할 수 있으나 그 은혜는 차분한 설득 이상의 것이 아니다. 또한 (다른 사람들이 설명하는 것처럼) 인간의 회심에 있어서 하나님의 행위의 지극히 숭고하고, 인간성에 가장 적절한 방법은 설득을 통해서 결실을 낳는 것이다. 자연적인 인간을 영적인 인간으로 바꾸기 위해서는 이와 같은 도덕적인 설득의 은혜만으로는 충분하지 않다고 하는 어떤 이유도 존재하지 않는다. 하나님은 도덕적인 설득 이외의 어떠한 방법으로도 인간의 의지의 동의를 요구하지 않는다. 더욱이 사탄의 일에 대해서 승리하는 하나님의 일의 효력은 하나님이 영원한 축복을 약속하는 것에 대해서 사탄은 일시적인 축복 밖에는 약속하지 못한다는 것에 그 본질이 있다.]고 가르치는 자들의 오

류를 총회는 배척한다.

왜냐하면 이러한 가르침은 전적으로 펠라기우스적이며 성경 전체에 반하는 것이기 때문이다. 성경은 이 설득이라는 방법 외에 더욱 유효한 것을 신적(神的)인 하나의 방법인 것을 알 수 있으며, 그것은 인간의 회심에 있어서 성령의 일하심이다. "또 새영을 너희 속에 두고 새 마음을 너희에게 주되 너희 육신에서 굳은 마음을 제하고 부드러운 마음을 줄 것이며"(겔36:26).

제8항 중생

[하나님은 인간의 중생에 있어서 유효하게, 또한 오류가 없는 방법으로 인간의 의지를 신앙과 회심에로 변화시키기 위하여 자신의 전능한 능력을 적용하시지 않는다. 하나님이 인간의 회심을 위하여 사용하는 은혜의 역사를 모두 수행하셨다고 하는 경우조차도 하나님과 성령님이 인간의 중생을 의도하거나 그것을 의지(意志)할 때에 인간은 자신의 중생을 철저하게 방해할 정도로 반항할 수 있으며, 실제로 몇 번이고 반항한다. 따라서 인간이 중생할 것인가 중생하지 않을 것인가 하는 것은 인간 자신의 능력에 맡겨져 있는 것이다.]고 가르치는 자들의 오류를 총회는 배척한다.

왜냐하면 이러한 생각은 우리의 회심에 있어서 하나님의 은혜의 모든 효력을 빼앗기고, 또한 전능하신 하나님의 역사를 인간의 의지로 종속시키는 이외의 어떤 것도 아니기 때문이다. 또한 그것은 다음과 같은 사도의 말씀에 반하는 것이다. "그의 힘의 강력으로 역사하심을 따라 믿는 우리에게 베푸신 능력의 지극히 크심이 어떤 것을 너희로 알게 하시기를 구하노라"(엡 1:19). "이러므로 우리도 항상 너희를 위하여 기도함은 우리 하나님이 너희를 그 부르심에 합당한 자로 여기시고 모든 선을 기뻐함과 믿음의 역사를 능력으로 이루게 하시고"(살후 1:11). 마찬가지로 "그의 신기한 능력으로 생명과 경건에 속한 모든 것을 우리에게 주셨으니 이는 자기의 영광과 덕으로서 우리를 부르신 자를 앎으로 말미암음이라"(벧후 1:3).

제9항 하나님의 협력

[은혜와 자유의지는 각각 부분적으로 원인이 되고, 양자일체(兩者一體)가 되어 회심의 시작을 낳게 한다. 은혜가 작용의 질서에 있어서 의지의 역할보다 선행(先行)하지는 않는다. 즉 인간의 의지가 스스로 일하고 회심에로 향하기 전에 하나님이 유효하게 인간의 의지를 도와서 회심에 이르게 하지 않는다.]고 가르치는 자들의 오류를 총회는 배척한다.

왜냐하면 초대교회는 이미 펠라기우스주의자의 이와 같은 교리를 다음과 같은 사도의 말씀에 근거해서 단죄했기 때문이다. "그런즉 원하는 자로 말미암음도 아니요 달음박질하는 자로 말미암음도 아니요. 오직 긍휼히 여기시는 하나님으로 말미암음이니라"(롬 9:16). "누가 너를 구별하였느뇨. 네게 있는 것 중에 받지 아니한 것이 무엇이뇨. 네가 받았은즉 어찌하여 받지 아니한 것 같이 자랑하느뇨."(고전 4:7). 마찬가지로 "너희 안에서 행하시는 이는 하나님이시니 자기의 기쁘신 뜻을 위하여 너희로 소원을 두고 행하게 하시나니"(빌 2:13).

제5교리 조항
성도의 견인에 관하여

제1항 거듭난 자도 완전하게 자유롭지 않다

하나님은 자신의 계획에 따라서[140] 성자, 우리 주 예수 그리스도와의 교제에로 초청하시고, 성령님으로 거듭나게 하신 자들을 확실하게 죄의 지배와 노예로부터 구원하시지만, 이 세상에서는 그들을 육과 죄의 몸으로부터 완전하게 구원하시는 것은 아니다.

제2항 연약한 죄에 대한 신자의 대응

그렇기 때문에 매일 죄가 생기고 성도들의 최선의 일조차 오염되어있다. 이것이 성도들이 하나님 앞에 스스로 겸손히 십자가에 달리신 그리스도께로 피하고, 기도의 영과 경건의 거룩한 실천을 통해서 점차 육을 말살시키며, 완성의 최종목표를 향하여 한결같이 노력하기 위한 영속적인 이유가 된다. 그리고 이것은 그들이 죽음의 몸으로부터 해방되어 하늘에서 하나님의 어린 양과 함께 다스리게 되기까지 계속된다.

제3항 하나님에 의한 성도의 견인

성도들 안에 내주하는 남아있는 죄 때문에, 또한 세상과 사탄의 유혹 때문에 회심한 자들도 혹 그들 자신의 힘에 맡겨졌다면, 은혜 가운데 계속해서 머물 수 없을 것이다. 그러나 하나님은 진실하셔서 한 번 주신 은혜 안에서 성

140) "계획"은 라틴어판 본문에는 "propositum"이며 네덜란드어판에는 "voornemen"이다. 이 장의 각주 6을 참고하라.

도들을 긍휼히 여기심으로 견지(堅持)하시고 종말에 이르기까지 강력한 능력으로 지켜주신다.

제4항 참된 신자의 심각한 죄에 떨어질 위험성

참된 신자를 은혜 가운데 지켜 보호해 주시는 하나님의 능력은 그들이 육신의 힘보다 더 세지만, 그것으로 회심한 자들이 항상 하나님께 인도되고, 쓰임을 받는 것이 아니고, 어떤 특별한 행위에 있어서 그들 자신의 과실로 은혜의 인도하심에서 일탈하거나 육욕에 유혹을 받고, 그 유혹에 굴복하기도 한다. 그렇기 때문에 그들은 유혹에 떨어지지 않도록 항상 깨어서 기도해야 한다. 혹 그것을 게을리 한다면, 육과 세상과 사탄에 의해서 심각한 두려운 죄에 빠지게 되는 것만이 아니라, 때로는 하나님의 공의로운 허용에 따라 현실적으로 죄에 끌려 떨어지게도 된다.[141] 그것은 성경 가운데 기록되어있는 다윗이나 베드로 등 그 밖의 성도들의 비참한 타락이 실증하는 대로이다.

제5항 심각한 죄의 결과

그럼에도 그렇게 대단한 죄로 하나님의 격노하심을 불러일으키고, 사망의 죄과에 떨어지며, 성령님을 근심하게 하고, 신앙의 실천을 중단하며, 양심에 치명적인 상처를 입혀 때로는 잠시 동안 은혜의 감각을 잃어버리기도 한다. 그러나 그들이 진지하게 회개함으로 그 길로 돌이킨다면, 하나님의 아버지 같은 얼굴을 다시 그들 위에 비췰 것이다.

제6항 심각한 죄에서 하나님의 구원을 위한 개입

왜냐하면 긍휼이 풍성하신 하나님은 불변하신 선택의 계획에 따라서 자신의 백성이 심각한 죄에 떨어졌다고 하더라도 그들로부터 성령님을 완전히 떠

141) "하나님의 공의로운 허용으로"는 라틴어 본문에는 "iusta Dei permissione"이며, 네덜란드어판 본문에는 "door Gods rechtveerdige toelatinge"이다.

나게 하신 것이 아니기 때문이다. 또한 양자(養子)의 은혜나 칭의의 상태를 상실시켜버릴 정도까지[142] 죽음에 이르는 죄, 또는 성령님을 거역하는 죄를 범할 정도까지, 그리고 하나님에 의해서 완전히 버려져 영원한 멸망에 떨어져버리기까지 그들이 타락해버리는 것을 허락하지 않으시기 때문이다.

제7항 회개와 회복

왜냐하면 첫째로 성도들이 그러한 엄청난 죄에 떨어졌을 때에도, 하나님은 그들이 그것으로 중생한 불멸의 씨앗을 잃어버리거나 제거해버리지 않도록 그들 안에 보존하셨기 때문이다. 둘째로 하나님은 자신의 말씀과 성령님으로 확실하게, 또한 유효하게 그들을 새롭게 회개하도록 인도하시기 때문이다. 그렇게 함으로 그들은 자신이 범한 죄에 대해서 마음으로부터, 그리고 하나님의 마음에 합당한 슬픔을 갖기까지 신앙으로, 또한 찢기는 마음을 가지고 중보자의 보혈에 의한 죄의 용서를 간절히 바라며, 그것을 받으시고 화해해주신 하나님의 은혜를 다시 경험하고 신앙으로 하나님의 긍휼을 찬양하고, 그 후로는 두려워 떨면서 점차 열심히 자신의 구원을 이루도록 노력하게 되는 것이다.[143]

제8항 보존의 확실성

이와 같이 그들이 신앙과 은혜로부터 전적으로는 탈락되지 않으며, 또한 타락한 상태에서 끝까지 멸망하지 않는 것은[144] 그들 자신의 공로나 능력에 의한 것이 아니고, 하나님의 무한한 긍휼에 의한 것이다. 그들 자신에게 있어서는 이러한 일이 쉽게 일어날 수 있을 뿐만 아니라 틀림없이 일어날 것이다. 그러나 하

142) "양자의 은혜"는 라틴어판 본문에는 "gratia adoptionis"이며 네덜란드어판 본문에는 "de genade der aennehminghe"이다.

143) "신앙으로 하나님의 긍휼을 찬양하고"의 부분은 네덜란드어판 본문에는 "하나님의 긍휼과 진실한 섬김"(sijne ontfermingen ende trouwe aenbidden)의 번역이다.

144) "전적"은 라틴어판 본문에서 "totaliter," 네덜란드어판 본문에는 "gantschelic"이다. 또한 "마지막까지"는 라틴어판에 "finaliter," 네덜란드어판에는 "tot den eynde toe"이다.

나님에게 있어서는 그것은 결코 일어날 수 없는 일이다. 왜냐하면 하나님의 작정이 변경된다거나, 하나님의 약속이 파괴된다거나, 하나님의 계획에 의한 부르심이 철회된다거나, 그리스도의 공로와 중보와 보증이 무력화되거나, 성령님의 인치심이 무효화되거나, 말소되거나 하는 것은 있을 수 없기 때문이다.[145]

제9항 보존에 대한 확신

선택을 받은 자들의 구원에 이르기까지의 지키심에 관해서, 그리고 참된 신자의 신앙에 있어서 견인에 관해서 신자들 자신은 그들의 신앙의 정도에 따라서 확신할 수 있으며, 또한 확신하기에 이른다.[146] 그 신앙으로 그들은 자신이 교회의 살아있는 참된 지체이며, 또한 항상 지체의 신분을 갖고 있으며, 속죄와 영원한 생명을 갖고 있음을 굳게 믿는다.

제10항 보존에 대한 확신의 근거

따라서 이 확신은 말씀과는 별도로, 또는 그 외의 어떤 사적인 특별한 계시에 의해서가 아니라,[147] 하나님이 우리들의 위로를 위하여 말씀으로 한 없이 풍성하게 계시된 하나님의 약속을 믿는 신앙으로, 그리고 우리가 하나님의 자녀들이며 후사인 것을(롬 8:16~17), 우리의 영과 더불어 증거해주시는 성령님의 증거로, 또한 마지막으로 결백한 양심을 가지고 선을 행하고자 하는 진지함과 경건하게 노력하는 것으로 주어지는 것이다. 그리고 만일 하나님께 부르심을 받은 자들이 승리하는 견고한 위로나 영원한 영광의 확실한 보장을 이 세상에서 갖지 못한다면, 그들은 모든 사람들 가운데서 가장 불쌍한 자일 것이다.

145) "작정"은 라틴어판 본문에 "consilium," 네덜란드어판 본문에는 "raet"이며 "하나님의 계획"은 라틴어판 본문에는 "propositum," 네덜란드어판 본문에는 "voornemen"이다.

146) "지키심"은 라틴어판 본문에는 "custodia," 네덜란드어판 본문에는 "bewaringe"이며, "견인"은 라틴어판 본문에는 "perseverantia," 네덜란드어판 본문에는 "volherdinge"이다.

147) "어떤 사적인 특별힌 계시에 의해서"는 라틴어판 본문의 "ex peculiari quadam revelatione"의 번역이다. 직역하면 "어떤 특별한 계시에 따라"이지만 이른바 "특별계시"와 혼동을 피하기 위하여 이처럼 번역했다. 이것은 사적으로 주어진 직접적인 특별한 계시를 의미하는 것이다.

제11항 보존의 확신에 대한 의심

그럼에도 성경이 증거하고 있는 것에 의하면, 신자들은 이 세상 생활에서 여러 가지 육신의 의심과 싸워야만 하며, 또한 격한 시련 가운데 그러한 신앙의 완전한 확신이나 견인의 확실함을 반드시 항상 자각하고 있는 것은 아니다. 그러나 모든 위로의 아버지이신 하나님은 그들을 견딜 수 없을 정도의 시련에 처하도록 하지는 않으시며, 시련과 함께 피할 수 있는 길도 예비해주시고(고전 10:13), 그리고 성령님으로 그들 가운데서 그들의 견인의 확실함을 회복시켜주신다.

제12항 경건의 촉진으로서 견인의 확신

그러나 견인의 확실함은 참된 신자들을 교만하게 하거나 육적인 태만에로 이끄는 것일까? 반대로 겸손하고 자녀답게 경외하고, 참된 경건과 모든 싸움에서 인내하며, 열심히 기도하고 십자가를 지는 것과 진리를 고백하는 것에 있어서 확고부동함, 하나님께 있는 흔들림 없는 기쁨 등의 참된 근원이 된다. 그리고 이러한 축복을 숙고(熟考)하는 것은 그들에게 있어서 감사나 선한 일을 신중하고 부단하게 실천하도록 촉구한다. 이것은 성경의 증언이나 성도들의 모범으로부터도 분명하다.

제13항 견인의 확신은 불경건으로 인도하지 않음

죄에 떨어진 상태로부터 회복된 사람들에게 있어서 견인의 확신이 다시 새롭게 되었다고 할지라도, 그 확신은 그들 가운데 방종 또는 경건에 대한 무관심이 아니고 오히려 미리 예비하신 주님의 도를 주의 깊게 걸어가고자 하는, 이전보다 더 큰 관심을 갖게 된다. 이것은 그들이 주님의 길을 걷는 것을 통해서 자신의 견인의 확실함을 계속 지키기 위함이고, 그리고 그들과 화해해주신 하나님의 얼굴이(경건한 자들에게 있어서 하나님의 얼굴을 바라는 것은 생명보다 감미로운 것이며, 그것이 제거되는 것은 죽음보다 고통스러운 것이다), 하나님 아버지 같은 자애를 활용함으로써 그들로부터 등을 돌리시거나, 그것으로 말미암아 영혼의 더욱 큰 고통에 떨어지지 않도록 하기 위함이다.

제14항 견인에 있어서 은혜의 수단 사용

그리고 복음 설교를 통해서 우리 안에서 하나님이 은혜의 사역을 시작할 것을 기뻐하신 것처럼, 하나님은 또한 그것을 듣고, 읽고, 묵상하는 것을 통해서, 또한 권면, 경고, 약속을 통해서, 그리고 성례전을 사용하셔서 자신의 일을 보존하고, 지속하며 완성하신다.

제15항 견인교리에 대한 대조적인 응답

참된 신자들과 성도들의 견인, 그리고 견인의 확실성에 대한 이 교리를 하나님은 자신의 이름과 영광을 위해서, 또한 경건한 영혼의 위로를 위하여 말씀 가운데 한 없이 풍성하게 계시하고 있으시며, 그리고 신자들의 마음에 새겨놓으셨다. 그러나 이 교리는 육적으로는 이해할 수 없고, 사탄에게는 미움을 받고, 세상에게는 조롱를 받으며, 무지한 자와 위선자에게는 이용당하며, 이단자에게는 공격을 받는다. 그럼에도 그리스도의 신부(교회 - 역주)는 이 교리를 무한히 알 수 없는 가치를 갖고 있는 보석으로, 항상 마음을 다해서 사랑하고, 변함없이 옹호해왔다. 그리고 어떠한 기획도 도움이 안 되고, 어떠한 권세도 완전히 패배시킬 수 없는 하나님은 그리스도의 신부가 지금부터 이후에도 이와같이 지속될 것을 보증하고 계신다. 성부와 성자와 성령이신 하나님께만 존귀와 영광이 영원히 있을지어다. 아멘

오류에 대한 배척

정통적인 교리는 이미 분명하게 되었기에 총회는 다음과 같은 것을 가르치는 자들의 오류를 배척한다.

제1항 선택의 결과

[참된 신자의 견인은 선택의 결과, 또는 그리스도의 죽음으로 주어진 하나님의 선물이 아니다. 오히려 그것은 새로운 계약의 조건이다. 그 조건은 (그들이 말하는 것처럼) 결정적 선택, 또는 칭의에 선행하여 자기 자신의 자유의지로 완성해야만 한다.]고 가르치는 자들의 오류를 총회는 배척한다.

왜냐하면 성경의 증언에 의하면 견인은 선택의 결과이며, 또한 그리스도의 죽음과 부활과 중보로 선택된 자들에게 주어지는 것이기 때문이다. "그런즉 어떠하뇨 이스라엘이 구하는 그것을 얻지 못하고 오직 택하심을 입은 자가 얻었고, 그 남은 자들은 완악하여졌느니라."(롬 11:7). 마찬가지로 "자기 아들을 아끼지 아니하시고 우리 모든 사람을 위하여 내어주신 이가 어찌 그 아들과 함께 모든 것을 우리에게 은사로 주지 아니하시겠느뇨. 누가 능히 하나님의 택하신 자들을 송사하리요. 의롭다 하신 이는 하나님이시니 누가 정죄하리요. 죽으실 뿐 아니라 다시 살아나신 이는 그리스도 예수시니 그는 우리 하나님 우편에 계신 자요 우리를 위하여 간구하시는 자시니라. 누가 우리를 그리스도의 사랑에서 끊으리요. 환난이나 곤고나 핍박이나 기근이나 적신이나 위험이나 칼이랴"(롬 8:32~35).

제2항 성도의 견인

[하나님은 신자에게 견인하기에 충분한 능력을 주고, 만일 그가 자신의 의무를 감당한다면, 그 능력을 자기 자신 가운데 유지할 수 있도록 예비하고 계신다. 그러나 예를 들어 신앙 가운데 견인하기 위하여 필요한 모든 것들이나 신앙

을 유지하기 위해서 사용하는 모든 것이 이미 다 갖추어졌다고 할지라도 견인할지, 하지 않을지는 변함없이 인간의 의지에게 달려있다.]고 가르치는 자들의 오류를 총회는 배척한다.

왜냐하면 이러한 생각은 명백한 펠라기우스주의를 포함하고 있기 때문이다. 그것은 인간을 자유롭게 하고자 하는 의도가 있으나 오히려 인간을 하나님의 영광을 모독하는 자가 되게 한다. 또한 이것은 복음의 교훈의 항구적인 일치에 반한다. 복음의 교훈은 스스로를 높이는 어떠한 이유도 인간으로부터 제거하며, 이 축복에 있어서 하나님의 은혜만이 찬양을 받아야 한다. 그리고 이것은 다음과 같은 사도의 증언에도 반하는 것이다. "주께서 너희를 우리 주 예수 그리스도의 날에 책망할 것이 없는 자로 끝까지 견고케 하시리라"(고전 1:8).

제3항 성도의 탈락

[참된 신자이며 중생한 자도 의롭다 함을 받는 신앙만이 아니라 은혜와 구원도 전적으로, 또한 최종적으로 상실할 수 있을 뿐 아니라 실제로도 종종 잃어버리며, 또한 영원히 멸망할 수 있다.]고 가르치는 자들의 오류를 총회는 배척한다.

왜냐하면 이러한 생각은 칭의와 중생의 은혜만이 아니라,[148] 그리스도에 의한 지속적인 견인도 무효화시키는 것이 되고, 다음과 같은 사도 바울의 명백한 말에도 반하는 것이기 때문이다. "우리가 아직 죄인 되었을 때에 그리스도께서 우리를 위하여 죽으심으로 하나님께서 우리에게 대한 자기의 사랑을 확증하셨느니라."(롬 5:8~9). 또한 사도 요한의 다음과 같은 말에도 반한다. "하나님께로서 난 자마다 죄를 짓지 아니하나니 이는 하나님의 씨가 그의 속에 거함이요 저도 범죄치 못하는 것은 하나님께로서 났음이라."(요일 3:9). 그리고 예수 그리스도의 말씀에도 반한다. "내가 저희에게 영생을 주노니 영원히 멸망치 아니할 터이요. 또 저희를 내 손에서 빼앗을 자가 없느니라. 저희를 주신

148) 라틴어판 본문에는 "칭의와 중생의 은혜"이지만 네덜란드어판 본문에는 "은혜, 의인, 중생"이라고 병렬형식으로 되어있다.

내 아버지는 만유보다 크시매 아무도 아버지 손에서 빼앗을 수 없느니라."(요 10:28~29).

제4항 성령님을 거스르는 죄

[참된 신자이며 중생한 자도 사망에 이르는 죄, 또는 성령님에 거스르는 죄를 범할 수 있다.]고 가르치는 자들의 오류를 총회는 배척한다.

왜냐하면 사도 요한은 요한일서 5:16~17에서 사망에 이르는 죄를 범하는 사람들에 대해서 말하고, 그들을 위해서 기도하는 것을 금한 다음에 18절에서 다음과 같이 덧붙이고 있다. 즉 "하나님께로서 난 자마다 범죄치 아니하는 줄을 우리가 아노라 하나님께로서 나신 자가 저를 지키시매 악한 자가 저를 만지지도 못하느니라."

제5항 이 세상에서 견인의 확실성을 확신할 수 없는 것일까

[개인적인 특별한 계시가 없었다고 하면, 누구도 이 세상에서는 장래의 견인에 대한 확실함을 확신할 수 없다.]고 가르치는 자들의 오류를 총회는 배척한다.

왜냐하면 이 가르침에 따르면, 이 세상에서 참된 신자의 확실한 위로가 사라지게 되고, 교황주의자의 의심이 다시 한 번 교회에 유입되게 될 것이기 때문이다. 그럼에도 성경은 여러 곳에서 그러한 확신을 개인적으로 예외적인 특별한 계시가 아닌[149] 하나님의 자녀들에게 고유한 표식이나 하나님을 완전히 신뢰할 수 있도록 약속으로 인도하고 있다. 특별히 사도 바울은 다음과 같이 말한다. "높음이나 깊음이나 다른 아무 피조물이라도 우리를 우리 주 그리스도 예수 안에 있는 하나님의 사랑에서 끊을 수 없으리라"(롬 8:39). 요한도 다음과 같이 말한다. "그의 계명을 지키는 자는 주 안에 거하고 주는 저 안에 거하시나니 우리에게 주신 성령으로 말미암아 그가 우리 안에 거하시는 줄을 우리가 아

149) "개인적이며 예외적인 특별한 계시로부터"는 라틴어판 본문의 "ex speciali et extraordinaria"의 번역이다. 각주 35번을 참조하라.

느니라."(요일 3:24).

제6항 선택의 교리는 태만한 인간을 만드는 것일까

[견인이나 구원의 확실성에 대한 가르침은 본성과 성격상 안일함을 탐구하는 육신의 베개이며, 경건과 선한 도덕과 기도, 그 밖의 거룩한 실천에 있어서 유해한 것이다. 오히려 그것에 의문을 갖게 되는 것은 칭찬해야 한다.]고 가르치는 자들의 오류를 총회는 배척한다.

왜냐하면 이러한 사람들은 자신들이 하나님의 은혜의 효력과 내주하시는 성령님의 사역을 모른다는 것을 증명하는 것이기 때문이다. 또한 그들은 사도 요한에 반하고 있는 것으로, 요한은 다음과 같은 명백한 말로 가르쳐주고 있다. 즉 "사랑하는 자들아 우리가 지금은 하나님의 자녀라 장래에 어떻게 될 것은 아직 나타나지 아니하였으나 그가 나타내심이 되면 우리가 그와 같을 줄을 아는 것은 그의 계신 그대로 볼 것을 인함이니 주를 향하여 이 소망을 가진 자마다 그의 깨끗하심과 같이 자기를 깨끗하게 하느니라."(요일 3:2~3). 그리고 그들은 구약성경이나 신약성경의 성도들에 의해서 반박되고 있다. 그 성도들은 자신들의 견인과 구원에 대해서 확신하고 있지만, 기도와 경건의 실천을 근면하게 행했기 때문이다.

제7항 일시적 신앙과 참 신앙의 차이

[일시적으로 믿는 자들의 신앙이 지속성이라고 하는 점에서만 다른 것이지 의롭게 되고, 구원받는 신앙은 어떤 차이도 없다.]고 가르치는 자들의 오류를 총회는 배척한다.

왜냐하면 그리스도 자신이 마태복음 13:20, 누가복음 8:13, 그리고 이어지는 성구에서 다음과 같이 말씀할 때, 일시적인 신자와 참된 신자의 사이에 존재하는 세 가지 차이를 명확하게 나타내고 있기 때문이다. 즉 전자는 돌작밭에 씨앗을 받아들였지만, 후자는 옥토에 선한 마음으로 씨앗을 받아들인다. 전자에는 뿌리가 없지만 후자에는 튼튼한 뿌리가 있다. 전자는 열매를 맺지 못하나 후자는 견고하고 견인에 의한 여러 가지 합당한 열매를 맺는다.

제8항 한 번의 중생인가 반복되는 중생인가

[사람은 최초의 중생을 잃어버린 후에도 다시 한 번, 그리고 몇 번이고 중생하는 것은 불합리하지 않다.]고 가르치는 자들의 오류를 총회는 배척한다.

왜냐하면 그들은 이 가르침으로 우리가 중생에 이르게 하는 하나님의 씨앗의 썩지 않는 성질을 부정하는 것이기 때문이다. 또한 그것은 사도 베드로의 다음과 같은 증언에 반한다. "너희가 거듭난 것이 썩어질 씨로 된 것이 아니요. 썩지 아니할 씨로 된 것이니 하나님의 살아있고 항상 있는 말씀으로 되었느니라."(벧전 1:23).

제9항 그리스도의 취소되지 않는 기도

[그리스도는 신자가 신앙 가운데 절대 확실하게 견인할 수 있도록 어디에서도 기도하고 계시지 않는다.]고 가르치는 자들의 오류를 총회는 배척한다.

왜냐하면 이러한 자들은 그리스도가 다음과 같이 말씀하실 때, 그리스도 자신에게 거스르는 것이기 때문이다. "그러나 내가 너를 위하여 네 믿음이 떨어지지 않기를 기도하였노니 너는 돌이킨 후에 네 형제를 굳게 하라."(눅 22:32). 또한 그들은 요한복음 17장이 다음과 같이 증언할 때 복음서 기자인 요한에게도 반하는 것이기 때문이다. 즉 17장에서 "나는 세상에 더 있지 아니하오나 저희는 세상에 있사옵고, 나는 아버지께로 가옵나니, 거룩하신 아버지여 내게 주신 아버지의 이름으로 저희를 보전하사 우리와 같이 저희도 하나가 되게 하옵소서."(11) 또한 "내가 비옵는 것은 저희를 세상에서 데려가시기를 위함이 아니요 오직 악에 빠지지 않게 보전하시기를 위함이니이다."(15) 그리고 그리스도가 기도하신 것은 사도들만을 위한 것이 아니고, 사도들의 말씀에 따라서 믿게 되는 모든 사람들을 위한 것이었다.(20).

결론

그리고 이것이 네덜란드에서 논쟁되어온 5개 조항에 관한 정통적인 교리의 명료하고 간명한, 그리고 진솔한 선언이며, 동시에 네덜란드의 모든 교회를 잠시 동안 혼란하게 만든 오류에 대한 배척이기도 하다. 이 총회는 선언과 배척을 하나님의 말씀으로부터 이끌어 낸 것이며, 개혁파교회의 모든 신앙고백에도 합치하는 것이라고 단정한다. 이로써 그러한 것을 행하는 것은 결코 생각하지 못했던 자들이 다음과 같은 것을 사람들에게 믿게 하고자 하여 모든 진리와 공의와 자애(慈愛)에 위반한 사실이 분명하게 된다.

[예정과 그것에 관련한 사항에 대한 모든 개혁파교회의 교리는 그 교리 자체의 고유한 성질과 성향으로 인하여 사람들의 마음을 모든 경건과 믿는 마음으로부터 멀어지게 한다.

이 교리는 육신과 악마로부터 받은 마약이며, 사탄의 요새이다. 사탄은 이 요새에 숨어서 모든 사람을 기다리며, 대단히 많은 사람들에게 상처를 주며, 또한 많은 사람들에게 절망과 자기 안심이라고 하는 화살을 쏘아 치명적인 상처를 주는 것이다.

이 교리는 하나님을 죄의 조성자, 불의한 자, 폭군, 위선자가 되게 한다. 이것은 형식을 바꾼 스토아주의, 마니교주의, 자유주의, 모하메드주의에 지나지 않는다.[150]

이 교리는 사람들을 육적인 자기 안심으로 이끌며, 선택을 받은 자는 어떻

150) "모하메드주의"는 라틴어판 본문에는 "Turcismum," 네덜란드어판 본문에도 "Turkendom"이며, 직역한다면 "터키주의"이다. 여기서는 많은 현대어 번역과 함께 "모하메드주의"로 번역했다.

게 자기가 좋아하는 대로 살든지 그들의 구원을 방해하는 것은 어떤 것도 없다고 가르치기 때문이다. 그러므로 그들은 스스로 안심하고, 모든 종류의 극악한 죄를 범할지도 모른다. 또 한편으로는 유기된 자들이 예를 들어 성도의 행위를 모두 신실하게 수행했다고 하더라도 그들의 복종은 그들의 구원을 위하여 어떤 역할도 하지 못한다는 것이다.

이 교리는 하나님이 자신의 의지와 전횡적 행위로 어떤 죄도 조금도 고려하지 않고, 이 세상의 대부분의 사람을 영원히 단죄하도록 예정함으로 창조되었다고 가르친다.

이 교리의 가르침에 따르면 선택이 신앙과 선행의 원천이며 원인이도록, 그와 같은 방식으로[151] 유기도 불신앙도 불경건의 원천이며 원인인 것이다.

그리고 신자들의 많은 자녀들은 죄가 없음에도 어머니의 가슴으로부터 떼어내어 잔혹하게 지옥에로 던져진다. 따라서 그리스도의 보혈[152]도, 세례도, 그들이 세례를 받을 때 교회의 기도도, 그들에게 있어서 전혀 아무런 기능도 할 수 없다.]

이 밖에도 개혁파교회가 승인하지 않을 뿐 아니라 마음 깊은 곳으로부터 거부하여 산적한 많은 비슷한 종류의 일들이 있다.

따라서 도르트총회는 우리의 구주 예수 그리스도의 이름을 경건하게 부르는 모든 사람들에 대해서 개혁파교회의 신앙에 관하여 판단한 것을 주님의 이름으로 서약한다. 이 판단은 여기저기로부터 모여온 중상모략에 근거하지 않고, 또한 예로부터 지금까지 목사들 몇 명의 개인적인 견해로 - 그렇지만 몇몇 문맥으로부터 벗어난, 또는 잘못 인용되거나, 그리고 틀린 의미로, 잘못된 발언

151) "같은 방법"은 라틴어판 본문에서는 "Eodem modo," 네덜란드어판 본문에는 "op ghelijecke wijse"으로 되어있다.

152) "그리스도의 보혈"(Sanguis Christi) 한 문구는 총회의 오리지널 maniskripto에는 존재하지만 총회록으로 출판된 라틴어판 본문 Acta. Syn. Nat. Lugd. Bat.에는 없다. 네덜란드어판 본문에는 있다.

으로 - 근거하는 것도 아니다. 이 판단은 교회의 공적인 신앙고백에 근거하는 것이며, 그리고 총회 전체 대의원 한 사람 한 사람 모두 일치해서 승인한 정통교리로 지금까지 제시해온 것과 같은 선언에 근거한 것이다.

그리고 이 총회는 중상, 비방하는 자들 자신에 대해서 많은 교회와 그 교회의 신앙고백에 반한 잘못된 증언을 하고, 약한 사람들의 양심을 힘들게 하고, 많은 사람들의 마음에 참 신자들의 교제에 대한 협의를 두고자 노력하는 자들에게는 엄중한 하나님의 심판이 있기를 기다릴지를 숙고하도록 신중하게 경고하는 것이다.

마지막으로 총회는 그리스도의 복음을 섬기는 모든 동역자들에게 대학에서도, 교회에서도 경건하고 신앙심이 깊은 방법으로 이 교리를 다루도록 권고한다. 즉 이것에 대해서 말할 때, 또한 기록할 때에도 하나님의 영광과 성결한 생활과 고뇌하는 영혼을 위로하기 위하여 그렇게 해야만 한다. 더욱이 신앙의 비교에 따르면서 성경으로 생각하고, 말해야만 한다. 마지막으로 성경의 참된 의미에 따라 우리를 위해서 주어진 한계를 밟고 넘어가는 것처럼, 또한 후안무치한 궤변가들에게 개혁파교회의 교리를 조소하는 기회를 주는 것 같은, 또는 이 교리에 대해서 중상하는 어떤 말도 삼가해야만 한다.

성부의 우편에 앉아 인간에게 여러 가지 은사를 주시는 하나님의 아들 예수 그리스도가 진리 가운데 우리를 성화시켜주시기를, 잘못된 자들을 진리로 인도해주시기를, 건전한 가르침에 거슬려 비방하는 자들의 입을 막아주시기를, 그리고 말씀의 충실한 봉사자들에게, 그들이 말하는 모든 것이 하나님의 영광을 위하여, 그리고 그것을 듣는 자들의 건덕을 위하는 것이 되도록, 지혜와 분별의 영을 내려주시기를. 아멘.

이것이 우리들의 판단이며 결정인 것을, 우리의 이름을 기록함으로써 증거한다. (이하 서명이 계속된다)

참고

1. 이 책의 번역을 위해서 원본으로 사용한 텍스트는 다음과 같다.

   J. N. Bakhuizen van den Brink ed., *De Nederlandse Belijdenisgeshriften*, Amsterdam: Tweede Druk, 1976. 226~280.

   "도르트신조"의 본문으로서는 바크호이젠의 이 텍스트가 비판적 교정 텍스트로서 가장 엄밀하다. 이 텍스트에는 라틴어 원문과 병행해서 네덜란드어 본문도 실려있다. "도르트신조"의 경우 라틴어 본문과 마찬가지로 네덜란드어 본문도 승인되어 있으며, 공적인 권위를 갖고 있다. 번역에 있어서는 라틴어 텍스트를 원본으로 사용했다. 라틴어판 본문과 네덜란드어판 본문 사이에는 몇몇 곳에 차이가 있다. 양자의 차이는 필요에 따라 각주에 지적해 두었다.

2. 상기의 바크호이젠의 텍스트 이외에 라틴어판 본문으로서는 다음의 것들이 있다.

   1)P. Schaff ed., *The Creeds of Christendom, vol. Ⅲ*. Grand Rapids, 1983. 550~79. 다만 샤프의 라틴어 본문은 본문 비판에 있어서 정확도가 떨어진다.

   2) E.F.K. Muller, *Bekenntnisschriften der reformierten Kirche*, Leipzig, 1903. 843~61.

3. 네덜란드어 현대어 번역판으로서는 다음의 것을 참고했다.

   1) Uitgegeven door A. Kuyper, *De Drie Formulieren van Eenigheid,* Amsterdam, 1903. 73~113. 여기에는 전문과 결론 부분은 생략되어있다.

   2) De Nederlandse Belijdenisgeschriften uitgegeven van de General

Synode van deNederlandse Hervormde Kerk, de General Synode van de Christelijke Gereformeerde Kerken in Nederland, de Genral Synode van de Gereformeerde Kerken in Nederland, Zoetermeer, Zevenede druk, 1944. 80~121.

4. 남아프리카어 번역판으로는 다음의 것들을 참고했다.

1) Uitgegee deur N.G. Kerk, *Die Formuliere van Enigheid*, Kaapstad, s.j. 57~79.

2) Uitgegee deur N.G. Kerk, Ons Glo …, *Die Drie Formuliere van Enigheid en Ekumeniese Belydenisse*, Kaapstad, 1999. 77~117.

5. 영어판으로는 다음의 것들을 참고했다.

1) 샤프의 위의 책 581~97.에 당시 미국개혁파교회에서 채택되었던 영어 번역 본문. 단 전문과 오류의 배척부분은 제외되어 있다.

2) P.Y. De Jong ed., *Crisis in the Reformed Churches,* Grand Rapids, 1968. 229~62.여기에는 북미기독개혁파교회의 Psalter Hymnal에는 영어번역판 본문이 실려있다. 이 영어번역은 위의 미국개혁파교회의 번역과 같은 것이다. 단 북미기독개혁파교회의 것에는 오류의 배척과 결론이 포함되어있다.

3) A.A. Hoekema의 개인적인 번역이 Calvin Theological Journal, 1968, November, vol. 13 No. 2, 133~61.에 실려있다. 단 전문과 결론 및 오류의 배척 부분은 생략되었다.

4) *Ecumenical Creeds and Reformed Confessions*, Grand rapids, 1987. 121~44.에 라틴어판 본문에 근거한 새로운 영어번역이 실려있다. 이것은 1986년에 북미기독개혁파교회에 의해 채택된 것이다. 이 영어번역이 위에 소개한 여러 가지 영어번역판들 가운데 가장 정확하고 신뢰

할 수 있다. 이것이 필자의 번역작업에서 중요한 참고자료가 되었다.

6. 일본어 번역판으로서는 다음의 것들을 참조했다.

   1) 山永武雄 譯,『信條集 後篇』, 新教出版社, 1957. 163~80.

   2) 錦木英昭 譯,『カルヴィニズムの五特質』, つのぶえ社, 1987. 188~224.에 실려있다. 단 상기의 두 번역에는 오류에 대한 배척 부분은 번역되어 있지 않다. 또한 두 책 모두 번역의 원본에 대해서 어떤 언급도 없다. 번역문을 검토해보면 샤프의 영어번역판이 원본이었을 것이라는 추측이 된다.

   3) 菊地信光 譯, "トルトレヒト信仰規準"『改革派教會信仰告白集 IV』, 一麥出版社, 2012. 105~54. 원본으로서 라틴어, 네덜란드어 모두 실려있으나 주로 네덜란드어판 본문이 사용되었다고 추측된다.

7. 이 책 가운데 성경인용은 원전 텍스트에 있는 라틴어판 번역에서 직접 번역했다. 따라서 현대어 번역 성경과는 많이 상이한 부분도 있으나 번역에 채택하는데 있어서는 가능한 한 현재의 번역 성경이 사용하는 말을 사용하도록 노력했다.

8. 이 번역에 있어서 각 조항의 소제목은 원전텍스트에는 없는 것이다. 위의 영어번역 가운데 3)과 4)의 각각 표제를 붙이려는 노력이 보이고, 번역자가 편의를 생각하여 특히 4)의 표제에 따라 3)의 표제를 참고해서, 그렇지만 번역자 자신의 생각도 더했다.

제 Ⅳ 부

도르트신조의 신학적 의미

복음의 위로를 구하는 싸움[153)]

153) 이 장은 1997년 4월 15일(화)에 있었던 고베개혁파신학교 제3학기 개강강연회에서 행했던 신학강연의 내용을 대폭 수정한 것이다.

들어가면서

우리는 이미 제1부 "도르트총회의 역사적 배경"에서 "도르트신조"의 성립의 역사적 배경에 대해서 교회사적 시각으로 다루었다. 제2부에서는 "도르트신조"에 선행하는 관련된 문서들, 제3부에서는 "도르트신조" 본문을 소개했다. 여기 제4부에서는 "도르트신조"의 교리적인 내용에 천착하여, 그것을 신학적인 시각으로 검토하고자 한다.

내용적인 검토에 들어가기 전에 다시 한 번 일반적으로 유포되고 있는 오해를 바로 잡고 싶다. 이미 제1부에서도 다루었지만 "도르트신조"의 내용은 "칼빈주의 5대 교리"로 잘 알려져 있다. 그러나 이 표현은 오해를 불러일으킨다. "도르트신조"는 칼빈주의 사상 전체를 다룬 다음에, 그 요약적인 특징을 제시하고 있는 것이 아니기 때문이다. "도르트신조"는 예정론을 다루고 있으나, 칼빈주의는 분명히 예정론의 교훈을 포함하고 있지만, 예정론이 칼빈주의의 전체를 표현하는 것은 아니다. 따라서 "도르트신조"를 "칼빈주의 5대 교리"라고 표현하는 것은 칼빈주의를 편향되게 이해시키는 것이 되며, 칼빈주의를 왜소화시키게 하는 것이 된다.

"도르트신조"는 어디까지나 17세기 초에 네덜란드개혁파교회에서 일어난 교리논쟁을 배경으로 성립된 것이며, 교리상의 논쟁점이 집중적으로 다루어진 역사적인 문서이다. 그러한 의미에서 말할 것도 없이 "도르트신조"의 내용은 보편적인 의의를 갖고 있으면서도 역사적 제한을 강하게 받고 있는 것을 명확하게 인식해야 할 필요가 있다. 더욱이 그러한 역사적 사정과 관련해서 기억해 두어야 할 것은 "도르트신조"는 개혁파의 예정론을 학문적으로 주도하면서 포괄적, 조직적으로 제시한 문서도 아니다. 회의의 의장이었던 보헤르만이 표현한 초안의 기본방침에서도 보이는 것처럼 **교회적, 목회적으로 깊게 배려된**

교회적인 문서인 것이다. "도르트신조"의 내용을 이해하고자 할 때, 이 점이 충분하게 유의되어야만 할 것이다.

이 장의 목적은 이상과 같은 역사적 한계를 전제로 거기에 무엇이 신학적으로 문제가 되었는가 하는 "도르트신조"의 신학적 의의를 고찰하는데 있다. 이 신조에 대해서 신학적으로 다루는 것조차 다양한 각도에서 시도할 수 있다. 여기서는 그 모든 것을 시도할 수 없으며, 이 신조의 각 조항을 주석하는 형식으로 전체를 망라해서 설명하는 것도 의도하고 있지 않다. 여기서는 "도르트신조"의 '근본적인 목적'에 집중해서 고찰하고자 한다. 그렇게 함으로써 독자들이 이 신조를 읽고 이해하고자 할 때, 어디에 집중해서 읽으면 좋을지를 분명하게 하고, 이 신조를 읽고 이해하는데 도움을 주고자 한다.

이상과 같은 의미를 포함해서 이 장에서는 특히 <복음의 위로>라는 각도에서 "도르트신조"에 대한 신학적인 검토를 하려고 한다. 이러한 각도에서 살펴보는 것이 신조의 핵심을 가장 확신할 수 있게 하기 때문이다.

제1장
"도르트신조"의 전제가 된 "항의서"의 신학적 내용

"도르트신조"의 내용을 검토하기 위해서는 먼저 이 신조가 대결한 아르미니우스주의의 신학적 견해를 분명히 확인할 필요가 있다. 그러나 "도르트신조"가 다룬 것은 아르미니우스주의의 일반적인 견해라고 하기 보다는, 특별히 1610년의 "항의서"와 도르트총회가 요구하고 아르미니우스주의자에 의해서 제출된 이 조항의 설명문서인 (항론파의) "견해서"였다. 이 두 개의 문서에 대해서는 이미 제1부에서 그 역사적 경위와 내용에 대해서 간단히 언급했다. 그렇지만 "도르트신조"의 내용을 살펴보는 여기서는 조금 더 깊게 "항의서"의 내용을 검토하고자 한다. 도르트총회에 있어서는 무엇보다도 이 5개 조항이야 말로 쟁점의 핵심이었다. 이 5개 조항의 신학적 견해를 더 정확하게 알기 위해 도움이 된다고 판단되는 경우에는 "견해서"에 대해서도 보조적으로 다루고자 한다.

"항의서"의 내용은 다음과 같이 요약할 수 있을 것이다.

제1조에 대하여

"항의서"의 제1조는 "성자 예수를 믿으며, **이 믿음과 믿음의 순종으로 최후까지 견인할 자들을** …"(굵은 글씨는 저자의 표기임) 선택하고, 또한 믿지 않는 자들을 하나님의 진노의 대상으로 유기하는 것을 예정하셨다고 주장하고 있다.

이점은 "견해서"에서 더욱 명료하게 주장되고 있다. 예를 들어 견해서 제1조의 제7항은 선택에 관해서 다음과 같이 말하고 있다.

[특정한 개개인의 선택은 **예수 그리스도에 대한 믿음과 견인을 고려해서** 결정적이다. 그렇지만 **선택의 전제 조건으로서 믿음과 참 신앙의 견인을 고려하지 않고 결정적인 것은 아니다.**]

그리고 제1조의 8항에는 유기에 관하여 다음과 같이 말하고 있다.

[영원한 생명으로부터의 거부는 **선행하는 불신앙과 불신앙의 견인을 고려함으로 하신다.** 그러나 또한 선행하는 불신앙과 불신앙의 견인을 고려하지 않고 그렇게 하지 않으신다.]

여기서 주장하고 있는 것은 <예지예정>이라는 것이 명료하다.

제2조에 대하여

제2조는 "세상의 구주 예수 그리스도는 모든 사람을 위하여, 그리고 어떤 사람이든지 예외없이 그들을 위해서 죽으셨다. 그 결과 그는 십자가에서 죽으심으로 모든 사람을 위해서 속죄와 정결함을 획득했다."고 주장한다. 이 주장은 <보편적 속죄>를 의미한다. 그리고 "그러나 믿는 자 이외의 누구도 이 속죄에 실제로 동참할 수 없다."고 말한다. 그것은 얼른 보면 아무런 문제도 안 되는 표현이라고 보이지만, 실제로는 이 경우 "신앙이라고 하는 조건"을 충족시킬 것인가 아닌가는 인간의 자유의지에 의존한다고 하는 주장을 포함하는 것이다.

제3조에 대하여

제3조는 구원에 이르는 신앙을 자기 자신의 자유의지로 가질 수 없으며, "인간이 참된 선을 바르게 이해하고, 생각하고, 의지를 가지고 행할 수 있기 위해서 인간은 하나님에 의해서, 그리스도 안에서, 성령님을 통해서 거듭나고, 이성과 감성과 의지 등의 모든 능력이 새롭게 되는 것이 필요하다."고 말하고 있

다. 이것 자체로서는 정통적인 가르침으로 보이지만, 이것이 4조와 연결될 때 문제점이 드러난다.

제4조에 대하여

제4조는 3조에서 "하나님의 은혜가 모든 선의 출발점이며, 계속이고, 완성이다."는 것이 분명하게 되어있지만, "이 은혜의 역사하는 방법에 관해서는 **불가항력적이지 않다**고 하는 것은 성령님을 거스르는 많은 사람들에 대해서 기록되어 있기 때문이다"고 주장한다.

같은 주장은 "항론파 견해서"에서도 3.4조의 제5항에서도 다음과 같은 말로 명확하게 확인되고 있다.

[유효한 은혜는 그것으로 회심할 수 있게 하는 것이지만 '**불가항력적인 것은 아니다.**' 하나님은 말씀과 자신의 성령의 내적인 사역으로 인간의 의지에 영향을 미치고, 그렇게 함으로 믿을 수 있는 능력, 또는 초자연적인 능력을 주어 실제로 인간으로 하여금 믿을 수 있도록 만드시는 것이지만, 인간 자신이 그 은혜를 거부하거나, 믿지 않음으로 자신의 과실로 멸망할 수 있다.]

이상과 같이 제3조와 제4조를 합쳐서 그 주장을 읽을 때 <전적타락>과 <은혜의 불가항력성>의 부정을 의미하고 있는 것이 판명된다.

제5조에 대하여

제5조는 "예수 그리스도는 모든 유혹 가운데서 자신의 성령으로 그들을 돕고, 자신의 손으로 어루만지시며, 혹이라도 그들이 싸울 준비를 하고, 그의 도움을 바라고, 태만하지 않는다면, 그들을 견고하게 지켜주신다."고 말한다. 제5조도 성도의 견인을 분명하게 부정하는 말은 피하고, 표현도 부드럽게 하고 있다. 그러나 "**태만하지 않는다면** …"이라고 하는 완곡한 표현으로 성도의 견

인에 대한 부정적인 견해가 함의적으로 주장되고 있다.

이 점은 "견해서" 제5조의 제1항, 또한 제4항에서 더욱 분명하게 표명된다.

[믿음에 있어서 성도의 견인은 어떠한 복종의 조건이나 강제함이 없이, 하나님께서 각 개인을 택하셨다고 하는 **절대적인 작정의 결과가 아니다.**(V.1.)]

[참된 신자도 자신의 죄 때문에 부끄러운 죄와 두려운 모독에 떨어지고, 그 가운데 머물며, 죽음에 이르고, 최종적으로는 탈락하고 멸망할 수 있다.(V.4.)]

이와 같이 이 항에서는 <성도의 견인>에 대한 부정이 주장되고 있는 것이 명료하다.

이상과 같은 "항의서 5조"의 주장에서 통주저음(通奏低音)과 같이 일관해서 울려퍼지는 것은 "반펠라기우스주의의 음색"이라는 것이 분명하다. 제1부에서 교회사적으로 살펴보는 가운데 이미 지적한 것처럼, 여기에는 에라스무스(Erasmus)적 인문주의의 영향을 확실하게 확인할 수 있다. 즉 루터와 에라스무스 사이에 자유의지를 둘러싼 싸움의 저변에 통하는 문제가 가로놓여 있다. 그러한 의미에서 말하자면 바르트(Karl Barth)가 아르미니우스주의자들을 중세의 반펠라기우스주의의 지속으로, 또한 르네상스의 새로운 인문주의의 침입으로 해석하는 종교개혁의 이해, 즉 루터에게 항의한 에라스무스나 칼빈에게 항의한 카스텔리오(Sebastian Castellio)에 의해서 이해된 종교개혁이해, 이 종교개혁이해의 최후의 대표자, 동시에 교회적 신프로테스탄트주의(Neo-orthodoxy)의 최초의 대표자로 해석되는 것은 사항의 핵심을 뽑아낸 예리한 통찰 때문이다.[154)]

154) Karl Barth, *Kirchliche Dogmatik, II/2, Die Lehre von Gott*, Zurich, 1942. 72.(Karl Barth, 吉永正義 譯, 『敎會敎義學』 [神論 II/1 神の惠みの選び 上] 新敎出版社, 1982. 119~120)

제2장
도르트신조의 신학적 내용의 개요

여기서는 앞 장의 "항의서"와의 관계를 염두에 두고 "도르트신조"의 전체 내용을 확인하고자 한다.

1. 도르트신조의 형식적 구조

먼저 "도르트신조"의 형식적 구조에 대해서 확인하고자 한다. 이미 지적한 것처럼 "도르트신조"의 성립이 교리논쟁에서 유래하고 있기 때문에 이 신조의 구조자체도 "항의서"에 대응하는 형식으로 되어있다. 즉 "항의서"의 제1조부터 5조에 대응해서 "도르트신조"도 그 순서대로 각 조항을 다루는 형식을 취하고 있다. 더욱이 이 신조의 각 조항은 각각 두 부분으로 되어있다. 즉 결정한 교리조항을 적극적으로 다루는 부분과, 또 하나는 아르미니우스주의의 잘못된 견해를 들어서 그 오해를 배제하는 "배척조항"(reiectio) 부분으로 구성되어 있다. 긍정적인 부분과 배척하는 부분이라고 하는 이러한 서술방법에는 교회가 문제점을 명확하게 이해할 수 있도록 의도한 "교육적인 기대"가 있었다. 그리고 성경적인 근거를 제시하는 것은 주로 배척하는 조항에서 보이지만, 그것은 아르미니우스주의의 잘못을 배제하는데 있어서 "성경에 근거하여"라고 하는 원리를 일관되게 하기 위한 것이었다.

"항의서"에 대응하는 "도르트신조"의 취급방법에 관해서 주목해야 하는 것은 "도르트신조"의 경우에는 "항의서"의 제3조와 4조를 하나로 해서 취급했다는 사실이다. 따라서 정확히 말한다면 1, 2, 3.4, 5조와 같이 4부분으로 나누어서 취급하는 결과가 되었다. 3조와 4조를 하나로 다루었다는 사실에 관해서 클루스터(H. Klooster)는 "아르미니우스주의자는 인간의 타락과 부패를 하나의 조항으로, 또한 은혜와 회심을 또 하나의 조항으로 각각 그들의 견해를 제시했으나 도르트총회는 그 두 조항을 하나로 다루는 것이 필요하다고 생각했다."고 하는 사실을 단순하게 말하고 있을 뿐이다.[155] 그러나 문제는 왜 두 조항을 하나로 해서 다루었는가 하는 것이다. 그것은 이미 언급한 것처럼 "항의서"의 제3조는 그 조항의 내용만이라고 하면 그렇게 문제를 느끼게 하는 것이 아니었지만, 그것을 제4조와 연결해서 읽을 때 본래의 문제점이 분명하게 드러나게 되는 성격을 갖고 있기 때문이다. 그러므로 도르트총회는 제3조와 4조를 하나로 다룬 것이다.[156]

어쨌든 "항의서"의 한 조항 한 조항에 대해서 "도르트신조" 쪽에서도 하나 하나 독립해서 대응했는데, 그것이 그대로 "칼빈주의 5대 교리"가 된 것처럼 생각하기 쉽지만, 그것은 오해이다. 굳이 말하자면 "도르트신조"의 경우에는 형식적으로는 4조항으로 구성되어있지만 실제 내용을 정리하면, "칼빈주의 5대 교리"로서 유형화할 수 있다는 것에 지나지 않다.

2. 도르트신조의 내용 요약

다음은 "도르트신조"의 내용인데, 여기서는 각 조항의 요점만을 특별히 긍정적인 부분을 중심으로 소개하고자 한다.[157] 그것을 토대로 "복음의 위로"라고 하는 각도에서 몇 가지 점을 새삼 다시 열거하여 검토하고자 한다.

155) H. Klooster, "The Doctrinal Deliverance of Dort," in Klaas Runia ed., *Crisis in the Reformed Churches*, Grand Rapids, 1968. 60.

156) Cornelius Plantinga Jr., Place To Stand, *A Study of ecumenical Creeds and Reformed Confessions*, Board of Publications of the Christian Reformed Church, Kalamazoo, 1981. 150.

157) 내용요약에 있어서 각 조항의 타이틀은 라틴어판 본문에 따른 것이다. [···] 이 표제는 필자에 의한 것이고, (···) 이러한 표에 있는 수자는 각각의 교리조항의 각별한 각 항의 번호를 나타낸다.

1) 제1조 : 하나님의 예정에 관하여

① 제1조의 요약

[하나님의 사랑과 복음전도]

전인류는 형벌에 처해있으며, 그 형벌에 있어서 하나님은 정당함에도(1), 아들을 보냄으로써 자신의 사랑을 분명하게 하였으며(2), 복음전도를 통해서 믿음에로 초청하셨다(3). 이 초청에 대해서 신앙과 불신앙의 응답이 있으며(4), 불신앙의 원인은 인간 자신에게 있고, 신앙은 하나님의 거저주시는 선물이다(5). 이 두 가지 응답의 사실은 하나님이 영원한 예정으로부터 온다. 선택과 유기의 예정이 그것이다(6).

[선택]

하나님은 영원부터 어떤 사람들을 오직 은혜로 그리스도 안에서 택하시고, 또한 그리스도를 택하신 자들의 중보자와 머리, 그리고 구원의 토대로 임명하셨다. 그리고 그들을 그리스도에게 위탁하셨고, 말씀과 성령님으로 그리스도에게로 부르시고, 의롭다하시고, 거룩하게 하시고, 영화롭게 하시는 것을 정하셨다(7).

이 선택의 예정은 유일한 것이다(8). 선택은 신앙이나 복종을 미리 아시고 한 것이 아니고, 그것을 향한 선택이고(9), 다만 하나님의 뜻에 따르며(10), 불변한 것이다(11).

선택의 확신을 위해서는 여러 단계와 정도가 있으나 선민에게 주어진다(12). 선택의 교리는 게으름이나 육신적인 안일이 아니라 겸손하며, 하나님을 사랑하도록 이끄신다(13). 선택의 교리는 전파해야만 한다. 단 바른 방법으로 시행하는 것이 필요하다(14).

[유기]

모든 사람들이 선택된 것이 아니고 어떤 사람들은 영원한 선택에서 간과되었다. 하나님은 뜻에 따라 그들의 죄과에 떨어진 비참 가운데 그들을 유기하는 것을 정하셨다(15). 은혜의 수단을 사용하고 있는 사람들은 유기에 대해서 두려워 할 필요가 없고, 오히려 충실하게 그 수단을 사용하는 것이 필요하다(16).

[목회적 주의]

신자의 자녀들은 은혜계약으로 정결하게 되며, 택하심과 구원을 의심해서는 안 된다(17). 거저주시는 은혜의 선택과 유기에 대한 불평을 말하지 말고 하나님께 영광을 돌리는 것은 요구된다(18).

② "항의서"와 비교

이상과 같은 제1조의 내용에서 주목해야 하는 것은 예정론을 다루기에 앞서서 상기의 **"하나님의 사랑과 복음전도"라고 하는 소제목으로 표기한 부분을 앞에 둔 사실이다.** 이 사실은 "도르트신조"의 예정론을 다룸에 있어서 기본적인 자세를 보여준다. 그러나 이것에 대해서는 후에 다시 언급할 것이기 때문에 여기서는 그 사실에 대해서만 주의를 환기시키는 것에 멈추고자 한다.

어떻든 여기서는 신앙은 선택을 위해서 어떠한 조건적인 의미를 갖지 않으며, 오히려 그것은 선택의 결과인 것이 명확하게 주장되어 '항의서'가 나타내고 있는 <예지적 예정>에 대해서 <무조건적 선택>이 표명되어있다.

2) 제2조 : 그리스도의 죽음과 인간의 속죄에 관하여

① 제2조의 요약

[속죄의 무한한 가치]

영원한 벌을 요구하는 하나님의 의를(1), 인간은 무능력함으로 하나님의 의를 충족시킬 수 없기 때문에 하나님의 독생자가 우리를 위하여 대속적 속죄를 감당해주셨다(2). 그리스도의 죽음은 죄를 위한 완전한 희생이며, 속죄하심이고, 세상의 모든 죄를 갚고도 남을 정도이다(3). 그 죽음은 무한한 가치를 가진다. 왜냐하면 죽음으로 감당하신 분은 참 하나님이며, 참 인간이기 때문이다(4).

[복음의 제공과 응답]

구원을 보장하는 복음의 약속은 모든 사람에게 전해져야만 한다(5). 그 복음에 대한 불신앙은 인간의 죄와 책임에 의하며(6), 신앙은 하나님의 은혜에 의한 것이다(7).

[구원의 유효성]

그리스도의 죽음이 구원의 효력을 낳는 것은 오직 선택된 사람에게만 이다(8). 이 구원 계획은 창조로부터 수행되어왔으며, 미래에 있어서 완수될 것이다(9).

② "항의서"와 비교

"항의서"와 비교해서 말하자면, 이 조항은 모든 사람을 위한 그리스도의 <보편적 속죄>를 주장하고, 반펠라기우스주의적인 의미로서 자유의지로 신앙을 가진 사람에게만 유효하며 적용된다고 했다.

이에 대해서 "도르트신조"의 이 조항은 그리스도의 속죄는 모든 사람의 죄를 갚고도 남을 것이지만, 오직 선택을 받은 참 신자들에게만 구원을 얻기 위하여 유효하다는 <제한속죄>를 주장하고 있다.

다른 말로 표현한다면, 아르미니우스주의자의 견해로는 "그리스도의 속죄"와 "구원의 효과와 적용"으로 분리되는 것에 대해서 "도르트신조"의 경우는 양자를 나누지 않고, 구원의 효과와 적용을 그리스도의 속죄 가운데 포함시키고 있다고 할 수 있다.[158] 전자에게 있어서는 구원의 확실성이 흔들리는 것에 대해 후자에 있어서는 속죄가 그대로 구원의 효과와 적용에 연결되며 **구원의 확실성이 완전히 확보된다.** 이 점에 대해서는 제5장에서 더 상세하게 언급할 것이다.

3) 제3.4조 : 인간의 타락과 하나님께로의 회심과 그 방식에 관하여

① 제3.4조의 요약

[전적 타락과 전적 무능력]

하나님의 형상으로 창조된 인간은 타락함으로 본성이 부패하고(1), 부패한 성질은 모든 후손에게 유전함으로 계승되며(2), 인간은 전적으로 무능력하게 되었다(3). 잔존하는 본성의 빛도(4), 율법으로서 십계명도 구원과 관련해서는 무력하다(5).

[하나님에 의한 회심]

성령님과 말씀으로 복음의 능력이 실현된다(6). 복음은 구약에서는 한정된 사람들에게만, 신약에서는 민족의 구별 없이 다수의 사람들에게 드러났지만, 그것은 하나님의 주권적인 뜻에 따른 것이다(7). 복음으로 누구든지 조용히 부름을 받았으며, 믿는 사람들 모두에게 영원한 생명이 약속되어있다(8). 복음에 의한 소명을 거부하는 것은 인간의 책임이며(9), 신앙과 회심은 하나님의 일이다(10).

성령님은 말씀과 함께 택함을 받은 자들에게 역사하셔서 회심을 낳게 한다. 이 성령님의 은혜는 불가항력적이다(11). 이것은 중생이고, 하나님의 초자연적인 일이지만, 하나님에 의해서 움직여지며, 의지 자체도 움직이는 것으로 은혜에 의해서 인간 자신이 믿음으로 회개한다고도 할 수 있다(12). 중생은 신비

158) H. Klooster, "The Doctrinal Deliverance of Dort," 78.

한 방법으로 일어난다(13). 따라서 신앙은 하나님의 선물이며(14), 다만 하나님이 은혜에 대해서 감사하는 것만을 할 수 있다(15). 중생의 은혜는 인간의 의지와 모든 성질을 파괴하지 않으며, 다시 살려내어 참으로 회복시킨다(16). 중생의 초자연적인 사역도 은혜의 수단을 사용한다(17).

② "항의서"와 비교

이 3.4조항에서는 "항의서"도 인간의 타락을 말하며, 회심에 있어서 성령님의 내적인 사역에 대해서도 말하고 있으나, 그 은혜의 사역을 거부할 수도 있다는 것이다. 그와 같은 인간의 일을 근거로 하는 것은 타락한 후에도 잔존하고 있는 은사로서 "본성의 빛"(lumen naturae, 제3.4조, 배척조항 제5조)이다. 신학적으로는 이 "본성의 빛"이 자연신학의 기초가 된다. 이것은 반펠라기우스주의가 지적받는 것이기도 하다.

이상과 같이 항의서 조항에서 <전적타락의 부정>과 <은혜에 대한 거부권>의 주장에 대해서 "도르트신조"는 <전적타락>과 <은혜에 대한 불가항력>을 주장한다. 분명히 "도르트신조"도 이 조항 4항에서 "본성의 빛"에 대해서 언급하지만, 그것은 타락한 인간의 영적인 무능력 때문에 **구원을 위한 기능은 전혀 갖고 있지 않다.**[159] 믿음과 중생에 의한 회심은 오직 하나님의 주권적인 은혜의 사역에 의한다.

때때로 아르미니우스주의의 경우는 "인간의 책임"이, "도르트신조"의 경

159) 이 3.4조항에서 아르미니우스주의자와 칼빈주의자의 견해를 나누는 핵심은 "본성의 빛"의 이해이다. (cf. C. Plantinga, 50). 아르미니우스주의자는 이 "본성의 빛"을 타락 후에도 모든 인간에 잔존하는 "일반은혜"이며, 그렇지만 회심이나 신앙을 위해서 일정한 기능을 할 수 있다고 생각한다. 그러나 칼빈주의자에게 있어서 일반은혜로서의 "본성의 빛"은 그 씨앗의 구원론적 기능을 전혀 갖고 있지 않다. "도르트신조"에 있어서 "본성의 빛"을 둘러싼 문제는 그 후에도 신학적 논쟁점으로서 나타난다. 아브라함 카이퍼(A. Kuyper)가 일반은총론을 제시했을 때, 거기에 아르미니우스주의의 싹을 제시하고 비판한 것은 스킬더(K. Schilder)였다.(J. Douma, Algemene genade, Uiteenzetting, vergelijking en beoordeling van de opvatting van A. Kuyper, K. Schilder, en Joh. Calvijn over 'algemene genade,' Goes, 1976).

우는 "하나님의 주권성"이 강조된다고 양자를 비교해서 특성을 말하기도 한다. 그러나 이 특성을 말하는 것을 목적으로 하는 것이 아니다. 양자에게서 "하나님의 주권성"과 "인간의 책임"의 관계가 모두 문제가 된다. 확인해야만 하는 것은 **이 관계성의 내용**이다.[160] 아르미니우스주의의 경우는 이른바 인문주의의 영향을 받은 인간의 자유가 역시 기능을 하고, 하나님과 인간의 의지는 반펠라기우스주의적, 협력주의적 이해가 존재한다. 그것에 대해서 "도르트신조"의 경우는 이 조항의 16항이 밝히고 있는 것처럼, 타락 후에도 인간성이 부정되는 것이 아니고, 중생에 있어서 신적인 은혜의 사역은 인간의 의지나 그 모든 성질을 잃어버린 것이 아니다. 어디까지나 그것은 **영적으로 무능력**하다고 주장하고 있는 것에 지나지 않는다. 오히려 중생의 신적 은혜는 인간의 의지와 그 모든 성질을 파괴하지 않고, 그것을 다시 살리고, 참으로 회복시키도록 한다. 이러한 이해는 문자대로 종교개혁적 이해가 생동감 있게 기능하고 있는 것이다.

4) 제5조 : 성도의 견인에 관하여

① 제5조의 요약

[성도의 보증]

중생한 자도 이 세상에서 육과 죄의 몸으로부터 완전하게 자유할 수 없고(1), 연약함으로 매일 죄가 생겨나기 때문에 경건한 훈련으로 계속적인 노력이 필요하다(2).

그러나 하나님의 진실하심 때문에 성도들은 은혜 안에서 보증된다(3). 참된 신자들도 심각한 죄에 떨어지는 위험성이 있으며, 유혹에 떨어지지 않도록 깨어있어 기도할 필요가 있다(4). 심각한 죄 때문에 잠시 은혜의 감각을 잃어버릴 수도 있다(5).

160) H. Klooster, "The Doctrinal Deliverance of Dort," 52.

그렇지만 성도들이 완전히, 최종적으로 잊혀지는 일은 없다(6). 중생의 씨앗이 보존되고, 말씀과 성령님이 확실하게 회개에로 인도하시며, 자신의 구원에 이르도록 노력하기에 이른다(7). 성도들이 최종적으로 멸망하지 않고 보장되는 것은 하나님의 거저주시는 긍휼에 의한 것이고, 작정하심은 변하지 않고, 그리스도의 공로와 중보가 무효화되지 않으며, 성령님의 증거하심이 무효화되는 일이 없기 때문이다(8).

[보증의 확신]

선택된 자들은 신앙의 정도에 따라 이 보증에 대해서 확신에 이르게 된다(9). 이 확신에 이르는 것은 계시된 하나님의 약속을 믿음으로, 또한 성령님의 증거로, 그리고 건전한 양심과 선을 행하고자 하는 노력에 의한다(10).

시련 가운데서 이 확신이 흔들릴 수 있으나 성령님에 의해서 회복된다(11). 또한 이 확신은 성도를 자기만족에 멈추지 않고 감사와 선행의 부단한 실천에로 인도한다(12). 견인의 확신이 새롭게 되어도, 그것은 불경건에로 이끌지 않으며, 주님의 길을 주의 깊게 분별하고, 그 확신을 보증하고, 지속하기 위한 것이다(13). 성도의 견인에 있어서 은혜의 수단이 사용된다(14).

이 성도의 견인 교리는 무지한 자와 위선자에게는 남용되지만, 경건한 영혼의 위로를 위해서 말씀 안에 계시되어있으며, 그리스도의 신부(교회 - 역주)에게는 헤아릴 수 없는 가치가 있는 보석이다(15).

② 항의서와 비교

"항의서"와의 비교는 다시 한 번 "복음의 위로와 <성도의 견인>의 문제" 조항에서 자세하게 다룰 것이기 때문에 여기서는 특별히 다루지 않는다.

이상이 "도르트신조"의 개략적인 내용이다. 이 요약을 기본으로 이어지는 "복음의 위로"라고 하는 시점에서 몇 가지로 묶어서 검토하고자 한다.

제3장
복음의 위로와 "도르트신조"의 서술구조의 문제성

1. 문제의 소재

"도르트신조"는 이미 살펴본 것처럼 "항의서"와 대치하고, 그것에 대응해서 스스로 서술구조를 구축하고 있다. 이것은 교리논쟁이라고 하는 역사적 배경을 생각하면 피하기 어려운 것이다. 그러나 그 결과 구조 그 자체가 문제를 갖고 있는 것이 되었다. 문제를 갖고 있다는 것은 "도르트신조"를 독해할 때, 서술구조가 "도르트신조"의 건전한 이해를 방해하는 일정한 역할을 낳는 측면이 있다고 생각되기 때문이다.

클루스터는 "도르트신조"는 제1조부터가 아니라 제3.4조부터 시작하는 것이 좋았을 것이라고 단적으로 지적하고 있다.[161] 이 주장에 따라서 클루스터는 자신의 "도르트신조" 해설에서 제3.4조부터 시작하고 있다. 이것은 "도르트신조"의 서술 형식적 구조에 유혹 당하지 말고, "도르트신조"의 참다운 기대와 바르게 읽기 위해서 중요한 시도라고 말할 수 있을 것이다.

확실히 "도르트신조"는 "항의서"에 대응해서 라틴어판 본문에서도 제1조에 "예정에 대하여"라고 하는 제목을 붙여 예정론을 다루고 있다. 그러나 제1조의 서술 내용을 구체적으로 검토하면, 단지 예정론으로부터 시작하고 있는 것이 아니라고 판명된다. 즉 실제로는 "도르트신조"의 제1조는 예정론을 다루기 전에 전인류는 죄로 인해서 전적으로 타락하고 영원한 죽음의 단죄에 가치를 두고, 그 단죄에서 하나님은 정당함에도 불구하고(1), 성자를 세상에 보내심

161) H. Klooster, "The Doctrinal Deliverance of Dort," 60.

으로 자신의 사랑을 분명히 했고(2), 복음전도를 통해서 믿음에로 초청하고(3), 그리고 그 초청에 대해서 신앙과 불신앙의 응답이 있을 것을 지적하고(4), 불신앙과 신앙의 원인은 전자는 인간 자신에게, 후자는 하나님의 거저주시는 선물에 있다고 말하고 있다(5).

이러한 것을 기록한 후 "도르트신조"는 처음으로 예정의 문제에 들어간다. 예정론에 들어가기 전에 다루었던 이러한 내용(1~5)은 제3.4조에서 전면적으로 전개되는 내용이다.

이와 같은 사정이라면 오히려 제3.4조에서부터 "도르트신조"의 서술을 시작하는 것이 이 신조의 기대를 분명하게 제시하여 전할 수 있지 않았을까 하는 생각이다. 또한 "도르트신조"를 독해할 때는 그것으로부터 독해해야만 한다고 한 클루스터의 지적도 설득력을 가진다.

우리도 이 점에 마음을 두면서 여기서는 특히 "도르트신조"의 근본 동기를 밝히고자 한다.

2. 아르미니우스주의의 목표

아르미니우스주의는 "항의서" 제1조에서 처음으로 예정론을 논의의 대상으로 제시한다. 아르미니우스주의자와 칼빈주의자의 논쟁점은 사실 예정론에 그치는 것이 아니다. "도르트신조"를 보면 금방 알 수 있는 것처럼 속죄의 범위나 성격, 인간의 죄와 타락의 성격, 성도의 견인 등의 여러 문제도 존재했다. 그러한 것들은 예정과 상호관계가 있는 문제이기는 하지만, 그럼에도 아르미니우스주의자가 예정론을 먼저 제시한 것에는 그들의 **논쟁을 위한 전략**이 있었기 때문이다.

아르미니우스주의자가 공격의 목표로 조준한 것은 "타락전 예정론," 그렇지만 "극단적인 타락전 예정론"의 입장에 대해서였다.[162] "타락전 예정론"은 하나님의 영원한 작정 가운데 "선택과 유기에 대한 작정이 먼저 있었고, 다음으로 선택할 사람과 유기할 사람을 창조하기로 작정하셨다. 그리고 타락을 허용하는 작정, 이어서 선택된 자를 의롭게 하시고, 유기된 자들을 단죄하는 작정"이라고 하는 순서를 생각했던 것이다. 여기서 **하나님의 절대주권으로부터 출발한 수미일관한 논리성이 강조되고 있다.** 이 경우에는 특히 타락의 책임이 하나님께 돌려지게 되는 위험성이 강하게 된다. 사실 "극단적인 타락전 예정론"은 그 씨앗의 위험지역까지 밀어내는 경향을 나타내고 있다.[163] 어떻든 여기서는 그 씨앗의 위험성과 함께 **하나님의 주권 아래 선택과 유기가 같은 방법으로 다루어지며 양자가 평형적(平衡的), 평행적(平行的)인 방법으로 다루어지는 경향**을 띠고 있다.[164]

예정론에 대한 이러한 생각에 관해서는 "도르트신조" 자체가 결론 부분

162) 예정론의 신학적 토론 가운데 "타락전 예정론"(Supralapsarianism) 이외에 후에 본문에서 언급하는 "타락후 예정론"(Infralapsarianism)이라는 이론도 있다. 이 문제는 이중예정론과 밀접하게 관련하고 있다. "타락전 예정론"과 "타락후 예정론" 사이에 가로놓인 신학적 논쟁점은 하나님의 작정 안에 순서의 문제이다. 즉 하나님의 작정에 있어서 하나님의 선택과 유기의 결정은 타락에 관한 허용 작정 이전인가 아니면 후인가 하는 순서의 문제이다. 구체적으로는 각각의 입장으로 작정 내부의 순서를 다음과 같이 도식화하는 것이 가능하다.(L. Berkhof, *Systematic Theology,* London, 1966. 119~20.)
1. 타락전 예정론 : 선택과 유기의 작정 → 선택, 또한 유기될 인간의 창조를 작정 → 타락의 허용을 작정 → 선택된 자를 의롭다함, 유기된 자를 단죄하는 작정.
2. 타락후 예정론 : 인간의 창조를 작정 → 타락의 허용을 작정 → 구원에로 선택하는 작정 → 유기와 단죄를 작정
양자의 특징을 다음과 같이 정리할 수 있을 것이다.
"타락전 예정론"에 있어서는 선택과 유기의 작정이 다른 모든 작정에 선행한다. 따라서 인간의 창조나 타락의 작정에도 선행한다. 이 경우에는 시간적, 역사적 국면에서 유기와 죄책 및 심판과의 관련이 되지만 작정 내부에서는 타락에 앞서 선택과 유기의 작정이라고 하는 질서이며, 거기에서는 유기의 작정에서 죄책은 시야 가운데 들어와 있지 않는 것이 된다. "타락전 예정론"에서는 선험적인 하나님의 주권적 의지의 결정에 강조점을 두고 있다.
한편, "타락후 예정론"에 있어서는 위에서 본 것처럼 죄책에 대한 하나님의 심판의 요소가 강조되고, 그것이 작정 내부에서도 타락과 선택 및 유기 사이의 순서관계에서 명확하게 위치하게 된다. 즉 하나님의 작정 내부에서는 창조와 타락이 선행하고, 그 후에 선택과 유기의 작정이 온다. 따라서 유기의 작정에서는 죄책에 대한 심판의 요소가, 선택에서는 타락으로부터 구원을 위한 선택으로서 하나님의 긍휼과 은혜의 요소가 강조되는 것이다.

163) 이 경우 전형적인 것으로 흐라네거의 신학교수 마코비우스(J. Maccovius)의 이름을 들 수 있다. 마코비우스의 문제는 도르트총회에 있어서도 토론의 대상에 되었지만 최종적으로는 단죄되지는 않았다.(K. Dijk, *De Strijd over Infra-en Supralapsarisme in de Gereformeerde Kerken van Nederland,* Kampen, 1912. 219.)

164) van't Spijker, 105.

에서 "이 교리의 가르침에 의하면 선택이 신앙과 선행의 근원이나 원인인 것처럼, **그것과 같은 방법**으로 유기도 불신앙과 불경건의 근원이고 원인이다."고 문제점을 지적하고, "개혁파교회가 승인하지 않을 뿐만 아니라 마음속으로부터 거부해 마지않는" 것으로 엄격한 경고를 하고 있다.

아르미니우스주의는 이 "극단적인 타락전 예정론"을 눈앞에 두고, 거기에는 하나님이 절대주권 아래 인간의 자유와 책임이 극도로 억압되며, 특별히 유기에 대한 예정에 관해서는 하나님에게 그 책임이 있다는 것으로서 비판한 것이다.

이상과 같이 아르미니우스주의가 "타락전 예정론"에 공격 목표를 정한 것은 "항론파 견해서" 제1조 1항을 보면 명확하게 확인할 수 있다. 다음과 같이 서술되어있는 대로다.

> 하나님은 자신의 긍휼과 의, 또는 절대적 권능과 지배의 영광을 나타내기 위하여 자신의 기뻐하시는 뜻에 따라 **인간을 창조하는 작정에 앞서서 선행하는 순종, 또는 불순종을 전혀 고려하지 않고, 어떤 사람을 영원한 생명으로 선택했고, 또 어떤 사람은 거부하는 것을 결정하신 것이 아니다.**

논쟁의 장의 설정이 이와 같은 것이었기 때문에 아르미니우스주의자는 "항의서"에서도 처음부터 이중예정론을 제기한 것이다. 결과적으로는 이 아르미니우스주의자의 틀에서 "도르트신조"도 대응하고, 반론하며 입장을 변증하게 되었다. 그러나 그와 같은 대응은 예를 들어 단지 형식적인 서술구조라고 할지라도 아르미니우스주의자가 설정한 틀에서 의논하게 되며, 그 후의 역사를 보면 "도르트신조"가 **아르미니우스주의가 공격한 극단적인 타락전 예정론적인 이중예정론의 이해 가운데 상실되는 결과를 자초한** 것처럼 생각된다. 이러한 의미에서 클루스터가 "도르트신조"의 해설에서 한 것이지만, 제3.4조로부터 시작하는 것은 이 신조의 근본 동기가 본래 어디에 있었는가를 이해하는데 중요한 핵심이다.

3. "도르트신조"의 근본 동기

위에서 서술한 아르미니우스주의자의 목표로부터도 당연히 추측할 수 있는 것처럼, 그들의 공격은 그 씨앗인 타락전 예정론의 문제성이 가장 예리하게 드러내는 유기의 예정을 향하고 있다. 이 공격의 전략은 당연히 일관된다.

이와 관련해서 주목하고자 하는 것은 1611년 3월 10일부터 5월 20일까지 행하여진 통상 "헤이그협의회"로 불리는 회의이다. 이 협의회에서의 논의는 "도르트신조"의 예정론의 근본 동기를 알 수 있는 상징적인 의미를 가지고 있다. 이 협의회에서는 아르미니우스주의자와 칼빈주의자 사이에서 논의가 있었지만 칼빈주의자 측으로부터는 만일 아르미니우스주의자에 의해서 "오직 은혜에 의한 선택의 예정"이 고백된다면, 유기의 예정은 논쟁점이 되지 않는다는 것이 반복해서 제안된 사실이 확인된다.[165] 더욱이 도르트총회에서도 회의는 제3 제4조의 아르미니우스주의자들에게 선택의 예정에 대해서 그들 자신의 견해를 적극적으로 제시하도록 요구했지만, 그들의 토론은 끊임없이 "유기의 문제"를 향하고 있었다.[166] 이것은 그들의 논쟁에서 철저한 전략이었다.

이 전략에는 예리한 통찰력이 있다. 이미 지적한 것처럼 "극단적인 타락전 예정", 그렇지만 그 유기론의 문제성을 공격함으로써 칼빈주의 진영에서 타락전 예정론자와 타락후 예정론자 사이에 쐐기를 박고 타락전 예정론자를 고립시키며, 진영 가운데 내부적 분열을 불러일으키고자 하는 전략이었다.[167] 그러나 이 전략은 공격을 드러내지 않았다. 도르트총회는 "타락전 예정론"과 "타락후 예정론" 문제를 진영내의 내부적인 문제로서 양자 모두 허용하는 입장을 취

165) A. D. R. Polman, "De leer der varwerping van eeuwigheid op de Haagse conferentie van 161," in Ex *Auditou Verbi, Theologische opstellen aangeboen aan Prof. Dr. G. C. Erkouwer.* Ter gelegenheid van ziju vijfeentwintigjrig ambtsjubeum als hoogleraar in de faculteit der godgeleerdheid van de vrije universiteit te Amsterdam.

166) Acta., pp. 200-205. cf. van't Spijker, 107~108.

167) G. C. Berkouwer, *De verkiezing Gods(Dogmatische stuudien)*, Kampen, 1955. 17; H. Bouwman. 52.

했기 때문이다.[168)]

이상과 같은 경위로 "도르트신조"의 핵심 관심사가 무엇이었는지 드러나게 될 것이다. "도르트신조"에 있어서 **중심적인 관심사는 어디까지나 선택의 문제**였다는 것이 분명하게 되었다.

이 점은 "도르트신조" 자체로부터도 확인할 수 있을 것이다. 분명히 이 신조는 "항의서"에 대응하여 제1조에서 예정론을 다루었다. 그러나 다루는 방법은 이미 지적한 것처럼 내용적으로는 먼저 **전적인 타락의 사실로부터 출발해서 하나님의 긍휼에 의한 주권적인 은혜만이 선택을 고백하는 것에 방점이 정해졌고, 그 강조점이 놓여있다.** 그러한 의미에서 제3.4조를 "도르트신조"의 예정론 해석의 전제로 하는 것은 역시 중요한 것이다.

이상은 "도르트신조"가 단순히 "타락후 예정론"의 입장을 선택한 것을 의미하지 않는다. 그렇지만 "도르트신조"는 **타락후 예정론에 치우지는 경향을 띠고 있는 것은 사실이다.**[169)]

"도르트신조"은 선험적(a priori)으로 하나님의 절대주권의 개념으로부터 출발하는 타락전 예정론적인 사변적 결정론과는 분명히 달리하고 있다. 이 신조는 전적으로 타락한 인간을 전제로 그리스도와 그 복음에 대한 믿음으로 구원의 궁극적인 근거를 하나님의 긍휼에 의한 영원한 선택에서 찾고, 신앙은 그 결과로서 대가 없이 주는 선물이라는 것을 강조하고 있다. 한편 불신앙에 관해서는 제1의적인 원인을 인간에게 돌리고, 인간의 죄성(타락한 본성-역주)을 강조하며, 그 위에 최종적으로 영원한 차원에서 하나님의 유기를 고백한다. "도르트신조"에서 타락후 예정론에 대한 경향은 이러한 신학적 사고 형태가 타락후 예정론과의 친화성을 가진다고 하는 의미에서다.

168) K. Dijk, *De Strijd over Infra-en Supralapsarisme in de Gereformeerde Kerken van Nederland*, 220.

169) K. Dijk, *De Strijd over Infra-en Supralapsarisme in de Gereformeerde Kerken van Nederland*, 220.

이러한 "도르트신조"의 예정론을 취급하는 방법은 신론에서가 아니라 구원론에서 예정론을 다룬 칼빈주의 예정론의 취급방법도 중요한 것이다.[170]

이와 관련해서 주목하고자 하는 것은 바르트가 칼빈의 예정론 가운데 "선택과 유기의 평형적, 평행적 이해"라는 표제를 보고, 이것을 비판한 점이다. 바르트는 다음과 같이 문제점을 지적한다.

> 이중예정에 대한 주장으로 평행법(paraellismus membrorum) 가운데서, 즉 그러한 두 행위의 확인이 같은 중요성을 갖고 있는 이해 방법 가운데서는 예정설은 어쨌든 그와 같은 복음적인 성격을 갖고 있지 않는 것이다. 이와 같은 중요성 가운데서는 예정설은 이른바 자연과학적인 것으로 중립적으로 말하고 있다. 그것은 신적인 긍정과 신적인 부정 사이에 구별하고 있지 않다. 그것은 신적인 긍정에 편을 들어 결정하고 있지 않다.[171]

칼빈의 예정론에 대한 이러한 비판이 과연 그럴까, 그렇지 않을까 질문해야만 할 것이다. 칼빈에게 있어서 "자연과학적인 것으로, 중립적으로 말하는" 예정론이 과연 그렇게 영향력을 발휘하고 있을까? 칼빈이 구원론적 문맥에서 예정론을 다루는 사실, 그것이 오히려 그의 예정론의 복음적 성격을 증명하고 있는 것이다.[172]

문제는 바르트가 칼빈의 예정론을 향한 비판이 많은 경우와 마찬가지로 "도르트신조"의 예정론에도 영향을 주고 있다. 그 비판은 분명히 도르트총회 자체가 날카롭게 경고한 "극단적인 타락전 예정론"에서는 꼭 들어맞는 것이다. 그러나 "도르트신조"는 오히려 "극단적 타락전 예정론"에서 보여지는 "선택과 유기에 관한 평형적, 평행적 이해"를 거부했다는 것이다.

170) フレッドH. クルスター, 金田幸男 譯, 『カルヴァンの 豫定論』, 聖惠授産所出版部, 1984. 5~6, 12.
171) Karl Barth, *Kirchliche Dogmatik*, II/2, s. 17.
172) G. C. Berkouwer, *De verkiezing Gods*(Dogmatische stuudien), 204vv.

"도르트신조"는 이미 소개한 신조의 결론 가운데 "선택이 신앙과 선행의 원천이며 원인인 것처럼 **그와 같은 방법**으로 유기도 불신앙과 불경건의 원천이며 원인이다."고 주장하는 자를 단호하게 거부했다. 여기서 "그와 같은 방법"(eodem modo)이라는 것은 인과론에 근거한 자연과학적, 중립적 논리에 의한 "평형적, 평행적 이중 예정론"을 의미한 것이다.[173] "도르트신조"는 선택과 유기를 모두 같은 비중으로 똑 같은 방법으로 다루지는 않았다. 자연과학적 사고에 있어서 일관된 논리로 생각한 것이 아니다. 오히려 그것이야말로 아르미니우스주의자의 배후에 가로놓여있는 사고방식인 것이다. 그러므로 그들에게 있어서 하나님의 주권과 인간의 이성, 자유와의 싸움이 일어난 것이다. 예지적 예정이라고 하는 형식으로 밖에는 양자를 조정할 수 없었다. "도르트신조"의 경우는 이미 논술해온 것처럼 구원론적인 시점에서 예정론에로 접근한 것이다. 인간의 죄와 전적 타락의 현실성 가운데 그리스도와 복음에 대한 신앙으로 구원받은 현실의 궁극적인 근거를 규명하기 위하여 하나님의 긍휼에 의한 영원한 선택이라고 보았다. 그것은 **단지 은혜에 의한 구원의 고백의 철저화**에 지나지 않는다. 그것은 단지 구원의 확신에 직결한 문제였다. **여기에 "도르트신조"의 예정론의 심장부가 있다.** 혼동할 것 없이 "긍정" 쪽이 압도적인 중요함과 강력함을 가지고 말하고 있는 것이다. "신적 긍정에 편을 들어" 라고 하고 있는 것이다.

173) 바르트는 칼빈의 예정론에 있어서 평형적, 평행적 예정론을 비판했지만, "도르트신조" 제1조의 7항에 예정의 정의에 관해서는 거기에 유기론이 배제되지 않은 것에 대한 불만을 표명하면서 복음적 성격을 높이 평가하고 있다. 다음과 같이 평가하고 있다.
"그것에 대해서 다음은 바르트 [종교회의] 신앙기준(1619년)의 훌륭한 점이 포함되어있다. 그것은 즉 거기에(I. 7.) 하나님이 버리신 신적인 기각이 당연한 것이면서도 배제되지 않지만, 그러나 또한 그러한 기각을 독립된 진리로서 자신 가운데 포함하고 있거나, 자신 곁에 두고 있는 것이 아니고, 오히려 선택이 무엇인지를 적극적으로 설명하는 것으로 만족하고 있는 예정에 대한 정의가 주어지고 있다고 하는 것이다. ... 예정설이 이러한 형태로 다시 복음적인 전파의 성격 - 동시에 같은 구성요소로서 은혜와 진노에 대해서, 구원과 기각에 대해서 말하는 정의에도 부족한 복음의 성격 - 을 획득했다고 하는 것은 분명하다."(Karl Barth, 吉永正義 譯, 28~29.)
그러나 "도르트신조"의 제1조 7항에서 볼 수 있는 이러한 "복음적인 전파의 성격"(der Charakter evangelischer Verkundigung)은 이 조에서만 아니라 유기론을 포함하는 "도르트신조"의 예정론 자체의 근본적인 성격인 것을 지적하고자 한다.

확실히 유기를 결정한 궁극성에 대해서도 말할 수 있다. 그러나 유기에 있어서 제1의적으로 일컬어지며 질문되고 있는 것은 인간의 죄성이며, 선택에 있어서와 마찬가지로 제1의적으로 그 원인을 하나님께로부터 찾고 있는 것은 아니다. 여기에 이미 근본적인 불균형이 있다. 불신앙에 있어서 인간의 죄성을 고백하면서 궁극적으로는 거기에 있는 하나님의 손길을 고백하지 않을 수 없다. 그러나 인간의 죄성을 고백하면서도 유기의 예정에 대한 고백은 "긍정"의 압도적인 영향 가운데 복음에로 촉구하며 복음 가운데로 초청하는 복음적인 역할을 하고 있는 것은 아닐까?(제1조 16항).[174] 그림자는 커다란 빛에 의해 존재하는 것은 아닐지? "도르트신조"의 근본적인 목표, 근본적인 동기가 여기에 있을 것이다. 그것은 **오직 은혜에 의한 구원의 궁극적인 메시지**이다. **복음의 궁극적인 위로**가 여기에 있다는 것을 알리는 것이다. 더욱이 이점에서 "도르트신조"의 예정론은 살아있을 때도, 죽을 때도 우리에게 있어서 유일한 위로를 말한 "하이델베르크 신앙문답"과 울림이 있다.

174) J. Kamphuis, *Katholieke vastheid*, Goes, 1955. 20.

제4장
복음의 위로와 <하나님의 불변성>의 문제

앞장에서 이미 "도르트신조"의 근본적인 목표가 복음의 위로에 있음을 밝혔다. 그 빛으로 이끌림을 받으며 "복음의 위로"라고 하는 시점에서 몇 가지 문제를 고찰하고자 하는데, 특별히 여기서는 "도르트신조"에 있어서 "하나님의 불변성"(immutabilitas Dei)의 문제를 다루고자 한다.

"도르트신조"에서 하나님의 불변성과, 그것과 관련한 문제가 대두되는 것은 다음과 같은 조항이다. 제1조의 7, 11, 12항, 그리고 제1조의 배척조항 5, 6, 7항, 제3, 4조 항의서 6, 8항 등이다.

직접적으로 하나님의 속성으로서 "하나님의 불변성"이 언급되어있는 것은 제1조의 11항에서다. "하나님 자신이 가장 현명하고 **불변하시며** 전지전능하심 같이 …"

주목해야 할 것은 "도르트신조"에서는 **"하나님의 불변성"은 "선택의 불변성"과 긴밀하게 결합되어있는 점**이다. 전술한 제1조 11항의 "하나님의 불변성"에 대한 언급에 이어서 "… 그와 같이 그에 의한 선택도 방해받거나, 변하거나, 취소되거나, 무효화 되거나 하는 일은 없다. 선택된 자가 버림을 받거나, 선택된 자의 수가 줄어들거나 하는 일은 결코 있을 수 없다."고 한 다음에 "선택의 불변성"에 대해서도 말하고 있다. 그 밖에도 "선택은 하나님의 **불변한 계획**이며 …"(제1조의 7항), 또한 "**이 변하지 않는** 구원의 선택에 대한 확신은 …"(제1조의 12항)과 같은 점들을 말하고 있다.

이상과 같이 "도르트신조"에서 "하나님의 불변성"과 "하나님의 선택의 불변성"의 밀접함과 강조는 말할 것도 없이 아르미니우스주의자의 견해를 의식한 것이다.

그러면 아르미니우스주의자의 견해는 어떠한 것이었을까? 이 점에서 즉각적으로 문제가 되는 것은 아르미니우스주의자의 예지적 예정의 견해이다. "항의서"의 제1조는 다음과 같이 말하고 있다.

> 하나님은 영원히 **불변한 작정**을 하심으로 세상의 토대가 놓이기 전에, 성자 예수 그리스도 안에서, 타락함으로 죄가 많은 인류 가운데서 성령님의 은혜로 성자 예수님을 믿고, 그 믿음의 순종으로 최후까지 견인할 자들을 그리스도 안에서, 그리스도로 말미암아, 그리스도를 통하여 구원하실 것을, 그리고 다른 한편 회개하지 않고 믿지 않는 자들을 죄 가운데, 또한 하나님의 진노 아래 처하게 하고, 그리스도와 관계가 없는 자로서 단죄하는 것을 작정하셨다.

여기서 주목해야만 하는 것은 아르미니우스주의자도 "불변한 작정"에 대해서 말하고 있다는 사실이다. 그러나 분명히 작정의 불변성에 대해서 언급하고 있으나 동시에 "예수 그리스도를 믿고, ... 최후까지 견인할 자들을" 구원에로 정하셨다고 예지적 예정을 주장한다고 하는 또 하나의 사실도 있다. 즉 말로는 불변성에 대해서 말하면서도 실제로는 "하나님의 불변성," 더욱이 "선택의 불변성"을 부정하는 결과가 된다고 하는 점이 문제인 것이다.

이 문제점을 "도르트신조"는 강하게 의식하고, "배척" 부분에서 아르미니우스주의자의 견해를 다음과 같이 정리하여 이것을 거부하고 있다.

> [**구원을 위한 모든 선택이 불변한 것은 아니다.** 선택된 자들 가운데도 어떤 자들은 하나님의 작정에 관계없이 멸망할 수 있고, 또한 실제로 영원히 멸망한다.]고 가르치는 자들을 총회는 거부한다.
> 이 큰 오류로 그들은 **하나님을 가변적인 존재로 만들어버렸으며** 선택의 확실성에 관한 경건한 자들의 위로를 파괴한다.(제1조의 배척조항 6항)

[이 세상에서는 **가변적이고 불확실한 것**에 근거한 조건적인 것 이외에 영광을 위한 **불변한 선택**의 어떠한 열매도, 어떠한 자각도, 또한 어떠한 확실성도 있을 수 없다.]고 가르치는 자들의 오류를 총회는 배척한다. 왜냐하면 불확실성에 대해서 말하는 것은 순전히 어리석을 뿐, 이것은 성도들의 경험과도 모순되기 때문이다. 성도들은 사도들과 같이 그들의 선택을 자각하고 기뻐하며, 하나님의 이 선물을 높이 찬양한다.(제1조의 배척조항 7항)

이와 같은 판단은 결코 도르트총회의 극단적이고 일방적인 단정이라고 할 수 없다. 예를 들어 아르미니우스주의자의 교리문답이 도르트총회 후에 출판되었는데, 제7문에서 하나님의 속성이 다루어지고 있다. 거기에 열거되어있는 하나님의 속성 중에 "하나님의 불변성"을 찾아볼 수 없다. 이것은 우연이 아니다.

"도르트신조"가 이러한 아르미니우스주의자의 "하나님의 불변성"의 부정을 문제시한 것은, 그것이 네덜란드개혁파교회의 신앙기준인 "벨기에신앙고백" 제1장의 "하나님의 불변성"에 대한 고백을 부정하는 것을 의미하고, 동시에 교회의 공적인 고백을 부정하는 것을 의미한 것이기 때문이다. 그러나 "도르트신조"가 이 "하나님의 불변성"과 "선택의 불변성"의 밀접한 관계를 견지하고, 그것을 강조한 것은 하나님의 속성을 둘러싼 스콜라적인 신학적 추상론으로부터가 아니고 더 깊은 종교적, 실천적인 관점에서였다. 이 점은 다음의 사실에서 확인할 수 있다.

첫째, 불변성의 문제가 집중적으로 나오는 것은 형식적인 관점에서 보아도 예정교리가 직접 다루어지는 제1조부터 성도의 견인론이 다루어지는 제5조까지다. 즉 아르미니우스주의자의 예지적 예정에 의한 하나님의 선택의 불변성의 침해는 성도의 견인론에서 치명적인 영향이 나온다. 그 경우에는 선택의 확실함은 없어지고, 성도의 신앙의 위로가 뿌리채 흔들리게 된다는 사실이다.

둘째, 형식적으로만이 아니라 이 사실은 "도르트신조"의 내용면에서도 명확하게 확인할 수 있다. 이미 열거한 "도르트신조"에서 하나님의 불변성 및 그 관련한 구절은 직접적으로 또는 간접적으로 성도의 구원의 확실성의 문제와 결부되어있다. 예를 들어 제1조 11항은 하나님의 불변성 및 선택의 불변성에 대해서 언급한 다음에 "선택된 자가 버림을 받거나, 선택된 자의 수가 줄어들거나 하는 일은 결코 있을 수 없다."고 말하고 있다. 이것은 성도의 견인론에 대한 선행읽기(pre-read)로서 의미를 갖고 있다.

더욱이 인용한 제1조에 대한 배척조항 6항에서는 다음과 같이 말하고 있다.

> [구원을 위한 모든 선택이 불변한 것은 아니다. 선택된 자들 가운데서도 어떤 자들은 하나님의 작정에 관계없이 멸망할 수 있으며, 또한 실제로 멸망한다.]고 가르치는 자들을 총회는 배척한다. 이 큰 오류로 그들은 하나님을 가변적인 존재로 만들어 버렸으며 선택의 확실성에 관한 경건한 자들의 위로를 파괴한다.

여기서 직접적인 말로 선택의 확실성이 상실되고 성도의 위로가 파괴되어 버린다는 사실이 지적된다. 이 점이 적극적인 의미에서 전개되는 것은 제3.4조항의서 6항과 8항에서다.

이와 같이 "하나님의 불변성"이라고 하는 시점에서 "도르트신조"를 주시해보면, 이 신조의 신학적 의의가 무엇이었는지 드러나게 될 것이다.

제5장
복음의 위로와 <그리스도 안에 있는 선택>의 문제

다음으로 다루고자 하는 것은 예정론 문제이다. 이 문제도 여러 갈래로 걸쳐있으나 여기서는 선택에 대한 정의가 다루어지고 있는 제1조의 7항을 검토의 대상으로 삼고자 한다. 그렇지만 그 가운데 나오는 "그리스도 안에 있는 선택"의 문제를 중심으로 고찰하고자 한다.

1. 아르미니우스주의에 있어서 "선택의 기초로서 그리스도"의 개념과 그 문제성

"도르트신조"의 제1조 7항을 바르게 이해하기 위해서는 아르미니우스주의자의 선택에 대한 견해를 먼저 살피는 것이 필요하다. 새삼스럽게 "항의서"의 제1조를 보면 다음과 같이 서술되어있다.

> 하나님은 영원히 불변한 작정을 하심으로 세상의 토대를 놓기 전에 성자 예수 그리스도 안에서 타락함으로 죄 많은 인류 가운데서 성령님의 은혜로 성자 예수를 믿고, 그 믿음의 순종으로 최후까지 견인할 자들을 그리스도 안에서, 그리스도로 말미암아, 그리스도를 통해서 구원할 것을, 그리고 한편으로는 회개하지 않고, 믿지 않는 자들을 죄 가운데서, 또한 하나님의 진노 아래 처하게 하고, 그리스도와 관계가 없는 자로서 단죄할 것을 정하셨다.

여기에 "성자 예수 그리스도 안에서 … 그리스도 안에서 … 그리스도로 말미암아 … 그리스도를 통해서 구원하는 것을 … 정하셨다."는 표현이 있다. 언뜻 보면 그리스도를 강조하고 있는데 문제가 있을까? 오히려 지극히 아름다운 기독론적인 형식이라고 조차 생각할 수 있다. 그러나 이것은 이미 지적한 것처럼, "예수 그리스도를 믿는 … 최후까지 견인할 자들을"이라고 하는 조건적인 것이며, 그러한 의미로 예지적 예정을 내용적으로 의미하고 있다.

더욱이 "항론파 견해서"에는 다음과 같은 표현도 나온다.

> **중보자 그리스도는 선택의 수행자만이 아니라 선택작정의 기초이기도 하다.**[175] 어떤 사람들이 유효하게 소명을 받고, 의롭게 되며, 믿음으로 견인되고, 영화롭게 되는 이유는 그들이 영원한 생명에로 절대적으로 선택되었기 때문이 아니다. 또한 어떤 자들은 타락 가운데 처해진 상태로 그들에게는 그리스도가 주어지지 않고 전혀 부름을 받거나, 또는 유효하게 소명을 받은 것도 없이 그대로 굳어져 단죄되는 이유는 그들이 영원한 구원에서 절대적으로 거부되었기 때문이 아니다(제1조 3항)

여기에는 <선택의 수행자, executor electionis>와 <선택의 기초, fundamentum electionis>라고 하는 용어가 보이는데, 특히 문제가 되는 것은 <선택의 기초로서 그리스도>의 개념이다.

아르미니우스주의자는 이것을 "하나님의 선택의 동인(動因), 또는 공적인(功績因)"(casusa impulsiva, movens, meritoria)으로 이해한다. 즉 역사 가운데서 그리스도의 사역 자체가 공적적인 의미를 갖고, 그리스도의 일을 예지하여, 그리스도의 사역에 의해 하나님은 선택에로 "움직여졌다." 더욱이 하나님은 그리스도를 믿는 신앙을 미리 알고, 그 믿음으로 그리스도 안에 있는 자로서 우리

175) 굵은 글씨의 라틴어판 본문은 "Christus Meditator non est solum exeutor Electionis, sed ipsius decreti Electionis fundamentum"이다.

들을 선택했고, 그 신앙에 있어서 그리스도에 속한 자로서 우리를 선택하셨다고 이해한다.[176] 아르미니우스주의 자가 그리스도가 "선택의 기초"라고 주장할 때, 그것은 이상과 같은 의미에서 였다.

여기서 분명해지는 것은 그리스도의 사역이든, 우리들의 신앙이든, 역사적인 것을 미리 아심으로 예정을 하셨다고 하는 것이며, **역사적인 것에 하나님의 결정이 의존한다**고 하는 결과에 이른다. 이것은 절대적인 예정에 대해서는 말할 수 없는 것이 된다. 이것은 앞에서 "항론파 견해서"의 인용구에 "... 절대적으로 선택되어있기 때문이 아니다. ... 절대적으로 거부되어있기 때문이 아니다" 고 하는 표현으로도 확인할 수 있을 것이다. 이 점을 생각하면, 이미 다룬 "항의서"의 제1조를 보면, 아름다운 기독론적인 형식의 배후에 숨겨진 문제성도 더 명확하게 인식할 수 있으며, 또한 "도르트신조"에서 "하나님의 불변성"과 "선택의 불변성"이 강조되는 이유도 새삼스럽게 이해할 수 있을 것이다.

바르트도 아르미니우스주의자나 루터파의 "협화신조"에서 보여지는 "선택과 그리스도와의 밀접한 관계"를 평가하면서도 위에 지적한 것과 같은 점을 아르미니우스주의자의 경우에도, 루터파의 경우에도 공통적, 근본적인 문제점으로 비판한다. 즉 결과적으로는 "하나님의 선택으로서의 은혜의 선택이 최종적으로는 부정되고 만다."는 것이기 때문이다.[177]

176) H. Bavink, *Gereformeerde Dogmatiek vol. II 6*, de druk, Kampen, 1976. 365; G. C. Berkouwer, *De verkiezing Gods(Dogmatische stuudien),* 154vv.; L. Van der Zanden, *Praedestinatie*, Kampen, 1949. 40v.
이와 관련해서 주목해야 하는 것은 에베소서 1장 4절에 대한 아르미니우스주의자의 해석이다. 도르트 총회에도 이 구절의 해석이 문제가 되었지만, 아르미니우스주의자는 에베소서 1장 4절의 "창조 이전에 … 그리스도 안에서 선택되었다"고 하는 말씀을 <그리스도 안에 있는 자로서 선택되었다>고 이해했다. 이 경우 누구도 믿음이 없이는 그리스도 안에 있는 자일 수 없기 때문에, 그것이 의미하는 것은 <그리스도를 믿는 것으로 그에게 있는 자로서 선택되었다>고 하는 것을 의미하는 것이라고 해석했다. 이 점에서 하나님은 그리스도에 대한 믿음을 예지한 다음에 어떤 자들을 선택한 것이라고 한다. 이른바 <예지적 예정>의 주장도 나온다. 이 해석에 의하면 선택될 때 신앙이 공적으로서 의미를 갖는 것이 된다(G. C. Berkouwer, *De verkiezing Gods*(Dogmatische stuudien), 41.).
177) Karl Barth, *Kirchliche Dogmatik, II/2*, s. 119.

2. "도르트신조"의 "그리스도 안에 있는 선택"의 이해

이상과 같은 배경에서 "도르트신조" 제1조 7항이 갖고 있는 의미를 다시 검토해야 한다. 조금 길지만 중요한 한 문장인 제1조 7항 전체를 인용하고자 한다.

> 이 선택은 하나님의 불변한 계획이었으며, 그로 말미암아 하나님은 세상의 토대를 놓기 전에 최초의 죄가 없는 상태에서 자신의 죄과로 타락해서 죄와 멸망에 떨어진 전 인류 가운데 자신의 전적인 자유로운 의지로 기뻐하심을 따라 오직 은혜로 어떤 정한 수의 사람들을, 그들이 다른 사람들보다 더 선하거나 합당하기 때문이 아니고, 같은 비참 가운데 있음에도 **그리스도 안에서 구원에로 택하신 것이다. 하나님은 그리스도를, 또한 영원부터 택하신 모든 자들의 중보자로서 머리, 그리고 그들의 구원을 위한 기초로 삼으신 것이다.** 더욱이 선택된 자들이 그리스도에 의해서 구원을 받을 수 있도록 하나님은 그들을 그리스도에게 맡기셨고, 말씀과 성령님으로 그리스도와의 교제에로 유효하게 부르셨고, 이끌어주실 것도 정하셨다. 즉 하나님은 택하신 자들에게 그리스도를 믿는 참 믿음을 선물로 주시고, 그들을 의롭다하시고, 거룩하게 하시며, 성자와의 교제 가운데 튼튼하게 보증하면서, 결국 영화롭게 하기를 정하셨다. 이것은 하나님의 긍휼이 드러나고, 하나님의 찬란한 은혜의 풍성함을 찬양하게 하기 위함이다. 다음과 같이 기록되어있는 대로다(엡 1:4~6, 롬 8:30의 인용할 수 있는 성구가 많지만 생략함, 굵은 글씨 저자).

이 제1조 7항은 아르미니우스주의자의 견해를 염두에 두고 변증적인 의미도 포함하여 서술되었다. 그 점을 의식하고 고려하면서 내용적으로 특별히

주목해야만 하는 것을 다음과 같이 요약해서 정리할 수 있을 것이다.[178)]

① "도르트신조" 제1조 7항은 "항론파 견해서"의 제1조 3항에서 사용된 <선택의 기초, fundamentum electionis>라는 용어를 거부하고, 그것에 대해서 선택된 자들의 <구원의 기초, fundamentum salutis>라는 용어를 선택했다. 도르트총회의 입장에서는 <선택의 기초>로 한다면, 그것은 아르미니우스주의적인 "하나님의 선택의 동인, 또는 공적인(功績因)"이라고 하는 의미를 그리스도의 사역에서 밖에 찾을 수 없다. 그렇지 않고 오히려 선택의 궁극적인 기초가 하나님 자신에게 "자신의 뜻의 전적으로 자유롭게 기뻐하시는 것 ..."이야말로 찾아야만 하는 곳이다. 제1조 11항에서 "이 은혜의 선택 원인은 철두철미하게 하나님의 기뻐하시는 것에만 있다."고 언명되어있는 대로이다.[179)]

② 그러나 하나님의 주권성을 강조한 이 "하나님이 기뻐하시는 것"(beneplacitum)에 기초하는 선택은 그리스도와 단절되거나 그리스도를 제외한 선택을 의미하는 것이 아니다.

때때로 이와 같이 그리스도를 제외한 선택으로 해석되어 "도르트신조"의 선택의 개념이 비판을 받아왔다.[180)] 그러나 "도르트신조" 제1조 7항은 "그리스

178) cf. C. Trimp, *Tot een levendige Troost zijns volks,* Goes, 1954. 52ff.; (G. C. Berkouwer, *De verkiezing Gods*(Dogmatische stuudien), 151vv.

179) "선택의 기초"라고 하는 용어를 두고 도르트총회에서도 격론을 일으킨 문제이다. 특히 브레멘(Bremen)대표단의 지도적인 역할을 한 마르티니우스(Matthias artinius)와 호마루스(Francis Gomarus)사이에 격렬한 토론이 있었다(H. Kaa jan, *Grote Synode van Dordrecht,* 43; G. P. van Itterzon, *Francis Gomarus*, 1930. 's Gravenhage 230; Karl Barth, *Kirchliche Dogmatik, II/2*, s. 73~74.

마르티니우스는 "그리스도는 단지 선택의 수행자에 그치지 않고, 선택의 창조자이기도 하다."고 주장했다. 브레멘은 멜랑히톤(Philip Melanchthon)의 영향아래 엄격한 예정론 이해에 대해서도 더욱 비판적인 입장을 가지게 되었다. 특히 마르티니우스는 그리스도의 속죄에 관해서도 보편적인 속죄를 주장하는 입장이었다. 그러한 마르티니우스가 본문에서 설명한 것과 같은 의미에서 "그리스도를 선택의 기초"로 하는 입장을 주장했을 때, 특히 호마루스는 그 입장을 격렬하게 비판하게 되었다.

이와 같은 배경이 있었어 "선택의 기초"라고 하는 용어를 도르트총회는 받아들이지 않았다. 그것을 대신해서 "구원의 기초"라고 하는 용어를 선택하고, 그것으로 선택의 행위 자체에 있어서 하나님이 주권성을 견지하고자 했다.

도 안에서 구원으로 선택되었다."고 함으로써 "그리스도 안에 있는 선택"을 명확하게 말하고 있다. 여기서 그리스도는 단지 선택의 객체에 머물지 않고 **선택의 행위 그것의 주체적으로 관련되어있는 것**이 이해되어야만 한다.[181]

③ 선택은 "그리스도 안에 있는 선택"이지만, 그것은 그리스도가 선택에 있어서 주체적으로 관계하는 것만이 아니라 그 **자신이 선택의 객체**이기도 하다. 모든 선택된 자들의 중보자로서 머리, 또한 구원의 기초와 토대로서의 그리

180) 여기서는 특히 바르트의 "도르트신조"에 대한 비판을 생각해야만 할 것이다. 바르트는 "도르트신조"의 예정론을 비판할 때 "그리스도가 선택의 토대.기초"로 바꾸어놓고, 그것으로 그리스도는 단지 선택의 객체가 되었다. 거기에는 그리스도를 뺀 선택의 개념을 지지할 수 있게 되었다고 비판한다.(Karl Barth, *Kirchliche Dogmatik, II/2*, s. 72~74.) 그렇게 해서 바르트 자신은 "선택의 주체로서 그리스도"를 주장하게 되었다.

181) "도르트신조"의 제1조 7항은 우리의 번역으로는 다음과 같다. "하나님은 세상의 기초를 놓기 전에 최초 죄가 없는 상태로부터 스스로 범죄함으로 타락하여 죄와 멸망에 떨어진 전 인류 가운데 ... 어떤 정한 수의 사람들을 ... 그리스도 안에서 구원에로 선택한 것이다." 굵은 글씨 부분의 라틴어판 본문은 ad salutem elegit in Christo 이다.

굵은 글씨 부분을 야마나가 다케오(山永武雄)는 "그리스도 안에 있는 구원에 동참하도록 해야 했다 ... 선택한 것이다."고 번역하고 있다.(山永武雄, 『信條集 後編』, 新敎出版社, 166.) 이것은 샤프가 제공한 영어번역 "chosen ... a certain number of persons to redemption in Christ"과 중첩된다.(P. Schaff, The *Creeds of Christendom vol. III*, Baker, 1983. 520). 이 두 사람의 번역에 의하면 선택하는 행위 그것은 그리스도와의 관계가 명확하지 않다. 이 경우에는 "그리스도를 뺀 선택"을 말하고 있다고 하는 비판을 받게 된다. "도르트신조"의 해석에 있어서 때때로 이 번역에 나타나 있는 것처럼 불명확함이 존재했다.

그러나 라틴어판 본문에는 ad salutem elegit in Christo, 또한 네덜란드어판 본문에는 tot de salicheyt uyt louter ghenade, uytvercoren heeft in Christo, <선택했다>(elegit uytvercorren)고 하는 동사는 직접 <그리스도 안에서>(in Christo) 라고 하는 말에 연결되어있다. 1986년 북미 개혁파교회의 영어번역은 원문에 충실하게 다음과 같이 이 문장을 번역하고 있다. "He chose in Christ to salvation" (*Ecumenical Creeds and Reformed Confessions*, CRC publications, 1987). 이 경우에는 선택한다는 행위가 "그리스도를 뺀 선택"이 아니고, "그리스도 안에 있는 선택"이라는 것은 분명하다.

번역의 문제는 작은 것이 아니다. 선택을 이해하는데 근본적으로 관계하기 때문이다. 이미 언급한 바르트의 "도르트신조" 비판도 이 점에 관계하고 있다. 역사적으로 말하자면 마르티니우스의 "선택의 기초"의 개념을 비판한 호마루스 자신도 분명히 "선택의 기초"라고 하는 말의 사용을 거부하고 있지만, 그것은 선택을 그리스도로부터 독립한 그리스도를 뺀 하나님의 선택행위로 보았다고 단순하게 생각하지 않았던 것을 기억해둘 필요가 있다.

이미 이 장의 각주 28번에서 언급한 것처럼 도르트총회에 있어서 "선택의 기초"를 둘러싼 토론에서는 에베소서 1장 4절의 해석이 문제가 되었다. 마르티니우스의 예지론적 해석에 대해서 호마루스는 1장 4절에 있는 "그리스도 안에 있는"(in Christ)의 전치사 "in"은 골로새서1장 16절과 관련해서 해석해야 된다고 주장했다. 골로새서 1장 15~16절에서는 "아들은 보이지 않는 하나님의 모습이며 ... 만물은 아들 안에서(in) 창조되었기 때문이다. 즉 만물은 아들에 의해서(through), 아들을 위하여(for) 창조되었기 때문이다."고 한다. 여기서는 그리스도의 신성이 고백되어있다. 따라서 이것과 관련해서 에베소서 1장 4절의 "in"을 해석한다면 거기에서 "그리스도 안에 있는 선택"의 의미는 "그리스도는 그의 신적인 성질에

스도의 선택도 포함하는 것이다. 즉 하나님은 선택된 자들을 중보자 그리스도 안에서, 그리스도를 머리로 하여, 그에게 결합된 지체로서, 그를 토대로 하고, 그에게 의거하는 자로서 보고 계시는 것을 의미한다. 하나님은 영원부터 선택된 자들을 그리스도 밖에서가 아니라 철두철미하게 그리스도 안에서, 그리스도를 통해서 보고 계시는 것을 의미한다.

④ 하나님은 이 "그리스도 안에 있는 선택"에서, 그 선택이 시간 안에서 실현되고, **목표에 도달하는 수단**을 정하셨다는 것이다. 즉 하나님은 선택한 자들을 그리스도에게 맡기시고, 말씀과 성령님으로 그리스도와 교제에로 유효하게 부르시고, 가까이 이끌어주는 것도 정하셨다. 즉 하나님은 선택된 자들에게 그리스도를 믿는 참된 신앙을 선물로 주시고, 그들을 의롭다 하시고, 거룩하게 하시며, 성자와의 교제 가운데 강력하게 보증하시며, 종국에는 영화롭게 하도록 정하신 것이다. 이 길은 어디까지나 그리스도를 통해서, 또한 그리스도에 대한 신앙을 통한 길이며, **그리스도의 길**이다.

따라서 선택의 사역에 참여하고 있다."는 것을 의미한다고 호마루스는 해석했다. 이것은 아르미니우스주의자가 "그리스도 안에 있다."는 해석에서 공적주의적으로 이해한 것에 대한 반박이었다. 호마루스는 그리스도가 신적인 성질로 선택에 참여했다고 주장함으로 선택이 전적으로 하나님의 일방적으로 긍휼히 여기시는 사역이라는 것을 밝히고자 했다(G. C. Berkouwer, *De verkiezing Gods*(Dogmatische studien), 165vv.).

베르카워는 호마루스의 이러한 석의적인 시도에 대해서 에베소서 1장 4절의 해석으로서 오늘날 타당할지, 부당할지 하는 문제가 있음을 인정한 다음에 아르미니우스주의에 대한 변증으로서 신학적 내용의 정당성에 대해서는 승인하고 있다.(G. C. Berkouwer, *De verkiezing Gods*(Dogmatische studien), 164.). 동시에 베르카워는 호마루스의 주장이 신학적 내용에 관해서 말하자면 모든 개혁파신학과 일치하고 있는 것도 분명하게 하고 있다(G. C. Berkouwer, *De verkiezing Gods*(Dogmatische studien), 166.)

그러한 의미에서 예를 들어 루니아(Klaas Runia)는 아르미니우스주의자가 주장하는 <선택의 기초로서의 그리스도>의 이해를 거부하면서 "도르트신조" 제1조 7항의 텍스트부분에 관련해서 <선택의 기초로서 그리스도>라고 하는 표현조차 주저하지 않고 긍정한다. (Klaas Runia "Recent Reformation Criticism of the Canon," in P. De Jong, ed., *Crisis in the Reformed Churches*, Grand Rapids, 1968. 164, 178.)

3. "도르트신조"의 "그리스도 안에 있는 선택"과 복음의 위로

문제는 이상과 같이 "그리스도 안에 있는 선택"이 왜 신앙의 위로의 관점에 있어서 중요한 것인가이다.

아르미니우스주의자들의 "그리스도 안에 있는 선택"의 경우에는 기독론적 형식임에도 불구하고 예정론에 기초한 조건적인 선택을 결과적으로 낳게 하고, 그렇기 때문에 구원의 확실성이 위기에 처하게 된다.

한편 "도르트신조"의 "그리스도 안에 있는 선택"의 경우에는 무조건적인 선택이 명확하게 주장됨으로써 구원의 확실성이 보장된다고 하는 것이다. 그러나 이 설명만으로 충분하다고 할 수 없다. 이것을 더 깊게 고찰할 필요가 있다.

바르트는 이 제1조 7항을 평가하면서도[182] "도르트신조"의 예정론이 "그리스도로부터 독립한 본래적인 선택의 결정이 구원의 결정에 대해서 우위에 있다는 의미로서 이해하는 것을 택했다."고 하는 비판의 화살을 향하고 있다.[183] 바르트가 주장하는 것과 같이 만일 여기서 그리스도를 옆으로 하고, 그리스도를 제외한 선택을 주장한다면, 구원의 확실성을 구하는 길은 그리스도의 길과는 다른 길이 될 것이고, 미로를 헤매는 것이 될 것이다.[184]

그러나 "도르트신조"가 여기서 분명하게 하는 것은 단지 무조건적 선택의 사실에 머물지 않고, 이미 지적해온 것처럼 선택은 "그리스도 안에 있는 선택"이며, 다만 그리스도에 의해서, 그리스도를 통해서 실현되고, 목표에 도달한다.

182) Karl Barth, *Kirchliche Dogmatik*, II/2, s. 17.

183) Karl Barth, *Kirchliche Dogmatik*, II/2, s. 74.

184) 이 문제와 관련해서 바르트는 "신비주의적 삼단논법"(Syllogismus Mysticus)의 길 또는 "실천적 삼단논법"(Syllogismus Practicus)의 길로서 선택의 확실성을 구하는 것의 문제성을 지적한다. 바르트의 말로 표현하자면 "신비주의와 도덕에로 숨어드는 도피"하는 길의 문제이며, 거기에서 선택의 확실성은 얻을 수 없음을 말한다(Karl Barth, *Kirchliche Dogmatik*, II/2, s. 121~22.).

바르트는 "도르트신조"에 대해서도 같은 비판을 한다(Karl Barth, *Kirchliche Dogmatik*, II/2, s. 370.). 이에 대한 응답에 대해서는 G. C. Berkouwer, *De verkiezing Gods*(Dogmatische stuudien), 364~370; G. C. Berkouwer, *Conflict met Rome*, Kampen, 1955. 193.를 참조하라.

따라서 **선택의 확실성은 그리스도 이외에서가 아닌 어디까지나 그리스도 안에 있다.**

우리는 이와 관련해서 "도르트신조"가 선택의 확신에 대해서 말할 때 "하나님의 감추어진 심오한 사안을 호기심으로 탐색해서 얻을 수 있는 것은 아니고 그리스도를 믿는 참된 신앙"(제1조 12항)을 강조하는 사실에 주의를 기울여야만 할 것이다.

이러한 의미에서 칼빈의 "그리스도는 우리의 선택을 그것이야 말로 직시하기에 합당한 거울이다."고 한 말이 "도르트신조"에서도 울려퍼지고 있다고 하더라도 결코 과언이 아니다.[185] 이 선택의 확실성이야 말로 신자의 위로의 핵심과 연결되어있다.

185) ジャン カルヴァン, 渡辺信夫 譯, 改譯版『キリスト教綱要』, III. xxiv. 5; cf. J. J. van Eckeveld, *Uw trouw getuigenis*, Houten, 1998. 54.

제6장
복음의 위로와 <제한적 속죄>의 문제

여기서는 "도르트신조"의 제2조가 다루고 있는 <제한적 속죄>의 문제를 다루고자 한다. 이것도 또한 신자의 위로와 깊은 관계가 있는 문제이다.

1. 아르미니우스주의자의 보편적 속죄에 대한 주장

먼저 이 문제에 있어서도 이미 언급해온 아르미니우스주의자의 주장하는 것으로부터 시작하고자 한다. "항의서" 제2조는 다음과 같이 서술하고 있다.

> 이에 따라서 세상의 구주 예수 그리스도는 모든 사람을 위하여, 그리고 어떤 사람이든 예외없이 그들을 위해서 죽으셨다. 그 결과 그는 십자가의 죽으심으로 모든 사람을 위한 속죄와 정결함을 획득하셨다. 그러나 믿는 자 이외의 누구도 이 속죄에 실제로 동참할 수 없다.

그리고 "항론파 견해서" 제2조 1항에서는 다음과 같이 기술되어있다.

> 그리스도께 성부 하나님에게 갚으신 속죄의 가치는 그 자체로, 또한 독자적으로 전 인류를 구원하기에 충분할 뿐 아니라 모든 사람을 위해서도, 그리고 어떤 사람을 위해서도 보상하신 것이다. 이것은 성부 하나님의 작정과 의지와 지혜에 의한 것이다. 따라서 누구도 하나님의 절대적, 또한 선행적 작정에 의해서 그리스도의 죽음의 열매에 참여하는 것으로부터 절대적으로는 배제되지 않는다.

위의 인용에서 분명하게 된 아르미니우스주의자의 주장은 다음과 같이 정리될 것이다.

① 그리스도의 죽음은 "모든 사람을 위하여, 그리고 어떤 사람을 위해서도" 보상하는 속죄를 위한 죽음이다. 더 정확하게 말하자면 구원을 가능하게 하기 위하여, 모든 사람을 위하여, 또한 어떤 사람을 위해서도 충분한 죄에 대한 보상이 그리스도의 죽음으로 획득되었다. 이것은 <보편적 속죄>의 주장이다.

② 이 속죄의 적용, 즉 이 속죄를 자신의 것으로 하기 위한 조건은 믿음이라는 것. 이것에 대해서는 인간의 자유의지에 달려있다는 것. "도르트신조"의 배척조항이 아르미니우스주의의 입장을 "어떤 사람들은 죄의 용서와 영원한 생명에 동참하며, 또 어떤 사람은 그렇지 않은 것의 차이는 차별 없이 제공된 은혜에 동참하는 그들 자신의 자유의지에 의존한다."(제2조에 대한 배척 조항 제6항)고 지적하고 있는 대로다. 즉 속죄의 적용은 신앙적인 결단에 근거하는 <특정적 적용>의 주장인 것이다.

2. "도르트신조"의 제한적 속죄의 주장

이에 대한 "도르트신조"의 주장은 다음과 같다.

> 성자의 죽음은 죄를 위한 유일하고 가장 완전한 희생이며 보상이다. 그것은 무한한 효력과 가치를 가지며, 온 세상의 죄를 씻고도 남을 정도이다(제2조 3항).

> 이 죽음이 그와 같이 큰 효력과 가치를 갖는 것은 다음과 같은 이유 때문이다. 즉 이 죽음을 감당하신 분이 우리의 구세주이어야만 했던 것처럼, 참되고 완전하고 거룩한 인간이어야 하는 것만이 아니라 성부와 성령과 동일하고, 영원하며, 무한한 본질을 갖고 계신 하나님의 독생자이

기 때문이다(제2조 4항).

그리고 "도르트신조"는 다음과 같이 말하고 있다.

> 왜냐하면 성부 하나님의 전적으로 자유로운 계획과 지극히 지혜가 깊은 의지와 목적은 자기 아들의 고귀한 죽음이다. 생명을 주어, 구원을 얻게 하는 효력이 택함을 받은 자들 모두와 그 결과 그들에게만 의롭다 여기시는 믿음이 주어지며, 이로 말미암아 그들만이 차질 없이 구원에로 인도함을 받을 수 있기 때문이다. 다시 말하자면 하나님의 뜻은 다음과 같다. 즉 그리스도가 자신의 십자가에서 흘리신 보혈(이로써 그리스도는 새로운 계약을 성취하셨다)로 모든 백성, 민족, 종족, 언어가 다른 사람들 가운데서 영원히 구원에로 부르셔서, 성부께서 그에게 위탁한 자들 모두를, 그리고 오직 그들만을 효과적으로 속죄하신다. …(제2조 8항).

여기에 <제한적 속죄>의 입장이 명료하게 드러나 있다.[186] 이 입장은 그리스도는 선택된 자들만을 현실적으로, 확실하게 구원하는 목적으로 십자가의 죽음을 감당하셨다고 생각한다. 그리스도는 속죄의 축복을 현실적으로 적용하는 자들을 구원할 목적으로 죽으셨기 때문에 속죄의 범위는 선택된 자에게만 한정되는 것이다. 이 입장은 속죄에 대해서 <제한적 속죄>이며, 동시에 속죄의 적용에 대해서 <특정적 적용>의 입장이다.

186) 이것은 정통적 개혁파신학의 입장이다. 신조로서는 "도르트신조" 이외에 "벨기에신앙고백" 16, 20, 21조, "하이델베르크신앙문답" 20, 37문, "웨스트민스터신앙고백" III. 6, VII. 1, 5, 8, "스위스개혁파교회일치신조" XIII등이 이러한 견해를 지지하고 있다.

3. 제한적 속죄가 갖고 있는 복음적 위로

이상과 같은 아르미니우스주의의 <보편적 속죄>에 대한 "도르트신조"의 <제한적 속죄>의 주장은 무엇을 근본적으로 주장하는 것일까?

만일 <보편적 속죄>의 입장에 선다면, 그리스도의 속죄는 모든 사람을 위해서 감당하신 것이며, **모든 사람의 구원이 가능한 근거**이고, 믿을 것인지 아닌지 하는 인간의 행위에 따라서 속죄의 효력은 규정되는 것이다. 이것은 결과적으로 속죄의 효력은 인간에게 의존하는 것을 의미한다. 그러한 의미에서 아르미니우스주의적인 속죄의 보편성(무차별성)의 주장은 실제로는 속죄의 효력을 흔들리게 하며, 약화시키는 것이 된다. 요약하면 "속죄의 범위의 <무한정>은 거꾸로 속죄의 효력의 <한정>을 의미한다."는 말이 될 것이다. 이 경우는 "구원의 확실성"이 근본부터 흔들리는 것이 된다.

한편 "도르트신조"의 <제한적 속죄>의 입장은 그리스도의 속죄사역에 있어서 문제는 <구원의 가능성>이 아니고, <구원의 현실성>이라고 하는 것이다.[187] 그리스도의 속죄사역은 선민을 위한 것이며, 따라서 거기에는 선민을 위한 속죄를 현실화하셨다는 주장이다.[188] 간단히 말하자면 "속죄의 범위의 <한정>은 속죄의 효력의 <무한정성>을 의미한다."고 표현할 수 있을 것이다. 머레이(J. Murray)의 말을 인용하면 "한정은 오히려 속죄의 효력을 보증하고, 유효하게 효과적인 속죄로서 속죄의 본질적인 성격을 보호하는 것이다."[189] 속죄의 효력의 무한정성, 절대적 보증, 절대적인 **"구원의 확실성"**을 의미하고 있다. 따라서 "불확실한 의미로 구원을 제공하는 것이 무제한으로 어떤 사람에게나 주어

187) J. Moltmann, *Praedestination und Perseveranz*, Neukirchen, 1961, s. 128.

188) G. Godfrey, *Reformed thought on the extent of the atonement to 1618*, in The Westminster Theological Journal, vol. 37, 1974. 152.

189) J. Murray, 松田一男.宇田進 共譯,『キリスト教救濟の論理』, 小峰書店, 1972. 54.

져 있다고 하는 것보다 어디까지나 확실한 구원이 한정된 사람들에게 주어졌다."고 해야만 한다.[190]

이상과 같이 생각하면 "도르트신조"의 다섯 가지 교리, "전적타락", "무조건적 선택", "제한적 속죄", "불가항력적 은혜", "성도의 견인"은 단 한 가지에 관련해 있다. 즉 **"구원의 확실성"**의 문제이다. 오카다 미노루(岡田 稔)의 다음과 말은 사안의 핵심을 지적하고 있다.

(칼빈주의의) 5대강령의 세 가지 핵심은… 하나님이 분명하게 구원하는 것을 의지하는 사람들을 반드시 그 효과를 완전하게 하신다고 하는 제 4. 5교리(불가항력적 은혜, 성도의 견인)와 관련해서 고찰할 때 바르게 붙들고 보아야만 한다.[191]

이상과 같이 보면 "도르트신조"에서 <제한적 속죄>를 둘러싼 토론은 얼른 보면 스콜라적인 추상적 신학이론과 같이 생각되지만, 토론의 핵심은 그렇지 않다는 것이 이해될 것이다. 사안은 더욱 본질적이며, 또한 실천적이다. 여기에 문제가 된 것은 어디까지나 "구원의 확실성"의 문제이며, "복음의 위로"의 문제였다.

사실 이 <제한적 속죄>를 문제로 삼은 "도르트신조" 제2조는 결론적인 의미를 갖고 있는 제9항에서 다음과 같이 성도의 위로의 문제를 언급하고 있다.

택함을 받은 자들에 대한 하나님의 영원한 사랑으로부터 나오는 이 계획은 세상 처음부터 현재에 이르기까지 음부의 권세도 헛되고, 그 뜻에 대항할 뿐이며, 강력하게 수행되어왔으며, 그리고 지금부터 이후에도 수

190) 岡田 稔, 『改革派神學槪論』, 新敎出版社, 180.
191) 岡田 稔, 『改革派神學槪論』, 180.

행될 것이다. 저승의 문도 헛되게 이에 대항하는 것 뿐이다. 그 결과 택함을 받은 자들은 그들에게 적당한 때에 하나로 모여 변함없이 그리스도의 보혈을 토대로 세워진 신자들의 교회로 이어져 갈 것이다. 이 교회는 신부를 위하여 신랑으로서 그들을 위해서 십자가에서 생명을 바치신 구세주 그리스도를 변함없이 사랑하고, 충실하게 그에게 쓰임을 받으며, 그리고 이 세상에서, 또한 영원히 높이 찬양하는 것이다.

제7장
복음의 위로와 "성도의 견인" 문제

마지막으로 <성도의 견인> 문제를 다루고자 한다. 앞 장의 마지막 부분에서 다룬 것처럼, <제한적 속죄>는 구원의 확실성 문제와 일체적이다. 그러한 의미에서 <제한적 속죄> 문제에 이어서 성도의 견인 문제를 다루는 것은 적절하다고 할 것이다.

성도의 견인 문제는 "도르트신조"의 제5조로 마지막에서 다루고 있으나 "도르트신조" 전체를 통해서 지속적으로 울리고 있는 주제이다. 그것은 선행적으로 제1조 6, 7, 11, 14항, 제2조의 8, 9항 등에서 다루어지고 있으며, 제5조에서 정점에 이르고, 집중적으로 다루어지게 된다. 이 성도의 견인론에서 복음의 위로 문제는 가장 예리한 형태로 제시된다.

1. 아르미니우스주의의 '성도의 견인'이해와 구원의 불확실성

먼저 아르미니우스주의자의 성도의 견인에 대한 견해를 보고자 한다. 이미 지금까지 "항의서"의 내용을 소개했기 때문에 여기서는 요점에 대한 확인만 할 것이다.

① 제5조에는 대단히 신중하게 표현되어 있는데, 말로서는 직접적으로 성도의 견인 교리가 부정되고 있는 것은 아니다. 그러나 신중한 표현 가운데서도, 그것은 이미 시사(示唆)되고 있다. 또한 그것은 제1조에서 신앙과 신앙의 순종의 최종적인 견인을 예지한 예지적 예정을 주장하는데서 나타나 있다.

② 성도의 견인에 대한 부정은 "항론파 견해서"에서 명확하게 말하고 있다. 즉 신앙의 견인은 절대(絕對) 예정의 결과가 아니라는 것과 참된 신자도 신

앙을 견지할 수 없을 만큼의 죄에 떨어지고, 최종적으로 타락하며, 멸망할 수도 있다고 분명하게 말하고 있다.

이와 같은 아르미니우스주의의 주장에는 물론 경건과 관련한 그들의 걱정이 있다. 예를 들어 "도르트신조" 제5조에 대한 배척조항 6항은 아르미니우스주의자의 주장을 다음과 같이 정리하고 있다.

> 견인이나 구원의 확실성에 대한 가르침은 그 본성과 성격상 안일함을 탐하는 육신의 베개이며, 경건과 선한 도덕과 기도와 그 밖의 거룩한 실천에 있어서 유해한 것이다. 오히려 그것에 의문을 갖게 되는 것은 칭찬할 가치가 있다.

이것은 아르미니우스주의자의 의도를 정확하게 알아맞힌 것이다. 그들은 칼빈주의자의 성도의 견인에 대한 이해는 신자의 경건한 생활에 치명적인 타격을 줄 것이라고 생각한 것이다. 이 주장의 배후에는 반펠라기우스주의적인 인간관을 전제로 하나님의 절대주권과 그것에 기초한 절대예정이 인간의 자유의지를 억압하고, 침해하는 것이 된다고 하는 문제의식이 숨겨져 있다.

이 점에서 말하자면 바르트가 아르미니우스주의의 성도의 견인에 대한 이해를 다룰 때 그 이해에 관해서 다음과 같이 지적한 것은 과녁을 정확하게 맞힌 것이다.

> 항론파들이 그것에 대해서 생각하게 해야만 하는 것이라고 생각하고 있는 것이 영적인 것이 아니고, 무력하고 주목할 가치가 없는 것이었다는 것이며, 중세 후기의 가톨릭주의의 빈궁한 후세이며, 합리주의적, 경건주의적인 신프로테스탄트주의의 빈궁한 전희(前戲)였다는 것은 손으

192) Karl Barth, *Kirchliche Dogmatik,* II/2, s. 365.(Karl Barth, 吉永正義 譯,『敎會敎義學 II/2, 神 の惠の選び』, 新敎出版社, 1982. 50.)

로 잡을 수 있을 정도로 분명하다.[192]

성도의 견인이 부정되는 곳에서는 구원의 확실성이 격렬하게 요동칠 것이고, 복음의 위로는 그 위치를 상실하게 될 것은 자명한 일이다.

2. "도르트신조"의 성도의 견인 이해와 구원의 확실성

이상과 같은 아르미니우스주의의 '성도의 견인' 이해에 대해서 "도르트신조"는 어떠한 '견인이해'를 했을까? "도르트신조"의 견인 이해에 대해서도 지금까지 내용 소개를 포함해서 다루었기 때문에 여기서는 요점을 종합해서 사안의 본질을 명확히 하는 것에 힘쓰고자 한다.

구체적인 내용의 검토에 들어가기 전에 한 가지를 지적하고자 한다. 그것은 실제로 제5조의 성도의 견인을 읽을 때 신경을 쓰게 되는 것에 관한 것이다. 제5조를 읽으면서 보면 "도르트신조"는 이 교훈을 단지 교리로 다루고 있는 것이 아니라는 강한 인상을 받게 된다. 또한 학문적이고 체계적으로 논하고 있는 것도 아니다. 오히려 지루할 정도로 같은 토론이 반복된다. 사안을 여러 각도에서, 여러 뉘앙스를 가지고 분명히 하고자 하는 집념과 같은 것마저 느끼게 한다. 여기에는 교회와 신자의 현실을 근거로 한 교회적, 목회적인 말이 담겨있다. 그 점은 "도르트신조" 전체에 타당한 것이며, 이미 지적한 것처럼 "도르트신조"의 기초에 근본적인 방침으로 교회적, 목회적이라고 하는 커다란 기둥이 있었다는 것과 관계가 있다. 그 색체가 가장 빛나게 드러날 수 있는 것이 이 제5조에서다. 특히 여기서는 성도의 신앙에 있어서 시련 문제가 곧바로 다루어지고 있다. 그러한 의미에서는 신앙의 실존적인 문제를 끊임없이 시야에 두면서 신자에게 궁극적인 위로를 주고자 하는 의도가 어떤 사람에게도 분명하게 간파될 수 있다. 이것은 대단히 중요한 포인트다.

내용적으로 제5조는 크게 둘로 나눌 수 있다. 1항부터 8항과 9항부터 13항까지이다.

1) 성도의 보증의 확실성

제5조의 표제를 라틴어 본문에서는 "성도의 견인에 대하여"라고 되어 있다. 따라서 통상적으로 제5조를 "성도의 견인에 관한 교훈"이 주제라고 생각하고 있다. 그러나 실제로 기술된 내용을 검토해보면, 내용적으로는 "성도가 굳게 믿음을 갖고 견인한다."고 하는 "성도의 견인"의 측면보다도 압도적으로 "하나님께서 선민으로서 성도를 굳게 보증해주신다."고 하는 **"성도의 보증"의 측면이 강조되어있다.**[193] 그 사실 자체가 이 신조의 목표가 어디에 있는지를 시사하고 있다고 할 것이다. 아르미니우스주의와의 논쟁이라고 하는 점에서 말하자면, 아르미니우스주의가 자신의 힘으로 믿음의 견인을 조건으로 해서 성도의 보증을 주장하는 것에 대해서 "도르트신조"는 하나님에 의한 성도의 보증을 더욱 강조하고, 그것에 근거한 신앙의 견인을 주장하는 것은 당연한 것이라고 할 수 있다.

새삼스럽게 1항부터 8항까지를 보면, 여기서는 전체적으로 "성도의 견인" 문제가 다루어지고 있다는 것을 알 수 있다.

"도르트신조"는 위에서 서술한 것처럼 신자의 실존적인 문제를 충분히 알고 있다. 신앙의 시련 문제가 몇 번이고 언급된다. 성령으로 거듭나게 된 성도들도 세상에서는 완전하게 자유롭지 못하다(1). 연약함으로 매일 죄를 범하고 최선의 일조차 더럽힘을 면할 수 없다(2). 그럼에도 불구하고 하나님은 신실하셔서 성도들을 한 번 주신 은혜 안에서 지켜주시고, 마지막까지 보증해주신다(3). 이 하나님이 보증하는 힘은 성도들의 연약함을 이기게 하는 큰 것이지만, 그럼에도 성도들은 역시 심각한 죄에 떨어질 수 있다(4). 그로 말미암아 잠시 은혜에 대한 감각을 잃어버리는 일조차 있다(5). 그러나 하나님의 선택에 대한 변하지 않는 계획 때문에 성도들이 완전하게 말소되는 일은 없다(6). 중생의 씨앗은 보증되며, 말씀과 성령님에 의해서 확실하게 회개에로 인도되며, 자신의 구원을 달성하기 위하여 노력하게 된다(7).

193) Cornelius Plantinga, 154.

이상의 것을 총괄해서 제8항에는 다음과 같은 멋진 말이 기록되어있다.

> 이와 같이 그들이 신앙과 은혜로부터 전적(totaliter)으로는 탈락되지 않으며, 또한 타락한 상태에서 끝까지(finalter) 멸망하지 않는 것은, 그들 자신의 공로나 능력에 의한 것이 아니고, 하나님의 무한한 긍휼에 의한 것이다. 그들 자신에게 있어서는 이러한 일이 쉽게 일어날 수 있을 뿐만 아니라 틀림없이 일어날 것이다. 그러나 하나님에게 있어서는 결코 일어날 수 없다. 왜냐하면 하나님의 작정하심이 변경되거나, 하나님의 약속이 파되된다거나, 하나님의 계획에 의한 부르심이 철회되거나, 그리스도의 공로와 중보와 보증 등이 무력화되거나, 성령님의 인치심이 무효화되거나 말소되거나 하는 것은 있을 수 없기 때문이다.

8항의 내용은 다음과 같이 정리할 수 있을 것이다.

①아르미니우스주의자는 성도가 믿음과 은혜에서 "전적으로" 탈락하고, "최후에는" 멸망하는 것도 있을 수 있다고 주장하는 것에 대해서 참 신자는 "전적으로, 최후에도" 결코 말소되지 않고, 최후까지 반드시 보증된다.

②이 성도의 보증은 그들 자신의 공로나 능력에 의하지 않고, 하나님의 거저주시는 긍휼에 의한다.

③하나님의 거저주시는 긍휼에 의한 성도의 보증은 하나님의 선택 계획이 불변하고, 그것에 근거하여 그리스도의 속죄와 중보와 보증은 유효하며, 또한 성령님의 인치심은 말소될 수 없다고 하는 **삼위일체론적 확실성**에 의한다. 이 점은 제5조 1항의 삼위일체론적 구조와도 대응하고 있다.

2) 성도의 보증에 대한 확신

다음으로 9항부터 13항에서는 “성도의 보증에 대한 확신” 문제가 다루어지고 있다. 내용은 다음과 같다.

선택된 자는 신앙의 정도에 따라서 구원에 이르는 하나님의 보증과 신앙으로 견인에 대한 확신에 이르게 된다(8). 이 9항에서는 먼저 “하나님의 보증”이 언급되고, 그 후에 “신앙에 의한 견인”이 언급되고 있는 것에 주의할 필요가 있다. 이미 지적한 것처럼 신앙의 견인이 조건이 되어 하나님의 보증이 있는 것이 아니기 때문이다. 더욱이 보증에 대한 확신에 이르는 것은 말씀과 별개로 개인적인 특별한 계시에 의한 것이 아니고, 말씀 안에 계시된 하나님의 약속에 대한 신앙에 의해서, 또한 성령님의 증언에 의한, 또한 건전한 양심이나 선행을 얻고자 하는 노력에 의한다(9). 이 확신은 시련 가운데 흔들릴 수 있지만, 시련 가운데서 피할 수 있는 길도 예비해주시는 하나님은 성령님으로 견인의 확실성을 회복시켜주신다(10). 이 확신은 성도를 자기만족에서 그치는 것이 아니라 감사나 선행의 부단한 실천에로 이끈다(11). 견인의 확신이 흔들릴 지라도, 그것은 불경건으로로는 인도하지 않는다. 그것은 주님의 길을 주의 깊게 분별하고, 그 확신을 지속적으로 보증하기 위한 것이다(12). 성도의 견인 사역에 있어서는 은혜의 수단이 사용된다(13).

여기서 다루고 있는 “성도의 보증에 대한 확신”의 문제는 말할 것도 없이 “선택의 확신”의 문제와 중첩된다. 특히 이 확신의 문제가 신앙의 실존에서 심각하게 되는 것은 확신이 심하게 흔들리는 시련의 때이다. 그 가운데서 어떻게 이 확신이 담보될 수 있을 것인가 하는 의문이 심각한 문제가 된다. 이 문제는 “선택의 확신”과의 관계에서는 모두 제1조 12, 13, 16항 등에서 다루고 있다. 여기 제5조에서는 5, 10, 11,12항 등에서 특별히 다루고 있다.

신학적으로 이와 관련한 토론의 목표가 되는 것은 이른바 “실천적 삼단론법”(syllogismus practicus)의 문제이다.[194] 이것은 선택의 확신, 따라서 성도의 보증과 견인의 확신을 구하는 경우에도 그리스도와 그에 대한 믿음으로부터 떨어져, 또한 그 이외 인과론적 논리 가운데서 "인간 자신 가운데" 선택의 열매로서의 "표식"을 관찰하고, 그것으로부터 근본적인 원인으로서 선택의 사실을 확인하고자 하는 방법인 것이다.

이 "실천적 삼단논법"에 관련해서 바르트는 특히 "도르트신조"의 제5조에 대한 배척조항 5항을 문제시한다. 거기에서는 견인의 확실성을 "하나님의 자녀들에게 고유한 표식이나 하나님의 완전히 신뢰할 수 있는 약속으로 인도한다." 는 것이고, 하나님의 자녀들에게 고유한 표식이 선행되며, 그 후에 약속이 나오는 것을 문제시하는 것이다. 간단히 말하면 인간적인 경건함이나 도덕성의 표시로서 "사역에 의한 증언"에 의해서 하나님의 선택을 확신하고자 하는 시도로서 바르트는 단죄했다.[195]

여기서는 이 문제에 깊게 들어가지는 않지만 "도르트신조" 자체는 별도의 길을 제시하고 있다는 사실을 지적해두고자 한다.

"도르트신조"는 제5조 10항에서 이 확신의 문제를 다루고 있는 것을 바르트 자신도 알고 있는 것처럼, 여기서는 순서가 바뀌어있다. **먼저** "말씀 가운데 계시된 약속을 믿는 신앙"과 "성령의 증언"에 대해서 말하고, **그 후**에 "결백한 양심이나 선행"이라고 하는 표시의 문제에 대해서 언급하고 있다. 이 제5조 10항은 긍정적인 부분에 속하는데, 적극적으로 말하고 있는 부분이다. 바르트가 예로 드는 것은 배척조항 부분이다. 그렇지만 그 배척조항에서 인용되는 성경구절은 로마서 8장 39절, 요한일서 3장 24절이다. 이 성경구절을 읽는 자에게 있어서 그리스도로부터 떨어진 행위에 의한 증언을 근거로 하는 성도의 보증에 대한 확신 등의 문제가 될 일이 없다. 오히려 "말씀 가운데 계시된 약속을 믿는 신앙"과 "성령님의 증언"의 길을 발견하게 될 것이다. 이것은 제1조의 11항에

194) 이 장의 각주 33번을 참고하라.

195) Karl Barth, *Kirchliche Dogmatik, II/2*, s. 370.(Karl Barth, 吉永正義 譯,『敎會敎義學 II/2, 神 の惠の選び』, 新敎出版社, 1982. 58~59.)

서도 마찬가지다. 거기에서도 선택의 확신이 "… 선택의 오류가 없는 열매, 영적인 기쁨이나 거룩한 만족을 가지고 자기 자신 가운데 발견함으로 얻어진다."고 확실하게 기록되어있다. 그러나 그 이전에 먼저 말하고 있는 것은 "이와 같은 선택의 확신은 하나님의 감추어진 심원한 것을 호기심으로 탐색하는 것에 의한 것이 아니고, 그리스도를 믿는 참된 신앙 …"이라고 말하고 있다.[196]

더욱이 "도르트신조"는 제1조 14항에서 "은혜의 수단"으로 언급하고 있는, 말씀, 특히 복음의 설교, 성례전을 시행하는 것을 통해서, 하나님이 성도의 견인을 온전하게 행하시는 것을 분명히 하고 있다. 이것도 선택의 확신의 길, 성도의 보증에 대한 확신의 길이 "하나님의 말씀 안에 계시된 약속을 믿는 신앙"과 "성령님이 보증"한 길을 걸어야 하는 것을 제시하고 있다.

문제의 핵심은 구원의 문제가 "우리 밖"(extra nos)의 문제에 머무르지 않고, 동시에 "우리 안에"(in nobis)서의 문제를 포함하는 것이다. "도르트신조" 제5조에서 특히 문제가 된 성도의 보증에 대한 확신의 문제로서는 당연한 것이면서, "우리 밖에 계신 그리스도"와의 관계성을 묻게 된다. 그러나 거기에 멈추지 않는다. 성도의 보증에 대한 확신 문제는 동시에 성령론적 차원, 즉 "우리 안"에서 일하시는 성령님의 사역의 차원도 문제가 된다. 그때 성도의 신앙의 시련문제도 신중하게 질문하게 되고, 여기서는 성도 자신 안에 선택의 열매에 대한 질문도 포함되어진다. 성령님의 사역의 차원이란 그러한 것이 문제가 되는 것이기 때문이다.

"실천적 삼단논법"의 문제는 분명히 그리스도로부터 벗어날 위험성과 아르미니우스주의자에 반대하면서도 의식하지 못한 사이에 결과적으로는 행위에 의한 구원의 길, 즉 율법주의에로의 길로 접어들 위험성을 감추고 있다. 사실 엄격한 예정론을 주장하면서 그 길에서 헤매게 된 역사적 사실도 많이 있다. 도르트총회 이래로 네덜란드개혁파교회 가운데서도 퓨리탄이즘의 영향과

196) cf. C. Berkouwer, *Conflict met Rome*, 193.

어울려서 그 길을 걸어간 일도 일어났다. 그러나 "도르트신조"가 특히 성도의 견인을 둘러싼 문제에서 드러내고 있는 길은 그것과 다른 지금까지 분명하게 해온 길이다.

"우리 밖"의 그리스도, 그리고 "우리 안"의 성령님의 문제는 하나님의 영원한 선택이 그리스도를 통해서, 성령님에 의해서 실현되는 길의 문제이다. 역사 안에서 구원사의 전개에 있어서도, 개인의 구원의 실현에서도, 성령님을 통해서 구원을 실현하는 길은 여전히 길 위에 있으며, 그 길 위에서 성도에게 주어지는 "시련"의 문제는 신중한 과제가 된다. 이것이야 말로 제5조가 다투고 있는 문제이다. 성도의 보증과 견인의 불확실성은 삼위일체 하나님의 역사가 흔들리는 것을 의미한다. 거기에는 삼위일체 하나님 자신이 질문하는 사태조차 의미한다. 즉 **성도의 보존과 견인의 문제는 최종적으로는 삼위일체 하나님에 대한 고백과 일체적인 문제이다. 성도의 보존과 견인에 대한 고백은 구원은 오직 삼위일체 하나님의 역사에 의한 것에 대한 고백 이외의 어떤 것도 아니다**(제5조 8항).

그렇기 때문에 성도의 보존과 견인이 문제가 되는 것이야 말로 여기서 삼위일체 하나님의 일방적인 긍휼과 은혜의 사역으로서 구원의 복음이 최종적인 형식으로 문제를 삼게 된다. "미리 정하신 그들을 또한 부르시고 부르신 그들을 또한 의롭다 하시고 의롭다 하신 그들을 또한 영화롭게 하셨느니라"(롬 8:30)고 하는 황금의 쇠사슬이 최종적인 국면에서 문제가 되는 것은 이 성도의 보증과 견인의 문제 때문이다.

바르트는 "도르트신조"의 성도의 견인론을 비판한다. 그러나 바르트가 "이 성도의 견인의 교훈이 빛날 때 비로소 처음으로 복음 전체는 빛이 날 것이다"고 단언한다.[197] 이 말 자체는 확실하게 사안의 핵심을 지적한 말이다. 그러한 의미에서 성도의 견인에 대해서 말하는 제5조야말로 "도르트신조"의 **정점**

197) Karl Barth, *Kirchliche Dogmatik, II/2*, s. 367.(Karl Barth, 吉永正義 譯, 『敎會敎義學 II/2, 神 の惠の選び』, 新敎出版社, 1982. 53.)

이며 **면류관**이다. 이 **복음이 오직 은혜에 의한 복음으로 빛을 발하고, 성도는 궁극적인 위로를 획득하기** 때문이다. 확실히 성도의 견인이야말로 그리스도의 신부에게 "무한한 가치를 갖고 있는 보석"이다. "도르트신조"는 여기에 눈을 집중하고, 마음을 두고 읽어야만 하는 고백문서이다.

그러므로 제5조 15항은 이 장 전체, 동시에 이 책 전체의 결론을 대신하고자 한다.

"참된 신자들과 성도의 견인, 그리고 견인의 확실성에 대한 이 교리를 하나님은 자신의 이름과 영광을 위하여, 또한 경건한 영혼의 위로를 위하여 말씀 가운데 한 없이 풍성하게 계시하고 있으시며, 그리고 신자들의 마음에 새겨놓으셨다. 그러나 이 교리는 육적으로는 온전하게 이해할 수 없고, 사탄에게는 미움을 받으며, 세상에게는 조롱을 받고, 무지한 자와 위선자에게는 이용당하며, 이단자에게는 공격을 받는다. 그럼에도 그리스도의 신부(교회 - 역주)는 이 교리를 무한히 알 수 없는 가치를 갖고 있는 보석으로, 항상 마음을 다해서 사랑하며, 변함없이 옹호해왔다. 그리고 어떤 기획도 도움이 되지 않고, 어떤 권세도 완전히 패배시킬 수 없는 하나님은 그리스도의 신부가 지금부터 이후에도 이와 같이 지속될 것을 보증하고 계신다. 성부와 성자와 성령이신 하나님께만 존귀와 영광이 영원히 있을지어다. 아멘"

부록

도르트 총회 참가자 명부

Ⅰ. 교회측 대의원

1. 빌헬무스 스테파니(Wilhelmus Stephani, ~ 1636)

독일인. 브란덴부르크의 영주 부속 궁정설교자였다. 1616년에 캄펜에서 목사가 되었다. 예정론을 설교했기 때문에 면직당한 후 루베르티우스의 조언도 있어서 아른헴의 목사가 되었다. 1619년에 다시 캄펜의 목사에 임직. 신학박사.

2. 엘라드 반 메헨(Ellard van Mehen, 1570~1639)

1598년에 하르더 위크의 목사로 임직. 그곳에 대학을 설립하기 위해 진력했고, 한 때 교편을 잡았다. 별세하기까지 그곳에서 목사직을 감당했다. 헤르더란드(Gerderland)에서 항론파의 지도적 위치에 있었다.

3. 세바스티안 다만(Sebastiaan Damman, 1578~1640)

1604년 튜트펜의 목사로 임직. 초기에 일시적으로 아르미니우스의 영향 아래 있었지만, 그 후 엄격한 칼빈주의자가 되었다. 서기로서 은사가 있었기 때문에 도르트총회에서는 미우스와 함께 서기로 선출되어 봉사했다. '요약회의록'(Acta Contracta)은 그에 의해서 준비되었다. 그리고 회의에서는 공인번역 작성을 위한 작업에서 신약성경번역의 교정자의 한 사람으로 선출되었다. 항론파 논쟁 중에 헤르더란드나 유트레흐트(Utrecht)에서 다만의 영향은 항론파에게 두렵게 했고, 미움을 살 정도로 컸다.

4. 요하네스 부일레트(Johannes Bouillet, ~ 1632)

1604년 와른스빌트, 1629년부터는 튜트펜의 목사로 시무.

5. 야곱 베아이덴(Jacobus Verheijden)

네이메헨의 장로. 네이메헨의 라틴어학교 교장. 확신이 넘치는 칼빈주의자. 총회에서는 의장선거의 투표위원.

6. 헨리크 반 헬(Henrik van Hell, ~ 1618)

튜트펜의 시장 및 장로. 그러나 총회에서는 그 정도로 활약하지는 못했다. 1618년 11월 27일 별세했기 때문이다.

II. 남홀란드(Zuid Holland)

7. 발다자르 리디우스(Balthazar Lydius, ca.1576~1629)

1602년에는 잠정적으로, 1604년에는 정식으로 도르트의 목사로 임직. 명성이 있는 설교자. 처음에는 항론파에 대해서 온건한 입장이었으나 시간이 지나면서 엄격한 입장으로 변함. 도르트교회 목사로서 개회에서 사도행전 15장으로, 폐회에서는 이사야서 12장 1~3절을 본문으로 설교했다.

8. 헨리쿠스 아르놀디(Henricus Arnoldi, 1577~1637)

1599년에 에이젤몬디, 1605년에 델프트의 목사로 취임. 1607년에는 비개혁파적인 자는 추방되어야만 한다고 까지 주장했다. 항론파에게 험악하게 여겨졌던 인물 가운데 한 사람. 1628년에는 호미우스(Festus Hommius) 대신 공역 신약성경의 번역의 교정자로 지명되었다.

9. 페스투스 호미우스(Festus Hommius, 1576~1642)

1597년 왈몬드, 1599년에 도쿰, 1602년 라이덴의 목사로 취임. 호미우스는 교회적 싸움에 활발하게 관여했다. 호미우스는 다만(Sebastiaan

Damman)과 함께 총회에서는 서기로 봉사하며 회의록을 준비했다. 총회의 최종 회의에서는 '도르트신조'의 한 부분의 낭독을 담당. '도르트신조'의 라틴어판의 교정도 위탁을 받았다. 또한 이 신앙기준을 출판하도록 진력했다. 그리고 공인역 신약성경과 외경(Apocrypha)의 번역자로서 지명되었다.

10. 히스베르투스 보에티우스(Gisbertus Voetius, 1589~1676)

1611년에 프레이멘, 1617년에 헤우스덴의 목사로 취임. 후에 유트레흐트에서 저명한 신학교수가 되었으나 도르트총회 당시는 아직 많이 알려지지 않았다. 도르트총회 후에도 회의의 결정을 끊임없이 옹호했다.

11. 아렌트 뮤스 반 홀리(Arent Muys van Holy, ~ 1622)

1592년 남홀란드의 재판관(baljuw)과 지사(schou). 연방의회의 정부측 대표위원 휴포 뮤스 반 홀리의 동생. 도르트총회에는 도르트의 장로로서 참석. 총회에서는 의장선거의 투표위원으로 봉사. 총회 후, 1621년에는 스헨렌베헤의 시장에 취임.

12. 요하네스 드 레트(Johannes de Laet, 1582~1643 이후 별세)

라이덴의 장로로서 도르트총회에 참석. 대상인으로 서인도회사의 사주. 지리에 관심이 많았고, 서인도의 정확한 지도를 작성. 또한 역사에도 조회가 깊어서 역사에 관한 책을 저술했으며, 서인도회사의 역사에 대해서도 저술했다. 대단히 유능한 칼빈주의자. 확신이 넘치는 반항론파주의자. 호마루스와 친구.

Ⅲ. 북홀란드(Noord Holland)

13. 야고부스 로란두스(Jacobus Rolandus, 1562~1632)

1594년 델프트, 1598년 프랑겐탈, 1603년 암스테르담의 목사로 취임. 신뢰받는 불굴의 칼빈주의자였다. 도르트총회에서는 파우켈리우스와 함께 의장보좌(assesor)에 선택되었다. 또한 도르트신조의 작성위원이며, 동시에 의사록작성위원. 보헤르만, 파우켈리우스와 함께 총회를 위한 봉사에 대해서 도르트시 당국으로부터 감사장을 받았다. 신구약성경의 번역가로서도 유명하다. 공인 신약성경의 번역자 중 한 사람이며, 구약성경의 교정자 중의 한 사람이다.

14. 야고부스 트리흐란드(Jacobus Trigland, 1583~1654)

로마 가톨릭의 교육을 받았으나 어거스틴의 책을 읽고 개혁신앙으로 전환했다. 1607년 스톨위크, 1610년 암스테르담의 목사로 취임. 열렬한 칼빈주의자로서 유명. 도르트신조의 작성에 참여. 1643년에는 라이덴대학의 교수가 되었으며, 동시에 1637년에는 목사로 취임. 그의 저작 '교회사'(Kerckelijcke geschidenissen 1650)는 항론파와 반항론파의 논쟁을 알고 저술한 것으로 지금도 여전히 중요한 역사적 자료다.

15. 아브라함 반 도레스레르(Abrahamus van Doreslaer, ~ 1640)

1602년 니돌프, 1605년 엔크호이젠의 목사로 취임. 조심성이 많은 성격으로 충실한 목자였다.

16. 사무엘 바르트홀디(Samuel Bartholdi, ~ 1640)

1594년 빙겔, 1599년 모닝겐담의 목사로 취임. 확신이 넘치는 반항론파주의자.

17. 디르크 헤잉크(Dirch Heynck)

1610년 이래로 암스테르담의 집사. 1615년 암스테르담의 장로로 취임. 도르트총회에서 다루어진 사항의 일지를 기록했다.

18. 도미니쿠스 반 헴스케르크(Dominicus van Heemskerk)

1617년 암스테르담의 장로로 취임.

Ⅳ. 질란드(Zeeland)

19. 헤르마누스 파우켈리우스(Hermannus Faukelius, 1560~1625)

1585년 코이렌, 1599년 미텔벨프의 목사로 취임. 별세하기 전까지 그 직에 있었다. 성실하고 신뢰할 수 있는 인물. 명성이 높은 설교자. 언어에 특별한 은사가 있었으며, 총회에서는 의장 보좌로 선출되었다. 의장보좌로서 도르트신조의 작성에 참여. 공인 신약성경의 번역자 및 구약성경의 부번역자. '하이델베르크요리문답'의 요약판인 '기독교신앙요약'(Kort begrip der christelijke religie 1611)의 저자이며, 총회는 이 요리문답을 '하이델베르크요리문답'이 어렵게 느껴지는 자들을 위한 텍스트로 추천했다. 그 후 이 문답서는 개혁파교회 내에서 널리 사용되었다.

20.호데프리두스 우데만스(Godefridus Udemans, ca. 1581~1649)

1599년 함스테데, 1604년 트리크제의 목사로 취임. 도르트총회에서는 '벨기에신조'의 라틴어판 텍스트와 프랑스어판 텍스트를 비교 검토했다.

21. 코르넬리우스 레히우스(Cornelius Regius, ~ 1629)

1614년 프즈의 목사로 취임하여 평생 그 직에 있었다. 도르트총회에서는 178차 회의에서 '요약회의록'의 검토자로 지명되었다.

22. 람베르투스 드 레이케(Lambertus de Rijcke 1575~1658)

1602년 페이나르트, 1604년 베르헨 오프 좀의 목사로 취임. 평생 그 직에 있었으며, 총회에서는 특별히 현저하게 활동하지 않았다.

23. 요시아스 반 보스베르헨(Josias van Vosbergen, 1575~1658)

미델벨프의 장로. 법학박사. 무엇보다도 공정함을 중시함. 명확한 호마루스주의자. 의장선거의 투표위원. 제2차 총회에서 의장은 다툼이 없는 지역에서 선출되어야 하지 않을까라고 질문했으며, 그리고 의장단에 항론파를 수용해야 한다고 주장했다.

24. 아드리안 호퍼(Adrian Hoffer, 1589~1644)

1618년 트리크제의 장로로 취임. 온화한 인물. 유명한 문학가.

V. 유트레흐트(Utrecht)[198]

<반항론파 입장의 대의원>

25. 요하네스 디베츠(Johannes Dibbetz, 1567~1626)

도르트의 목사였으나 반항론파 측으로부터 유트레흐트의 대표로

198) 지방대회에서 대의원이 도르트총회에 파송되었으나, 다른 지역에서는 어디든지 항론파는 소수파였다. 그러나 유트레흐트에서 만큼은 상황이 달랐다. 유트레흐트 공권력은 1612년 이래로 그 지역의 목사직에 5대1의 비율로 반항론파의 목사보다도 많은 수의 항론파의 목사들을 추천했다. 그렇기 때문에 1618년 10월 2일에 각각의 그룹은 별도의 회의를 개최하고, 각각의 그룹으로부터 목사 2명, 장로 1명을 도르트총회에 대의원으로 파송하게 되었다(Otto J, De Jong, 189)

도르트총회에 파송되었다. 항론파의 문서에 대한 검토위원회의 위원, 요약회의록 검토위원회 위원이었다.

26. 아르놀두스 오르트캄피우스(Arnoldus Oortcampius, ~ 1632)

1594년 이래로 아마스폴트의 목사. 유트레흐트의 대의원으로서 디베츠(Johannes Dibbetz)와 함께 도르트총회에 파송되었다.

27. 람베르투스 칸테르(Lambertus Canter, ~ 1619)

유트레흐트의 장로. 명확한 호마루스주의자. 1619년 4월 24일 별세. 그러나 그를 대신할 대의원은 파송되지 않았다.

<항론파 입장의 대의원>

28. 이삭 프레드리히(Isaac Fredrici)

1606년 노르트베이크, 1612년 유트레흐트의 목사. 네르누스(Samuel Naerenus)와 헬스팅헨(Steven van Helsdingen)과 함께 유트레흐트 지방 대회에서 대의원으로 도르트총회에 파송되었다. 그는 새로운 성경번역에 대한 요청을 전해 듣고, 옛 번역에 구원에 필요한 것이 모두 있다는 이유로 반대했다. 그러나 프레드리히는 대의원으로서가 아닌 항론파로서 소환되었고, 제92차 회의에서 목사직을 파면 당했다.

29. 사무엘 네레누스(Samuel Naerenus, ~ 1641)

1608년부터 1610년까지 소뮤르(Saumur)와 세단(Sedan)의 학장으로 있었다. 1611년에는 하더스우디의 목사, 1617년부터는 마스폴드의 목사로 봉사했다. 유트레흐트지방 대회에서 대의원으로 도르트총회에 파송되었지만 프레드리히와 마찬가지로 항론파로서 소환되는 입장이 되었다. 총회에서 파면된 이후 1621년부터 헤이그의 항론파 교회에서 봉사했다. 1622~1626에는 던티히의 네덜란드 상인교회의 목사였다. 1632년에는 마스폴트에 돌아가서 그 지방의 항론파교회에서 별세하기 까지 봉사했다.

30. 스티벤 반 헬스딩헨(Steven van Helsdingen)

유트레흐트의 장로, 법학박사, 주(州) 재판소의 판사. 항론파 입장에서 있었지만 프레드리히나 네레누스와 같은 길을 걷지 않고, 제25차 총회에서 의장은 헬스딩헨이 회의에서 서약한 것을 공적으로 공지했다. 그 이후 항론파로서도 반항론파로서도 아닌 하나님의 진리에 따르는 입장을 취했다.

VI. 프리스란드(Friesland)

31. 요하네스 보헤르만(Johannes Bogerman, 1576~1637)

1599년 스네크, 1603년 엥크호이센, 1603년 이래로 레에윌딘의 목사. 도르트총회의 의장. 탁월한 수단으로 회의를 이끌고, 회의의 모든 결정에 결정적인 영향을 미쳤다. 도르트신조 작성에 참여. 포스트 엑터(Post Acter)의 일로서 목사 청빙의식서를 작성. 공인 신구약성경의 번역자 중 한 사람. 1636년에는 프라네거의 신학교수로 지명되었으나 그 임무를 감당한 것은 짧은 기간에 지나지 않았다.

32. 플로렌티우스 요하니스(Florentius Johannis, ca.1637)

1601년 오엥케르크, 1603년 스네크의 목사. 1634년 레에윌딘으로부터 청빙을 받고, 보헤르만의 뒤를 이었다. 프리스란드에서는 잘 알려졌으며 높이 평가되고 있다. 온유하며 경건한 목사. 신뢰가 높은 반항론파주의자였다.

33. 필립프스 다니엘 에일스에미우스(Philippus Daniel F. Eilshemius, 1579~1631)

1605년이래로 하링헨의 목사. 마코비우스(J. Maccovius)와 루베르티우스의 싸움, 즉 "마코비우스 문제"에서 케임페 반 하링크스마 도니아(Keimpe van Harinxma a Donia)에 대항해 루베르티우스의 입장에 섰다.

34. 메이나르두스 반 이드자르다(Meinardus van Idzarda, 1565~1618)

레에월딘의 장로. 프리스란드의 주의원. 지병이 있어서 회의에 참석을 하지 못했으며 1618년 12월 22일 레에월딘에서 별세했다.

* 타코 반 아이스마(Taco van Aysma)

반 이드자르다가 별세함으로 대신에 장로로서 대의원이 되었으며 1619년 2월 15일 제81차 총회에 참석했다.

35. 케임페 반 하링스마 아 도니아(Keimpe van Harinxma a Donia, ~ 1622)

레에월딘의 장로. 주재판소 판사. 자신이 설립한 프라네커대학의 이사. 마코비우스문제에 제소된 혐의에 반대하는 입장을 취했다. 1622년 연방의회 의원으로 별세.

36. 요하네스 반 데아 상데(Johannes van der Sande, 1568~1638)

레에월딘의 장로. 법학박사. 1598년 프라네커대학 교수. 주재판소 판사. 총회는 마지막까지 출석하지는 못했다. 그 이유는 요한 반 올덴바르네빌트(Johan van Ordenbarnevelt)에게 판결을 내리는 재판을 위한 24인의 재판관들 가운데 한 사람으로서 출석해야만 했기 때문이다. 공평한 인물이라고 평가되고, 당시 유명한 법학자였으며, 역사가. 1634년에는 연방의회 의원이 되었다.

Ⅷ. 오버에이셀(Overissel)

37. 카스파 시벨리우스(Caspar Sibelius, 1590~1658)

1617년부터 디펜더의 목사. 19세의 학생 때 교수였던 아르미니우스의 견해를 날카롭게 비판했다. 1619년 5월 중순경, 열병 때문에 집으로 돌아갈 수 없었다. 총회에서는 안건에 대해서 큰 공헌을 했다. 그리스어에 탁월했고, 공인번역 신구약성경의 번역교정자로 지명되었으며, 대단히 충실하게 이 사명을 감당했다.

38. 헤르마누스 위페르딩(Hermannus Wiferding, ~1627)

1580년 트보레의 목사. 오버에이셀의 목사들 가운데 중진. 총회에서는 최고 나이가 많았다고 추측된다.

39. 히에로니므스 보헬리우스(Hieronymus Vogellius, ca. 1579 ~ 1654)

1610년 헴. 1614년부터는 핫셀트의 목사. 항론파에 대한 강력한 반대자. 1617년부터 얼마 동안에, 캄펜(Kampen)의 반항론파교회 지도. 178차 회의에서 "요약회의록" 검토위원에 지명되었다. 1630년에는 엥크호이젠의 목사로 청빙을 받았다.

40. 얀 반 데아 라우위크(Jan van der Lauwic)

캄펜 시장. 장로는 아니었으나 오버에이셀(Overijssel)주 제3시(第三市)에 있었던 캄펜의 대의원으로 파송할 수 있는 목사가 없었기 때문에 대의원으로서 자격이 주어져서 파송됐다. 이러한 경우가 가능할 수 있는 것은 처음부터 고려했고, 파송이 인정되었다. 캄펜은 항론파와 반항론파의 싸움이 격렬했던 곳이다. 캄펜의 문제가 회의에서 다루어졌으나 라우위크 자신은 전면에 나서지 않았다.

41. 빌렘 반 브로크호이센 도르네(Willem van Broockhuisen Doerne)

트보레 사람이었으나 역시 장로는 아니었고, 라우위크와 마찬가지로 대의원으로서 자격이 주어져 파송되었다. 회의에서는 특별한 역할을 하지 않았다.

42. 요하네스 랑히우스(Johannus Langius, ~ 1624)

1593년 도스브르크, 1600년부터는 호렌호베의 목사. 확신이 넘치는 반항론파로서 알려져있다. 공인 신약성경의 번역 검토위원 중의 한 사람. 1620년에는 유트레흐트의 목사.

Ⅷ. 흐로닝헨(Groningen)

43. 코르넬리스 반 힐레(Cornelis van Hille, 1568~1632)

1589년 아우트헤스트, 1591년 흐레혼트스베르크, 1596년 아르크마르의 목사. 아르크마르의 목사가 되었을 때, 그 도시에서 싸움에 휘말렸다. <벨기에신앙고백>과 <하이델베르크요리문답>은 모두 하나님의 말씀과 일치하고 있다는 문서에 서명을 했기 때문이다. 1610년에 시당국으로부터 면직되었다. 1612년 흐로닝헨의 목사. 총회에서는 호른 문제의 위원으로 선출되었고, 그 외에 '요약회의록' 검토위원과 예식서 개정위원으로 봉사.

44. 헤오르히우스 플라시우스(Georgius Placius, 1584~1621)

플라시우스는 라이프치히에서 태어나서 19세에 베제르의 목사가 되고, 후에 아펜헤담의 목사가 되었다. 도르드레흐트총회 후에 얼마 있지 않아 1620년 엠덴(Emden)의 목사가 되었다.

45. 볼프강 아흐리콜라(Wolfgang Agricola, ~1626)

1597~1604년 하르트호이센, 그리고 1611년까지 로스도르프, 그 후에는 베돔의 목사로 봉사. 흐로닝헨주에서는 교회적으로 중요한 역할을 감당했으나 도르드레흐트에서는 눈에 띄는 활동은 없었다.

46. 위흐볼두스 호메루스(Wigboldus Homerus, ~1638)

1598년 위흐볼르두스, 1601년 미드볼더의 목사. 대의원 로링히우스(Johannes Lolinggius)의 병 때문에 대신해서 1618년 12월 5일 제21차 회의에 출석했다.

47. 요한 루페레르트(Johan Ruffelaert)

스테돔의 장로. 귀족.

48. 에흐베르트 할베스(Egbert Halbes, ~1638)

흐로닝헨의 장로

Ⅸ. 드렌테(Drenthe)

49. 테모 반 아센베르흐(Themo van Asschenberg, ~1623)

1608년 디파, 1618년 멥페르의 목사. 회의에는 눈에 띄지 않았다.

50. 파트로클루스 로멜링(Patroclus Romelingh, ~1647)

1603년, 혹은 1605에 로이넹의 목사가 됨. 회의에서는 눈에 뜨지 않는 존재.

Ⅹ. 와롱교회(Waalse Kerken) 프랑스어계 와롱교회

51. 다니엘 콜로니우스(Daniel Colonius, 1566~1635)

1591년부터 1605년까지 로테르담 와롱교회, 그 후 라이덴 와롱교회의 목사로 봉사. 도르드레흐트총회에서는 '벨기에신앙고백'의 개정과 벨기에신앙고백의 네덜란드어, 프랑스어, 라틴어의 확정문에 대한 검토위원.

52. 쟈느 드 라 크로아(Johannes de la Croix, 1560~1625)

1590년 할렘, 와롱교회의 목사. 프랑스어에서 네덜란드어, 네덜란드어에서 프랑스어로 번역하는 등, 번역자로서의 은사가 있어서 열정적으로 여러 가지 문서를 번역했고, 번역자로서 유명하다.

53. 쟝 도체르(Jean Doucher, 1573~1629)

1608년부터 미델베르프 와롱교회, 1612년부터는 프리싱헨 와롱교회의 목사로 봉사. 강력한 반항론파였다.

54. 제르미아 드 푸울(Jeremias de Pours, 1582~1648)

1606년부터 1848년까지 미델베르프 와롱교회 목사. 총회에서는 1618년 11월 13일 개회에 앞서 아우구스틴교회에서 프랑스어로 설교했다. 1619년 1월 4일 와롱교회를 대표해서 성찬식을 집례했다.

55. 에바르두스 벡키우스(Evardus Beckius)

미델베르프 와롱교회 장로

56. 피에르 드 퐁(Pierre de Pont)

암스테르담 와롱교회 장로. 모피상인. 라틴어에 능숙하지 않았지만, 그럼에도 불구하고 결의에 참가했다는 점에서 항론파로부터 비판을 받았다. 그러나 회의 이외의 때에 다른 대의원들과 이야기는 할 수 있었던 것 같고, 또한 와롱교회의 입장을 회의에 반영시켰다고 생각할 수 있다.

<신학교수대표>

57. 요하네스 폴리안더(Johannes Polyander, 1568~1646)

1591년부터 1611년까지 도르드레흐트 와롱교회의 목사였다. 별세하기까지 라이덴대학의 교수였다. 신학박사. 홀란드와 서프리스란드의 대의원. 총회에서는 온건한 입장이었다. 도르트신조 작성 위원. 그리고 신앙문답교본 작성이나 예배의식문 검토. '요약회의록' 검토. 공인역 신구약성경의 번역을 검토하는 일에 관계했다. 항론파에서 지도적 역할을 감당한 에피스코피우스(Episcopius)와 함께 교수직에 취임했다. 라이덴대학은 사실상 둘로 나뉘어진 상태였으나 에피스코피우스와는 개인적으로 친구였다.

58. 프랑키우스 호마루스(Francius Gomarus, 1563~1644)

1594년 라이덴, 1611년 미델베르프, 1615년 소뮤르, 1618년 흐로닝헨에서 신학교수로서 교편을 잡았다. 신학박사. 흐로닝헨과 오메랑덴의 대의원. 아르미니우스의 가장 강경한 반대자. 회의에서는 마르티니우스나 칼톤 등과의 논쟁에서 전면에 나섰다. 그러나 타락전 예정론의 강력한 주창자이며, 회의 전체로서는 타락후 예정론에 호의적이기도 했다. 호마루는 인내를 강요받았으며 회의 전체를 리드하는 역할을 감당하는 입장은 되지 못했다. 호마루스는 교의학자였으나 동시에 석의가(釋義家)이기도 했다. 회의에서는 공인역 성경 가운데 외경을 넣는 것에 반대했다. 공인역 신구약성경의 번역 검토자. 그 밖에 교회의 공적인 집회에서 신학생이 설교하는 것을 반대. '마코비우스 문제'를 취급하는 위원회 위원.

59. 안토니우스 티시우스(Antonius Thysius, 1565~1640)

1601년 하르더웨이크의 교수로 취임. 헤르더란드와 튜트펜 후작령의 대의원. 도르트총회에서는 제64차 회의에서 항론파에 대한 반론을 했다. 또한 반론서를 작성하는 책임과 '벨기에신앙고백서'에 대한 검토위원. 공인역 신구약성경의 제2번역자이며 번역검토위원. 1619년 라이덴대학의 교수로 취임.

60. 안토니우스 왈레우스(Antonius Walaeus, 1573~1639)

1602년 코르드케르케의 목사. 1604년 마우리츠의 궁정소속 목사. 1605년 미델베르프의 목사. 그곳의 라틴어학교에서 그리스철학을 강의함. 왈레우스는 당시 목사였고, 신학교수는 아니었으나 질란드주로부터 신학교수로서 도르트총회에 파송되었다. 1619년에 라이덴대학의 교수로 취임. 총회에서는 제26차 회의에서 항론파에 대해서 반항론파가 제출한 문서를 설명했다. "도르트신조"의 최종 초안 작성위원. 또한 공인 신약성경의 제2번역자와 번역검토위원. 1619년 3월 12일에는 올덴바르네빌트의 처형에 입회하기 위하여 총회에서 빠져야만 했다. 왈레우스는 세미나리움 인디쿰(Seminarium indicum)의 책임자이며 12명의 목사를 인도에 파송했다. 신학적으로는 타락후 예정론자.

<외국교회 대표>

영국(Groot-Britannie)

61. 죠지 칼톤(George Carleton, 1559~1628)

영국 대표 가운데 대표적인 인물. 1618년에는 란다프의 주교에 취임했다. 당시 네덜란드의 주재한 영국대사의 친족. 네덜란드의 교회문제는 주교가 존재하지 않기 때문에 일어났다고 주장했다. 따라서 "벨기에신앙고백서" 가운데 교회통치에 대해서 표현되어있는 것에 대해서 비판했다. 도르트총회에서는 예정론에 관해서 호마루스와 대립했다. 또한 의장 보헤르만에게 "도르트신조"의 편집을 맡기는 것을 허락하지 않았다. 따라서 위원회가 조직되고 칼톤 자신도 그 위원 중의 한 사람이 되었다. 도르트총회에 커다란 영향을 준 인물이다.

62. 조셉 홀(Joseph Hall, 1574~1657)

1616년부터 웬체스터의 처장. 신학박사. 의장인 보헤르만의 친구. 제6차 회의에서 전도서 7:16에 대해서 교훈적인 것으로 주목해야만 한다고 설교한 것으로 알려져 있다. 병으로 도중에 귀국했다. 그 후에 토마스 고드(Thomas Goad, 1576~1638)가 대표자리를 계승했다. 캔터베리 대주교좌 부속교회 목사. 호마루스에 반대해서 그리스도의 죽음의 보편적 성질을 표현하는 것을 강력하게 주장했다. 또한 항론파에 대해서 관대한 취급을 요구했다. 후에 항론파의 가르침을 공적으로 수용했다.

63. 존 데이비넌트(John Davenant, 1576~1641)

캠브리지(Cambridge)대학교수. 신학박사. 회의에서는 동료 워드(Samuel Ward)와 함께 그리스도의 죽음의 보편적 성격을 옹호하는 입장에 섰다. 제67차 회의에서는 예정에 관한 항론파 가운데 몇 가지 차이에 대해서 반론했다. '요약의사록' 검토위원.

64. 사무엘 워드(Samuel Ward, ~1643)

1615년에 다운튼의 대집사(archdeacon)에 취임. 번역자로서 외경을 영어로 번역했다. 예정론 옹호론자. 제67차 회의에서는 항론파의 예정론 가운데 몇 가지 견해를 상세하게 논했다. 또한 그 자신이 갖고 있는 그리스도의 죽음의 보편적 성격의 견해에 관해서는 엄격한 입장의 우파 스쿨티투스와 대립했다. 1623년 캠브리지의 교수에 취임.

* 1. 월터 볼캔퀄(Walter Balcanqual, ca. 1586~1645)

스코틀랜드 사람이었으나 회의에는 스코틀랜드교회의 대표가 아닌 제임스 I세의 명령으로 출석했다. 제37차 회의에서 허락되었다.

* 2. 기리일무스 아메시우스(Guilielmus Amesius, 1576~1633)

도르트총회 당시는 헤이그의 영국교회의 목사였다. 청교도. 회의의 정식회원은 아니었으나 의장 보헤르만의 조언자로 활약. 의장은 아메시우스의 조언을 감사함으로 받아들였다. 회의 후 라이덴대학에서 가르쳤고, 1622년부터 1632년까지 흐라네커대학의 교수였다. 아메시우스는 네덜란드교회에서 중요한 역할을 감당했다. 특히 제2차 종교개혁이라고 불리는 경건주의적인 흐름에 커다란 영향을 미쳤다.

<팔츠, De Palts>

65. 아브라하무스 스쿨티투스(Abrahamus Scultetus, 1566~1624)

1594년 실스하임의 목사. 1614년에는 궁정부 목사가 되었다. 1618년에는 하이델베르크의 신학교수에 취임. 교수의 신분으로 도르트총회에 출석. 신학박사. 당초에는 논쟁에서 양자의 입장을 조정하는 노력을 했으나 성공하지 못했다. 항론파만이 아니라 도브레마스나 워드(Samuel Ward)와도 대립했다. 총회에서는 제68차 회의에서 선택의 확실성에 대해서 주장했다. "도르트신조" 작성에 협력한 외국으로부터 온 신학자 가운데 한 사람이며, 마코비우스문제의 위원회에도 속했다.

66. 파울루스 토사누스(Paulus Tossanus, 1572~1634)

1613년 하이델베르크대학 교의학 교수. 신학박사. 저 팔츠(Low Palts) 장로교회 회원. 유능한 석의가. 도르트총회에서는 엄격한 반항론파의 입장이었으나 스쿨티투스나 알팅(Hendrik Alting)의 그늘에 숨겨진 존재였다.

67. 헨드릭 알팅(Hendrik Alting, 1583~1644)

1613년 하이델베르크의 신학교수. 신학박사. 총회에서는 제69회 회의에서 유기의 문제에 대해서 논했다. 존 헤일즈는 그가 지금까지 들은 것 중에 최선의 견해였다고 말했다. 공인역 신약성경과 외경의 번역 검토위원. 1622년 하이델베르크를 떠나 1627년에는 흐로닝헨대학의 교수로 취임해서, 그곳에서 생애를 마감했다.

<헤센, Hessen>

68. 게오로그 크루시거(Georg Cruciger, 1575~1637)

1605년부터 마르부르크대학 철학부 논리학 교수. 신학박사. 제72차 회의에서 '항의서 5조항'의 제2조에 대해서 논했다. 회의 후에도 1620년부터 1624년까지 교수직에 있었다.

69. 파울 슈타인(Paul Stein, 1585~1643)

1609년 궁정부 소속 제2목사. 후에 제1목사가 됨. 1618년 카셀의 신학교사. 도르트총회에서는 '항의서 5조항'의 제4조, 즉 '은혜의 불가항력성'을 둘러싼 문제로 항론파에 대한 날카로운 비판적 견해를 주장했다. 1622년에는 카셀의 교구감독(superintendent)에 취임했다.

70. 다니엘 앙겔로크라토(Daniel Angelocrator, 1569~1635)

1597년 마르틴하겐에서 목사가 됨. 1614년 마르부르크의 교구감독에 취임. 렝과 에델강 유역의 여러 교회를 감독. 회의에서는 눈에 띄지 않는 존재.

71. 루돌푸스 글로클레니우스(Rudolphus Gloclenius, 1547~1628)

1581년 마르부르크대학 철학교수. 일생 철학교수직에 머물렀다. 장로. 도르트총회에는 헤센의 대표로, 또한 조언자로 출석했으나 회의는 글로클레니우스를 회원으로 지명했다. 회의에서는 논리학에 기초한 몇 가지 항의서의 결론을 반박했다. 마르티니우스는 왠지 글로클레니우스를 자신의 견해의 지지자로 여기고자 했다.

<스위스 Zwitserland>

72. 요한 야곱 브라이팅거(Johann Jakob Breitinger, 1575~1645)

마르부르크, 하이델베르크, 흐라네커, 라이덴 등의 독일, 네덜란드의 여러 대학에서 공부했다. 1613년 취리히의 목사가 됨. 스위스 대표단의 의장. 또한 도르트총회의 의장인 보헤르만과 르베르투스의 친구. 회의에서는 항론파의 입장에 대해서 그렇게 비판적으로 논하지는 않았다. '항의서 5조항'에 대해서 교리적인 문서를 작성하는 위원에 임명되었다.

73. 마르쿠스 류티메이어(Markus Rutimeyer, 1580~1647)
베른(Bern)의 목사. 신학박사. 회의에서는 눈에 띄지 않는 존재. 반항론파의 입장이며, 항론파를 외국으로 추방하는 조언을 회의에서 반대하지 않았다.

74. 세바스티안 베크(Sebastian Beck, 1583~1654)
1610년 바젤대학 구약학 교수가 됨. 후에 신약학 교수도 되었다. 신학박사. 도르트총회에서는 제78차 회의에서 의장 보헤르만의 의뢰에 따라 중생의 은혜는 가항력적(可抗力的)이라고 <헤이그협의회>가 주장하는 항의서의 일곱 가지 논거를 반박했다. 베크는 도르트총회와 "도르트신조"를 일생에 걸쳐서 매우 높게 평가했다. 베크는 스위스에서 엄격한 신조주의의 흐름을 형성하는데 커다란 역할을 감당했다.

75. 볼프강 마이어(Wolfgang Mayer 1577~1653)
1605년 바젤의 목사. 그 수년 후 바젤대학교수. 종교개혁자 카피트의 손자. 신학박사. 도르트총회에서는 제87차 회의에서 '항의서 5조항'의 제5조에 대해서 논했다.

76. 한스 콘라드 코흐(Hans Conrad Koch 1564~1643)
1597년 프랑스어학교 교장. 1601년 뷰스팅겐의 목사. 1607년 뮌스터의 목사. 도르트총회에는 샤프하우젠의 목사로서 출석. 스위스 이외의 대표의 그늘에 감춰진 존재였다.

<제네바 Geneve>

77. 쟝 디오다티(Jean Diodati 1576~1649)

이탈리아 출신. 확신이 넘치는 칼빈주의자. 제네바의 목사. 21세 젊은 나이에 베자(Beza)의 도움으로 제네바의 신학교수(히브리어)가 됨. 명성이 있는 설교자로 네덜란드에서도 마우리츠 앞에서 설교했다. 또한 우수한 성경번역자. 도르트총회에서는 호마루스와 함께 외경을 추가하는 것에 반대했다. 또한 제106차 회의에서는 성도의 견인에 대해서 논했다. "도르트신조"의 작성위원 중에 한 사람. 일생 동안 "도르트신조"를 옹호했다.

78. 데오도레 트롱샹(Theodore Tronchin 1582~1657)

호마루스의 제자로 제네바의 목사. 제네바에서 1608년 히브리어 교수. 그리고 1615년에는 동양어 교수가 됨. 트롱샹은 반(反)아리스토텔레스주의자이며, 그가 볼 때 항론파의 논쟁은 이교적 철학에 의거한 것이었다. 마코비우스도 이교철학의 무리로 평가하지 않고 오히려 항론파와 마찬가지로 판단해야 한다고 입장을 취했다.

<브레멘 Bremen>

79. 마티아스 마르티니우스(Matthias Martinius 1572~1630)

처음에는 교육학을 공부했고, 후에 신학을 공부했다. 1595년 딜렌부르크에서 궁정소속 목사. 1596년 헤르보른의 교수. 1607년 엠덴(Emden)의 목사. 1610년 브레멘에서 신학교수에 취임. 1609년 네덜란드를 여행하는 중에 병상에 있는 아르미니우스를 방문했다. 사상적으로는 페토르스 람스의 라미즘의 입장에 섰다. 도르트총회에서 항론파들로 부터는 외국 대표들 가운데 가장 공정하다고 여겨졌다. 마르티니우스는 몇 가지 일로 항론파의 견해에 대해서 호의적이었다. 그렇기 때문에 호마루스, 르베르투스, 스쿨디투스 등과 격렬하게 대립하게 되었고, 그렇기 때문에 회의에 출석하는 것을 바라지 못하고, 귀국할 준비를 했다고 할 정도였다. 그런 그를 달래서 제100차 회의에서는 그리스도의 신성에 대해서 논했다. 그 후에도 몇 번 도르트총회에 대해서 지극히 부정적인 견해를 계속해서 주장했다.

80. 하인리히 이셀부르크(Heinrich Isselburg 1577~1628)

1612년 브레멘의 목사. 1617년 그곳의 신학 교수(신약학)가 되었다. 도르트총회에서는 반드시 항상 브레멘으로부터 온 대표위원 마르티니우스나 크로키우스와 의견의 일치를 볼 수 있었던 것은 아니다. 마르티니우스가 주장한 그리스도는 모든 사람을 위하여 죽었다고 하는 견해에 반대했다. 제112차 회의에서는 그리스도에 의한 속죄에 대해서 논했으며, 특히 폴스티우스의 견해를 비판했다. 이셀부르크는 반항론파를 지지하는 입장에 섰다.

81. 루드위크 크로키우스(Ludwig Crocius 1586~1653)

1619년 브레멘의 신학 교수(구약학, 철학). 신학박사. 브레멘의 성마르틴교회 목사. 도르트총회에서는 크로키우스의 입장은 반드시 행복한 것만은 아니었다. 한편, 항론파를 총회에서 배척하기 위한 의장 보헤르만의 강력한 발언에 반발했다. 그러므로 호마루스나 스쿨티투스 등과 대립했다. 그 외에 제123차 회의에서 칭의론에 관한 차이점에 대해서 논했을 때 항론파에 대해서 모멸적인 발언을 하는 사태도 있었다.

<나사우 베테르비 **Nassau Wettervi**>

82. 요한 비스터필드(Johann Bisterfeld ~1619)

그는 지겐의 교구감독. 궁정부 목사. 브레멘의 마르티니우스와 가까운 친구. 폴스티우스와도 가까웠다. 1618년 12월 7일 제34차 회의에서 아르스티드와 함께 회의의 회원으로 받아들여졌다. 비스터필드는 잘못된 사람들을 이끌어서 돌이켜야 하고, 잃어버린 사람들이라고 보기만 하면 안 된다고 주장했다. 비스터필드는 1619년 1월 18일 도르트에서 별세했다.

* 게오르그 파브리키우스(Georg Fabricius)

비스터필드가 별세함으로 게오르그 파브리키우스가 대의원이 되었다. 파브리키우스는 1615년에 함브르크에서 부학장이 되고, 후에 빈드켄의 목사와 감독이 되었다. 1619년 3월 11일 제107차 회의부터 회원으로 출석.

83. 요한 하인리히 알스테드(Johann Heinrich Alsted 1588~1638)

1610년 헤르보른에서 특별 교수. 1615년 정교수에 취임. 제81차 회의에서는 <헤이그협의회>에서 제3.4조항에 관한 반항론파의 견해를 옹호했다. 또한 항론파의 은혜의 가항성(可抗性)에 관한 견해를 강력하게 비판했다. 다수의 저작물이 있으며, 1629년에는 바이스첸브르크의 교수로 취임.

<엠덴 Emden>

84. 다니엘 베르나르드 아일스헤미우스(Daniel Bernard Eilshemius 1555~1622)

1575년 아일슴의 목사. 1590년 엠덴의 목사가 되어 별세할 때까지 그곳에서 봉사했다. 회의에서는 눈에 띄지 않은 존재였으나 스쿨테두스가 선택과 구원의 확실성에 대해서 주장했을 때, 이 교리를 44년간 설교해왔다고 지지하는 표명을 했다.

85. 리치우스 루카스 그리머스헤미스(Ritzius Lucas Grimershemis 1568~1631)

1596년 루이츠보그의 목사. 다음 해에 엠덴의 목사. 아일스헤미우스와 마찬가지로 회의에서는 눈에 띄는 존재가 아니었다.

<프랑스 Frankrijk> - 결석

86. 피에르 듀므랑(Pierre Dumoulin 1568~1658)

파리의 목사. 1592년 라이덴대학에 와서 수년간 교편을 잡았다. 타협적 입장에 대해서 피곤할 줄 모르는 논쟁가였다. 1625년에는 자신이 배운 세단대학의 교수가 되었다. 그곳에서 별세했다.

87. 앙드레 리베(Andre Rivet 1572~1651)

유능한 석의가. 토아르의 목사. 1620년에는 라이덴대학의 교수. 네덜란드 개혁파신학에 커다란 영향을 주었다.

88. 쟝 쇼브(Jean Chauve)

소미에르(Smmierres)의 목사

89. 다니엘 샤미에(Daniel Chamier 1565~1621)

1621년 몽트방의 교수. 개혁파교회와 신학에 열정적인 옹호자이며, 프랑스에서 여러 교회의 회의에서 의장 등 요직에서 역할을 했다.

* 1618년 10월 2일에 프랑스 국왕이 위의 사람들이 외국에 나가는 것을 허락하지 않는다고 하는 통지가 내려졌다. 국왕의 허가를 얻을 수 있도록 노력했으나 그 공을 인정받지 못했다.

[연방의회의 정부측 대표위원]

<헤르더란드 Gerderland>

1. 마르티누스 그레고리우스(Martinus Gregorius, 이것은 라틴어로 읽은 것이지만 네덜란드어 이름은 마르텐 호리스(Marten Goris, ~1632)

   도르트총회에서 정부측 위원으로서 가장 앞장서서 등장한 인물이다. 1597년 헤르더란드주 재판소 최고 판사가 됨. 법학박사. 1618년 11월 13일에는 정부측 위원을 대표해서 개회사를 했다. 또한 1619년 5월 9일 외국교회 대표가 귀국할 때에도 역시 대표로서 감사의 말을 했다. 그레고리우스는 정치가임과 동시에 위대한 역사가, 법학자이기도 했다.

2. 헨리크 반 에센(Henrick van Essen ~1644)

   1604년 기사(騎士)의 신분을 받음. 1607년에는 헤르더란드주 재판소

판사가 됨. 후에는 하르더 웨이크의 시장이 되기도 했다. 무턱대고 하는 성격이 있고, 회의에서는 항론파와의 사이에서 분쟁을 일으켰다.

<오버에시세르 Overijssel>

3. 헨리쿠스 하헨(Henricus Hagen)
포렌호헨의 시장

4. 요한 반 헤메르트(Johan van Hemert)
드벵다의 시장.

<유트레흐트 Utrecht>

5. 프레드릭 반 지렌 반 네이벨트(Fredrik van Zuylen van Nijevelt ~ 1629)
알트베르헨, 벨프암바트, 아마스의 영주.

6. 빌렘 반 하트벨트(Willem van Hartevelt)
아마스폴트의 시장. 라틴어를 하지 못함으로 회의에서는 눈에 띄는 활동은 하지 못했다. 그러나 정부측 위원의 회의에서는 라틴어가 사용되지 않았기 때문에 공헌할 수 있었다.

<질란드 Zeeland>

7. 시몬 쇼테(Simon Schotte)
미델벨프의 비서관(secretaris). 법학박사. 1616~17년에 쇼테는 영국 파송단을 조직했다. 회의 의장선거 때에 투표위원을 감당했다.

8. 야곱 캄페(Jacob Campe 1573!1625)

페레의 시장. 프고 프로티우스의 의형제. 회의에서는 온건한 입장을 취했다.

<프리스란드 Friesland>

9. 에른스트 반 아일바(Ernst Van Alyva ca.1555~1627)

1578년 서(西)돈헤라델의 수장(grietman). 1584년 프리스란드주 대표. 1586년에는 동(東)돈헤라델의 수장. 도르트총회에서는 특별한 역할이 없었다.

10. 에른스트 반 하링크스마 아 도니아(Ernst van Harinxma a Donia ~1631)

프리스란드의 대의원으로 출석한 장로. 케임페 반 하링크스마 아 도니아의 아들. 1597년부터 프리스란드 주 재판소의 최고 판사. 정부측 위원으로 의장인 보헤르만의 독단적인 행동을 비판했다.

<흐로닝헨 Groningen>

11. 에드자르드 야고브 클란트(Edzard Jacob Clant ~ 1648)

에딩헤와 란델페아의 영주. 1618년 연방의회 의원. 오멜랑딩의 자격으로 회의에 파송됨.

12. 히에로니무스 이스브란츠(Hieronymus Ysbrants)

법학박사. 흐로닝헨의 지방행정관

<홀란드와 서프리스란드 Holland, West-Friesland)

13. 휴호 뮤스 반 홀리(Hugo Muys van Holy ~ 1626)

1559년 도르트의 집정장관(scout). 올덴바르네빌트의 적대자. 올덴바르네빌트의 사형판결에 깊이 관여했다. 회의에서는 항론파에 항의해서 격렬하게 대처했다. 제180차 회의와 마지막 회의에서는 정부측 위원을 대표해서 감사의 말을 했고, 개혁파신앙의 촉진을 확약했다. 회의의 의원들에게는 진리와 형제애를 곧게 지킬 것을 요구했다. 반 홀리는 후에 도르트의 시장이 되었다.

14. 헤라르드 얀스존 반 드 니엔브르흐(Gerard Janszoon van de Nyenburg 1576~1636)

아르크마르의 반항론파교회의 장로. 1618년 마우리츠에 의해서 시참사회의 일원이 됨. 주지방대회는 니엔브르흐를 장로 의원으로 도르트총회에 파송하도록 했으나 정부측 위원으로 지명되었기 때문에 대신에 도미니크스 반 헴스케르크가 대의원으로 파송되었다. 1621년에는 아르크마르의 시장이 되었다.

15. 코르넬리스 프란츠 드 위트(Cornelis Fransz de Witt 1545~1622)

확신 넘치는 칼빈주의자. 도르트의 치안관(schepen). 동시에 시장으로서도 중요한 정치적 위치를 갖고 있었다. 프란츠 드 위트라는 이름은 당시 회의 리스트의 문서에는 있었지만 총독이 정부측 위원으로 파송한 최후의 문서에는 그 이름이 없다. 드 위트는 총회의 결의에는 서명을 하지 않았다. 어떻든 회의의 모든 부분에서 커다란 역할을 한 것은 분명하다. 회의의 경제적인 문제에 대한 조사에 관해서도 책임을 져야 하는 입장이었다.

16. 왈라벤 반 브레데로데(Walraven van Brederode ~ 1620)

1618년에 기사의 신분을 받았다. 정치적으로는 마우리츠 편에 있었다. 회의에는 히아넨의 남작(baron) 및 클루디헨의 영주로서 참가했다. 회의 중에는 항론파와의 대화에 참여했고, 제56차 회의에서는 항론파의 불순종을 비판했다.

17. 호흐스 반 덴 호네르트(Rochus van den Honaert 1572~1638)

1594년 변호사가 됨. 1596년 홀란드와 서프리스란드의 법률고문(pensionnaris)이 됨. 도르트총회에서는 결석이 많았다. 따라서 지도력을 발휘하지 못했다. 항론파에게는 꽤 양보적이며, 항론파로부터는 "공평하다"고 칭찬을 받았다. 1619년에는 라이덴대학의 이사가 됨.

18. 니콜라스 크롬하우트(Nicolaes Cromhout ~1641)

빌겐담의 영주. 홀란드주 재판소의 의장. 올덴바르네빌트의 판사 가운데 한 사람이 된 다음에는 회의에 출석하지 않았다. 따라서 "도르트신조"에도 서명을 하지 않았다. 1626년부터 1635년까지 라이덴대학 이사.

19. 야고브 블렌츠(Jacob Boelensz ~1621)

암스테르담의 시장

<기타>

20. 다니엘 헤인시우스(Daniel Heinsius 1580~1655)

정부측 위원에 의해서 그들의 비서관으로(sekretaris) 지명되었다. 당시 고전어학자로서 유명했다. 1603년에는 라인덴대학의 특별교수가 됨. 1609년에는 헬라어 정교수에 취임. 신학서적도 저술함.

[소환된 항론파의 출석자]

<헤르더란드 Gelderland>

1. 헨리쿠스 레오(Henricus Leo ca.1575~1648)

1599년 이래로 자르트 드 본메르의 목사. 논쟁에 있어서는 선도적인 역할을 하지는 않았다. 회의에서도 가장 온건한 입장을 지켰다. 교회규정을 존중하는 입장을 취했고, 회의의 결정에 대해서도 따를 것을 선언하며, 활동중지 계약문서에도 즉시 서명한 사람 중에 한 사람이다. 그러나 항론파의 가르침을 부정하지는 않았고, 레오도 면직되었으나 1630년에는 폴리안더, 왈레우스, 리베, 디시우스 등의 협력도 있었다. 개혁파교회의 목사로서 초빙할 수 있게 되었으며, 드리엘, 네이메헨의 목사로 봉사했다.

2. 베르네루스 베제키우스(Bernerus Vezekius ca.1585~1631)

1608년 에히테르트의 목사. 신체적으로 약했으나 호탕한 마음을 가지고 있는 인물이다. 도르트총회에서 면직되고, 1620년에는 암스테르담의 감옥에 투옥되었던 몸이었으나 1621년에 도망쳤다. 1624년 다시 체포되어 레베스타인으로 호송되었다. 그 후 7년이 지나서 다시 도망쳤으나 얼마 지나지 않아 병으로 별세했다.

3. 헨리쿠스 홀링헤루스(Henricus Hollingerus ~ 1642)

1598년 프라벤 베르트의 목사. 1617년에는 프라페의 목사. 돌드트총회에서 면직된 다음에도 아파스폴트, 알크마르, 스콘 호헨 등의 항론파교회에서 봉사했다.

<남홀란드 Zuid-Holland>

4. 시몬 에피스코피우스(Simon Episcopius 1583~1643)

1610년 브레이스웨이크의 목사. 1612년부터 1619년, 도르트총회에서 면직되기까지 폴리안더와 함께 라이덴대학의 신학 교수였다. 당초에는 회의의 대의원으로 초청되도록 되어있었으나 후에 유트레흐트의 항론파와 마찬가지로 소환되었다. 에피스코피우스는 가장 중요한 항론파의 대변인이었다. 그러나 진리를 왜곡시켰다고 하는 인상을 항상 피할 수 있었던 것은 아니다. 어쨌든 항론파의 여러 가지 활동에 있어서 지극히 중요한 역할을 감당한 것은 분명하다. 후에 로테르담과 암스테르담의 항론파교회에서 봉사. 1634~1643년에 걸쳐 항론파 신학교의 교수로서 교편을 잡았다.

5. 요하네스 아놀디 코르비누스(Johannes Arnoldi Corvinus ca.1580~1650)

1606년 라이덴의 목사. 반항론파와의 논쟁에서 <헤이그협의회>(1611)나 <델프트협의회>(1613)와 같은 협의회에서도 활약했다. 잠시 동안 다른 항론파와 같은 입장이었으나 얼마 지나지 않아 그들과 결별했다. 1634년에는 암스테르담에서 변호사가 되었고, 최종적으로는 가톨릭교회로 옮겼다.

6. 베르나르두스 드윙흐로(Bernardus Dwinglo 1582~1660)

1608년 베르게르의 목사. 1615년에는 라이덴의 목사. 라이덴에서는 호미우스와의 논쟁에 참여했다. 도르트총회에는 소환되어 출석했으나 항론파의 서기로서 역할을 맡았다. 본인의 성격상 문제도 있었고, 다른 항론파와의 관계로 알력도 생겼다. 1625년에는 에르베강변의 글유크슈타트로 이주. 1648년에는 그곳에서 할렘으로 이주했다.

7. 에듀알드 포피우스(Eduard Poppius ca.1576~1624)

1599년 암스테르헨의 목사. 1607년 하우다의 목사. 하우다는 항론파 근거지 가운데 하나였다. 도르트총회에 관해서 포피우스는 회의 자체가 당파적이고 편향적이라고 보았다. 후에 포피우스는 <항론파형제단, de Remonstrantse Broedershap>의 단장이 되었다. 엘베스팅에서 수감된 몸으로 별세했다.

8. 데오빌루스 레이게베르트(Theophilus Rijckewaert 1578~1658)

1600년 브르레의 목사. 도르트총회서 면직된 후에는 왈위크로 추방됨. 1630년 브리레의 항론파교회의 목사가 됨. 그가 별세하기 전까지 8년간 신약성경을 네덜란드어로 번역하는 일을 했으나 완성하지는 못했다.

<북홀란드 Noord-Holland>

9. 도미니쿠스 사프마(Dominicus Sapma 1586~1635)

1610년 테르알의 목사. 1614년에는 호른의 목사. 전투적인 인물. 1630년부터 별세하기까지 호른의 항론파교회의 목사였다.

10. 필립푸스 피나커(Philippus Pynacker ~ 1635)

1610년 알크말의 목사. 도르트총회 중에도, 회의 이후에도 반항론파에 대해서 격렬하게 저항했다. 파면 이후는 방랑하다가 글유크슈타트에서 살았으며, 거기서 별세했다.

* 항론파의 요하네스 헤스테르누스(Johannes Geesternus, 아르크말의 목사)와 니콜라스 흐레빙크호벤(Nicolas Grevinckhoven, 로테르담의 목

사)은 직을 그만두었기 때문에 회의에는 출석하지 않았다. 대신에 그 자리는 필리푸스 피나커에게 주어졌다.

<오버에이셀 Overijssel>

11. 토마스 호스이누스(Thomas Gosuinus)

1597년 캄펜의 목사. 1617년에는 캄펜 목사들의 항론파의 견해에 관한 그의 문서에 대해서 오버에이셀 지방대회에서 변명을 해야만 했다. 도르트총회에서는 동료인 아스엘스, 마티시우스와 함께 회의가 당파적이라는 이유로 지정된 시간에 문서로 답변하는 것을 거부했다. 호스이누스는 면직되었고, 얼마 후 추방되었다. 그러나 1623년에는 활동을 정지하는 문서에 서명했다. 항론파가 그를 잃어버린 것은 커다란 아픔이었다.

12. 아스에루스 마티시우스(Assuerus Matthisius 1588~1651)

1607년에 드벤더의 목사가 되었지만, 이미 그때에 교리적 혐의를 받고 해임되었다. 그러나 같은 해에 캄펜의 목사로 취임. 포스티누스에 관해서 이미 기술한 것처럼 회의가 당파적이라는 이유로 회의에서 요구된 문서로 답변하는 것을 거부했다.

<와롱교회 Waalse Kerken>

13. 카롤루스 니엘리우스(Carolus Niellius 1576~1652)

1600년 큐렌의 와롱교회의 목사. 1604년부터 1619년까지는 유트레흐트의 와롱교회 목사. 항론파의 변증적 논쟁가. 회의에서는 끊임없이 의장인 보헤르만에게 항의했다. 항론파가 제출한 유기(遺棄)의 예정에 대한 문서를 그가 썼다. 회의에서 파면되었고, 그 후 추방되었다. 또한 1623년부터 1631년까지는 뤠스테인에서 투옥되었으나, 1632년부터 1641년까지는 암스테르담의 항론파교회의 목사로 봉사했다. 이 암스테르담 시대에 포티우스에 대한 반박문서를 썼다.

*요하네스 헤스테르누스(Johannes Geesternus 알크말의 목사)와 니콜라스 흐레빙크호벤(Nicolas Grevinckhoven, 로테르담의 목사)은 목사직을 해임당해서 회의에 출석할 수 없었다. 대신에 그 자리는 필립프스 페이나커(Philippus Pijnaker, ~1626, 알크말의 목사)에게 주어졌다.

이 리스트는 다음의 참고문헌을 통해서 작성했다.

1. W. van't Spijker Houten ed., *De Synode van Dordrecht in 1618en 1619*, 1987.
2. H. Kaa jan, *De Groote Synode van Dordrecht in 1618-1619*, Amsterdam, 1918.
3. P.Y.De Jong ed., *Crisis in the Reformed Churches*, Grand Rapids, 1968.
4. *Biografisch Lexicon voor de Geschiedenis van het Nederlandse Protestantisme*, Vol. I-III, Kampen, 1978-1988.
5. *Christelijke Encyclopedie*, vol. 1-6, Kampen, 1958.
6. L.H.Wagenaar, *Van Strijd en Overwinning, De groote Synode van 1618 op'19,en Wataan haar voorafging*, Utrecht, 1909.

참고문헌

Acta of Handelingen der Natuonale Synode, in den naam onzes Heeren Jezus Christus, naar de oorspronkelijke nederduitsche uitgave onder toezicht van J. H. Donner en S. A. van den Hoorn, Utrecht, z.j.

Bakhuizen van den Brink ed., Documenta Refomatoria vol. I, Kampen.

Bakhuizen van den Brink J. N. ed., De Nederlandse Belijdenisgeshriften, Amsterdam Tweede Druk, 1976.

Bangs, Carl ., Arminius A Study in the Dutch Reformation, Grand Rapids, 1985.

Barth, Karl., Kirchliche Dogmatik, II/2, Die Lehre von Gott, Zurich, 1942.

Bavink, H., Gereformeerde Dogmatiek vol. II 6, de druk, Kampen, 1976.

Berkhof, L., Systematic Theology, London, 1966.

Berkouwer, G. C., Conflict met Rome, Kampen, 1955.

Berkouwer, G. C., De verkiezing Gods(Dogmatische stuudien), Kampen, 1955.

Bouwman, H., "De Betekenis van De Synode van Dordrecht," in De Dordtsche Synode van 1618-1619. Ter Gedacchtenisna de Driehonderd Jaren, (Filippus, 1918).

Biografisch Lexicon voor de Geschiedenis van het Nederlandse Protestantisme, Vol. I-III, Kampen, 1978-1988.

Calvin Theological Journal, 1968, November, vol. 13 No. 2.

Christelijke Encyclopedie, vol. 1-6, Kampen, 1958.

De Jong, P. Y., "Preaching and the Synod of Dort," in K. Runia ed., Crisis in the Reformed Churches.

De Jong P. Y. ed., Crisi in the Reformed Churches, Grand Rapids, 1968.

Christelike Encyclopedie, Bd. II, Kampen, 1975.

De Jong, Otto J. , Nederlandse Kerk Geshiedenis, Nijkerk, 1986.

Dekker, E., Riker dan Midas, vrijheid, genade en predestinatie in de theologie van jacobus Arminius(1559~1609), Zoetermeer, 1993,

Dijk, K., De Strijd over Infra-en Supralapsarisme in de Gereformeerde Kerken van Nederland, Kampen, 1912.

De Nederlandse Belijdenisgeschriften uitgegeven van de General Synode van deNederlandse Hervormde Kerk, de General Synode van de Christelijke Gereformeerde Kerken in Nederland, de Genral Synode van de Gereformeerde Kerken in Nederland, Zoetermeer, Zevenede druk, 1944.

Douma, J., Algemene genade, Uiteenzetting, vergelijking en beoordeling van de opvatting van A. Kuyper, K. Schilder, en Joh. Calvijn over 'algemene genade,' Goes, 1976.

Ecumenical Creeds and Reformed Confessions, CRC publications, 1987.

Florijn, H., "Dordtse Varia," in Van't Spijker ed., De Synode.

Godfrey, G., Reformed thought on the extent of the atonement to 1618, in The Westminster Theological Journal, vol. 37, 1974.

Kaajan, H., "De Dordtsch Synode in haar zorg voor het Kerkelijk leven," in De Dordtsche Synode van 1618~1619, Tergedachtnis na driehonderd jaren, Geref. Traktaatgenootschap "Filippus," 1918.

Kaajan, H., De Groote Synode van Dordrecht in 1618~1619, Amsterdam, 1918.

Kaajan, H., De Pro-Acta der Dordsche Synode in 1618, Rotterdam, 1914.

Kamphuis, J., Katholieke vastheid, Goes, 1955.

Kerk, N. G., Die Formuliere van Enigheid, Kaapstad.

Klooster, H., "The Doctrinal Deliverance of Dort," in Klaas Runia ed., Crisis in the Reformed Churches, Grand Rapids, 1968.

Kuyper, A., De Drie Formulieren van Eenigheid, Amsterdam, 1903.

Meijerink, H. J., "Uit de geschidenis van het ontstaan der Dordtse Leerregels", in De Schat van Christus, Bruid, Goes, 1958

Moerkerken, A., "Van catechismusprediking tot boekencensuur," in W. van't Spijker ed., De Synode van Dordrecht in 1618 en 1619.

Moltmann, J., Praedestination und Perseveranz, Neukirchen, 1961.

Muller, E.F.K., Bekenntnisschriften der reformierten Kirche, Leipzig, 1903.

Plantinga Cornelius Jr., Place To Stand, A Study of ecumenical Creeds and Reformed Confessions, Board of Publications of the Christian Reformed

Church, Kalamazoo, 1981.

Polman, A. D. R., “De leer der verwerping van eeuwigheid op de Haagse Conferentie van 1611,” in Ex Auditu Verbi, Theologische Opstellen aangeboden aan prof. Dr. G. C. Berkouwer, (Kampen, 1965).

Praamsma, L., "The Background of the Arminian Controversy (1586~1618)", in K. Runia, ed., Crisis in the Reformed Churches, (Grad Rapids, 1986).

Reitsma, J., Geschiedenis van de Hervorming en de Hervormde der Nederlanden, 1933, 4de herziene druk, Utrecht, 1933.

Rutger, F. L. ed., Acta van de Nederlandsche Synoden der Zestiende Euw, (Dordrecht, 1889).

Schaff, Philip. ed., The Creeds of Christendom, vol. 1, Grand Rapids, 1983.

Schaff, Philip. ed., The Creeds of Christendom, vol Ⅲ. Grand Rapids, 1983.

Trigland, J., kerckelycke geschiedenissen, Leyden, 1650.

Trimp, C., Tot een levendige Troost zijns volks, Goes, 1954.

Runia Klaas, “Recent Reformation Criticism of the Canon,” in P. De Jong, ed., Crisis in the Reformed Churches, Grand Rapids, 1968.

Van der Zanden, L., Praedestinatie, Kampen, 1949.

Van Itterzon, Francis Gorarus, 1930's Gravenhage.

Van Eckeveld, J. J., Uw trouw getuigenis, Houten, 1998.

Van Itterzon, G. P., ("Remonstoranten" in Christelijke Encyclopdedie, vol.5. Kampen, 1960.

Van Itterzon, G. P., Johnnes Bogerman, Amsterdam 1980.

Van't Spijker, W., "De Synode en de remonstranten," in W. van't Spijker ed., De Synode van Dordrecht in 1618 en 1619.

Van't Spijker, W., "Voorgesvhidenis," in W. van't Spijker ed., De Synode van Dordrecht in 1618 en 1619, Houten, 1987.

Wagenaar L.H., Van Strijd en Overwinning, De groote Synode van 1618 op'19,en Wataan haar voorafging, Utrecht, 1909.

Barth, Karl., 吉永正義 譯,『教會教義學』[神論 II/1 神の惠みの選び 上] 新教出版社, 1982.

Murray, J., 松田一男.宇田進 共譯,『キリスト教救濟の論理』, 小峰書店, 1972.
『改革派神學』(第25號, 神戸改革派神學校 創立50週年記念號), 神戸改革派神學校, 1997年.
ジャン・カルヴァン, 渡辺信夫 譯, 改譯版『キリスト教綱要』, III. xxiv.
フレッド H. クルースター, 金田幸男 譯,『カルヴァンの 豫定論』, 聖恵授産所出版部, 1984.
岡田 稔,『改革派神學概論』, 新教出版社.
菊地信光 譯, "レモンストラント派の意見書", 改革派教會信仰告白集 IV. 一麥出版社, 2012.
錦木英昭 譯,『カルヴィニズムの五特質』, つのぶえ社, 1987.
山永武雄,『信條集 後編』, 新教出版社.
栗原福也,『ベネルクス現代史』(山川出版社, 1988).

색인

● 인명

● 용어

도르트총회

기독교 신앙을 정의하다

초판 1쇄 발행 | 2019년 4월 30일

지 은 이 | 마키다 요시카즈
옮 긴 이 | 이종전
펴 낸 이 | 개혁파신학연구소
펴 낸 곳 | 아벨서원
등록번호 | 제98-3호(1998. 2. 24)
주 소 | 인천광역시 남동구 구월남로 118, 805호
전화번호 | 032-424-1031
팩 스 | 02-6280-1793